¿DIOS EXISTE?
EL LIBRO QUE TODO CREYENTE DEBERÁ
(Y TODO ATEO TEMERÁ) LEER

Dante A. Urbina

Primera edición, 2016

Un amplio y profundo análisis que echa por tierra las falacias y sinrazones de incluso el más refinado e intelectualizado ateísmo

¿DIOS EXISTE?
EL LIBRO QUE TODO CREYENTE DEBERÁ (Y TODO ATEO TEMERÁ) LEER

Por Dante A. Urbina
CreateSpace, Charleston SC
Copyright 2016 Dante A. Urbina

© **Derechos reservados.** Prohibida la reproducción total o parcial de esta obra por cualquier medio sin el permiso por escrito del autor.

Para mi abuelo Abelardo Urbina Lazón, al que no pude conocer pero quien, al infundir el amor por el conocimiento y la cultura en sus hijos, lo infundió también en su nieto.

CONTENIDO

Prefacio... 5-8

PARTE I: Fundamentos Filosóficos de las Demostraciones de la Existencia De Dios

Capítulo 1: Cuestiones epistemológicas previas a las demostraciones de la existencia de Dios.. 10-24

Capítulo 2: Presupuestos metafísicos y semánticos de las demostraciones de la existencia de Dios.. 25-35

Capítulo 3: Las falacias argumentativas..................................... 36-45

PARTE II: Las Cinco Vías Para Demostrar la Existencia de Dios

Capítulo 1: Primera vía: el argumento del movimiento.................. 47-60

Capítulo 2: Segunda vía: el argumento de la causalidad................ 61-90

Capítulo 3: Tercera vía: el argumento de la contingencia............... 91-113

Capítulo 4: Cuarta vía: el argumento de los grados de perfección... 114-129

Capítulo 5: Quinta vía: el argumento del orden en el cosmos......... 130-166

PARTE III: Refutación de los Principales Argumentos Ateos

Capítulo 1: Refutación a las demostraciones de la inexistencia de Dios...... 168-186

Capítulo 2: El argumento del mal... 187-200

EPÍLOGO... 201-203

APÉNDICE: Siete Filósofos: Su Encuentro con Dios.................... 204-234

Acerca del autor.. 235

Agradecimientos.. 235

PREFACIO

¿Dios existe?: he ahí la que seguramente es la pregunta más profunda y trascendente de la filosofía. En efecto, la filosofía, sea desde una u otra perspectiva, se ocupa del problema del ser (ontología), la verdad (epistemología) y el bien (ética). Ahora, si Dios existe, Él se constituirá como *el Ser fundamental, la Verdad absoluta y el Bien supremo*. En consecuencia, su existencia o inexistencia condiciona *toda* nuestra comprensión del mundo. Por tanto, no resulta extraño que sea precisamente el hombre, la criatura racional, quien se pregunte sobre Dios. Y es que, independientemente de qué tipo de respuesta o actitud adopte después, en algún u otro momento y/o de algún u otro modo, el hombre siempre e inevitablemente se planteará la cuestión de Dios.

Pues bien, es ahí donde se justifica el objeto de la presente obra: *establecer racionalmente el teísmo*, es decir, la postura filosófica de que Dios sí existe. No buscamos dar aquí una respuesta fideísta ("fe ciega") ni emocional, sino una que sea fundamentalmente *racional*. Por tanto, realizaremos un abordaje *eminentemente filosófico* de la cuestión para darle una respuesta coherente, consistente y fundamentada. En ese contexto, el lector que tenga una mediana cultura y un conocimiento básico de filosofía podrá aprovechar plenamente la obra pues se discutirán problemas filosóficos citando numerosa literatura especializada al respecto. No obstante, este no pretende ser un tratado academicista sino que su propósito es principalmente que quien lo lea pueda resolver racionalmente la cuestión de la existencia de Dios y, por tanto, todo se buscará explicar con un lenguaje *lo más sencillo y ameno posible* tocando, por supuesto, los puntos importantes pero sin caer en discusiones extremadamente detalladas o ultraespecializadas que solo interesarían a un reducido grupo de lectores dificultando la inteligibilidad para la gran mayoría. Sin embargo, *por atender pertinentemente a ese "justo medio"*, se corre el riesgo de que este libro sea criticado como "demasiado complejo" por algunas personas no especializadas o como "demasiado simple" por algunas personas ultraespecializadas. Pero es un riesgo que vale la pena correr con tal de *mantener la rigurosidad* y, al mismo tiempo, *llegar a la mayor cantidad de personas posible*. En todo caso, cualquier persona medianamente culta podrá entender suficientemente la obra *y le animamos a ello*.

Ahora, el subtítulo de la obra es *"El libro que todo creyente deberá (y todo ateo temerá) leer"*. Pero, ¿cuál es el porqué del "todo creyente deberá"? Podría pensarse que esta obra no tiene ninguna utilidad para un creyente pues este ya cree en Dios y, por tanto, no necesita nada más. Pero la verdad es que hay al menos dos *muy buenos motivos* para que un creyente se adentre en esta obra: primero, para que pueda consolidar su fe conociendo que existen razones para la misma; y, segundo, para que, teniendo ya una fe fortalecida, pueda ayudar a otros, incluso no creyentes, a acercarse a Dios por medio de la "predicación apologética" (explicación racional de la fe). Y es que luego de leer y comprender bien esta obra el creyente estará suficientemente preparado para enfrentar incluso el más "intelectualizado" y "refinado" ateísmo sin necesidad de recurrir a "clichés" fideístas o emocionales sino únicamente en base a argumentos racionales.

Y es precisamente de lo precedente que se deriva la respuesta a la otra pregunta que se podría suscitar sobre el subtítulo, a saber: ¿el porqué de "todo ateo temerá"? Si un ateo es *intelectualmente honesto* esta obra no lo dejará indiferente sino que, como mínimo, lo llevará a plantearse varias preguntas y dudas sobre su propio ateísmo y eventualmente ese proceso de reflexión podría llevarlo a la aceptación de Dios con la conciencia de que en ello no está cometiendo "suicidio intelectual" sino más bien siendo coherente con lo que le va mostrando la propia razón (así fue el caso, por ejemplo, con el filósofo inglés Anthony Flew, considerado como "el ateo más influyente del mundo", quien, luego de examinar detalladamente la evidencia, llegó a convencerse de la existencia de Dios). De este modo, si el ateo que lee este libro es alguien *intelectualmente abierto* y con objeciones *verdaderamente sinceras* -y no por odio, rebeldía o moda- a la existencia de Dios, aseguramos que su contenido "lo pondrá a pensar" pues aquí interactuamos directamente con los más relevantes planteamientos ateos. Caso contrario será, por supuesto, el del ateo dogmático o fanático que ya está *absolutamente seguro* de que Dios no existe y que los creyentes son unos "tontos" que creen en "amiguitos imaginarios". *Este libro invita a pensar y si hay alguien que simplemente no quiere pensar, que mejor ni lo lea*. Pretender hacer reflexionar a quien, por voluntad o prejuicio, ya está cerrado a la reflexión es tan inútil como dar pastillas a un muerto. Si algún ateo de este tipo quiere seguir repitiendo intonsamente las objeciones que aquí *ya hemos refutado* sin absolver previamente nuestras refutaciones o continuar *ad nauseam* con clichés burdos como "el amiguito imaginario", "el unicornio rosa invisible", "el monstruo del espagueti volador", "el Dios de los agujeros", "la carga (unilateral) de la prueba", etc., se lo dejamos a él. Por supuesto, este ateo culpará de "cerrados" y "fanáticos" a quienes no acepten su forma de "argumentación" sin darse cuenta de que quien realmente cae en eso es él mismo. Pero este libro es de *análisis racional* y no de *terapia psicológica*, así que no daremos atención ni relevancia a tales obsesiones.

Ya hemos hablado, pues, de los creyentes y los ateos. ¿Pero qué hay de los agnósticos? Este libro es también para ellos. Un agnóstico es aquel que afirma que no se puede saber si Dios existe o no. En principio, parece que es la postura epistémicamente más cómoda pues no se compromete con nada. Pero no es así. Un agnóstico está comprometido con una *afirmación muy concreta*: que no se puede establecer racionalmente la existencia de Dios. Ahora, si bien todos podemos tener dudas de prácticamente cualquier cosa, *sin embargo no toda duda es razonable*. Por consiguiente, si los argumentos a favor de la existencia de Dios son *sumamente razonables* y los argumentos en contra están *suficientemente refutados*, la posición agnóstica quedaría comprometida ya no con una "duda razonable" sino con una *duda irrazonable* (y hasta *caprichosa*). De este modo, la postura del *agnóstico dogmático* que, sin importar cuán sólidos sean los argumentos que escuche, eternamente se escuda en frases del tipo "No podemos saber *con certeza*" o "No ha sido probado más allá de *toda* duda" simplemente nos parece irrazonable y hasta intelectualmente deshonesta. Desde esa perspectiva, la única postura respetable es la del *agnóstico provisional* el cual se encuentra en duda sobre si Dios existe o no pero no se queda "cómodamente" en ello sino que *sinceramente* busca una respuesta en uno u otro sentido. A ese tipo de agnóstico lo felicitamos por tomarse la cuestión en serio y a la vez *lo animamos a leer con detalle esta obra*.

En cuanto a su estructura, el libro está dividido en tres partes. La primera, de tres capítulos, trata sobre los fundamentos filosóficos previos a las demostraciones de la existencia de Dios abordando las cuestiones epistemológicas (demostrabilidad, método, enfoque, etc.), metafísicas (los "dogmas filosóficos"), semánticas (la definición y atributos de Dios) y lógicas (estudio sobre las falacias). La segunda parte, de cinco capítulos, desarrolla las demostraciones de la existencia de Dios siguiendo las *cinco vías de Santo Tomás de Aquino* pero no como una mera repetición sino con el relevante "valor añadido" del refinamiento filosófico y científico, siendo que para cada demostración se explicitará su enunciación en términos de premisas, se explicará cada premisa y se resolverán *con detalle y contundencia* las principales objeciones que le han hecho posteriormente filósofos y/o científicos como David Hume, Immanuel Kant, Arthur Schopenhauer, Bertrand Russell, Carl Sagan, Richard Dawkins, Stephen

Hawking, Victor Stenger, Jeffrey Jay Lowder, Graham Oppy, entre otros. Finalmente, la tercera parte, de dos capítulos, refuta los principales argumentos que han esgrimido los ateos a lo largo de la historia para intentar probar la inexistencia de Dios, incluyéndose tanto argumentos por el *método de reducción al absurdo* (contradicciones entre los atributos de Dios) como el conocido *problema del mal* ("¿Cómo puede existir el mal si hay un Dios bueno?"). A su vez, el libro incluye un apéndice en el que se relata el *encuentro* de siete filósofos con Dios, a saber: San Agustín, Santo Tomás de Aquino, Ludwig Wittgenstein, Albert Camus, Jaques Maritain, C. S. Lewis y William Lane Craig. Es importante anotar aquí que para que esta obra pueda ser comprendida cabalmente y aprovechada de modo pleno es necesario leerla *en orden y de principio a fin*.

Es hora, pues, de abordar la más profunda e importante de todas las cuestiones existenciales: la existencia de Dios.

Dante A. Urbina

Parte I

FUNDAMENTOS FILOSÓFICOS DE LAS DEMOSTRACIONES DE LA EXISTENCIA DE DIOS

CAPÍTULO 1
CUESTIONES EPISTEMOLÓGICAS PREVIAS A LAS DEMOSTRACIONES DE LA EXISTENCIA DE DIOS

Sobre la demostrabilidad de la existencia de Dios

El tema que ocupa a la presente obra es la demostración de la existencia de Dios. Por tanto la primera cuestión que se suscita es la de si ello es posible, es decir, se suscita la cuestión de la *demostrabilidad* de la existencia de Dios.

Para responder dicha cuestión debemos comenzar por definir el término "demostración". Aquí entenderemos por *demostración* a todo aquel argumento lógicamente estructurado que pruebe de modo racional y suficiente la veracidad de una determinada proposición (en nuestro caso, la proposición "Dios existe").

De este modo, al categorizar nuestra demostración de la existencia de Dios como una "prueba racional y suficiente" nos estamos alejando radicalmente de dos extremos:

1) *El neopositivismo lógico*: De acuerdo con este extremo la cuestión de Dios cae absolutamente fuera del pensamiento filosófico y, por tanto, de ella "no se puede hablar" sino que más bien "se debe callar"[1]. Rechazamos este extremo porque creemos que la cuestión de Dios sí puede ser iluminada por el pensamiento filosófico y que, por tanto, de Él sí se puede (y se debe) hablar.

2) *El racionalismo teológico*: De acuerdo con este extremo la razón humana puede comprender *plenamente* y *con certeza absoluta* la existencia y atributos de Dios. Rechazamos este extremo en primer lugar porque creemos que Dios va mucho más allá de la razón humana y que, por ende, esta no puede abarcarlo o comprenderlo del todo, y, en segundo lugar, porque la certeza absoluta solo puede hallarse en aquello que es para todos evidente y que, en consecuencia, no requiere de demostración, lo cual no parece ser el caso con la cuestión de la existencia de Dios ya que si así fuere, simple y llanamente no existirían ateos.

---

[1] Cfr. Ludwig Wittgenstein, *Tractatus Logico-Philosophicus*, 1921, prop. 7.

Ya estamos, pues, en condiciones de abordar de lleno la cuestión de la demostrabilidad de la existencia de Dios. Con respecto a este tema existen dos posiciones: el evidencialismo y el presuposicionalismo. Para el evidencialismo la existencia de Dios puede ser conocida por medio de la razón humana y existen sólidos argumentos racionales para probarla. Para el presuposicionalismo, en cambio, la existencia de Dios no puede ser conocida ni probada por la razón humana y, en consecuencia, debe ser aceptada únicamente por fe como una presuposición.

Obviamente aquí abogaremos por el evidencialismo y rechazaremos el presuposicionalismo. Dado que todo lo que sigue en la presente obra se constituirá como un caso progresivo a favor del evidencialismo, en esta parte nos limitaremos a señalar las razones por las cuales rechazamos el presuposicionalismo:

La primera es porque el presuposicionalismo deja atado de manos al creyente al momento de la discusión apologética. En efecto, apenas el no creyente le pida razones de su fe, el creyente no tendrá más opción que quedarse callado ¡o convertirse en un evidencialista!

La segunda es porque el presuposicionalismo hace que el creyente caiga sistemáticamente en una *falacia de razonamiento circular* pues siempre tendrá que apelar a Dios para probar a Dios. La forma más común de este error es la de aquellos que pretenden argumentar la existencia de Dios en base a afirmaciones tales como "¡Dios existe porque la Biblia lo dice!" u otras por el estilo. Uno bien podría preguntarles a esas personas cómo es que saben que la Biblia es válida, a lo que muy probablemente responderán: "¡Porque es la Palabra de Dios!". ¡Pero eso justamente implica presuponer que Dios existe! Luego, no tiene valor probatorio. No se puede comenzar a construir la casa por el tejado.

No es extraño, entonces, que muchos ateos hagan burla de tal tipo de creyentes (presuposicionalistas) y juzguen (equivocadamente) a todo el teísmo como una postura irracional e ingenua. Pero dado que aquí seguiremos un enfoque distinto (evidencialista) tal tipo de críticas no nos afectan.

Metodología para la demostración de la existencia de Dios

Ahora toca abordar la cuestión metodológica. El método que utilizaremos para demostrar la existencia de Dios en la presente obra será el de las famosas *cinco vías* de Santo Tomás de Aquino[2] pues consideramos que se constituye como el abordaje más sólido que se ha hecho al respecto en toda la historia de la filosofía (aquí no nos detendremos a justificar ello porque el desarrollo que de las mismas haremos en la segunda parte "habla por sí solo").

Así, pues, la secuencia probatoria para cada demostración será más o menos como sigue:

1. *Partir de hechos evidentes o que puedan ser razonablemente aceptados por todos (incluidos los ateos)*: Aquí seguimos el consejo de Aristóteles quien decía que, independientemente de cómo vayamos a hacer una demostración, "lo que sí es seguro es que *hay que partir de lo conocido*"[3]. ¿Y qué es lo más conocido por nosotros? Pues la realidad sensible. En consecuencia, nuestras demostraciones partirán de premisas derivadas de la experiencia sensible, tales como: "es evidente que existe el movimiento…", "todo efecto tiene una causa…", "existen los seres contingentes…", "hay diversos grados de perfección en las cosas…", "hay orden en la naturaleza…", etc.

2. *Probar que el aspecto de la realidad abordado por nuestra demostración no puede ser única ni primariamente explicado por los solos seres de nuestra experiencia*: En este punto nos preguntamos ¿pueden los solos seres de nuestra experiencia explicar de modo pleno y coherente el aspecto abordado en nuestra premisa de partida?, mostrando a continuación, en base al análisis empírico y/o conceptual, la imposibilidad lógica o fáctica de ello.

3. *Mostrar que es forzoso postular la existencia de un ser distinto de todos los seres de nuestra experiencia y con unas características tales que permitan explicar plenamente el hecho o aspecto de la realidad que estamos tratando*: Aquí apelamos al *principio de razón suficiente*: toda cosa de la realidad tiene una razón para ser como es. Ahora bien, dado que el aspecto tratado en

---

[2] Véase: Santo Tomás de Aquino, *Suma Teológica*, Ia, q. 2, art. 3.
[3] Aristóteles, *Ética a Nicómaco*, Libr. I, cap. 4.

nuestra primera premisa se da efectivamente en la realidad debe de haber una razón para que se dé. Pero como los solos seres de nuestra experiencia no pueden fundamentarlo será necesario hallar el fundamento en un ser cualitativamente distinto de éstos el cual, al ser absolutamente necesario para explicar lo primero, deberá forzosamente existir.

4. *Demostrar que este ser se identifica única y necesariamente con Dios*: En este punto mostramos que la diferencia cualitativa de este ser con respecto a todos los demás de nuestra experiencia es una diferencia tal que solo puede ser característica de Dios. Así, nos encontraremos con conceptos tales como los de "Primer Motor Inmóvil", "Primera Causa Incausada", "Ser Subsistente", "Ser Perfectísimo", "Ser Inteligente y Libre", etc.

5. *Concluir que Dios existe*: Dado que en el paso 3 se ha asegurado la realidad de un ser cualitativamente distinto a todos los de nuestra experiencia y en el paso 4 se ha mostrado en base al análisis conceptual que este se corresponde necesariamente con Dios, es forzoso concluir que Dios existe. Luego, Dios existe.

Esa sería básicamente la metodología a seguir. Sin embargo, para evitar confusiones y malentendidos es todavía necesario aclarar dos cosas:

Primero, que nuestra metodología para probar la existencia de Dios no tiene nada que ver con la famosa tesis del "Dios de los agujeros" (o "Dios de las brechas") de acuerdo con la cual cada vez que no se puede explicar algo se dice "¡Ahí está Dios!". Y es que nuestra metodología dice todo lo contrario: *justamente porque sí puede explicarse hay que explicarlo y filosóficamente tenemos que la mejor explicación de ello es la existencia de un ser tal como Dios*. No realizaremos, pues, ningún salto lógico arbitrario. Propondremos a Dios como el *fundamento ontológico* de todo lo ente y no como un mito inventado para justificar nuestra ignorancia. ¿La ventaja de ello?: que los avances del conocimiento humano en lugar de hacer "retroceder" a Dios (como es que sí sucedería con el "Dios tapa-agujeros") mostrarán con mayor claridad la manifestación de su poder y sabiduría. Y es que Él no es ningún "tapa-agujeros", *es el fundamento y la plenitud del ser y, en consecuencia, la completitud epistémica*.

Segunda aclaración: las demostraciones que aquí ofreceremos se constituyen como una prueba *acumulativa* de la existencia de Dios. Cada una de ellas partirá de un aspecto específico de la realidad para llegar a Dios por medio de ese aspecto específico, dando así en su *conjunto* una demostración *completa* del teísmo filosófico. Ello debe ser así porque, como bien nos explica el teólogo A. Hillaire en su monumental obra *La Religión Demostrada,* "es frecuente que en filosofía y en teología un solo argumento no logre plenamente el ascenso del entendimiento. De ahí que la demostración deba ser como un haz de rayos dirigidos a un solo objetivo. Si este no tiene más que una superficie, bastará un solo rayo para iluminarlo; pero en el caso de ser muchas, habrá necesidad de tantos rayos, cuantas sean las superficies. Además, en materia religiosa, muchas verdades, para ser comprendidas en todos sus aspectos, necesitan múltiples demostraciones; cada argumento sirve para aclarar un aspecto parcial, y la suma de todos nos da la idea cabal del pensamiento íntegro"[4].

Argumentos a favor de la existencia de Dios rechazados por nuestra metodología

No todos los argumentos a favor de la existencia de Dios son aceptados por nuestra metodología. Así, por ejemplo, el primero de entre los que rechazamos es el llamado *argumento ontológico*. Según la famosa formulación que hizo de él San Anselmo de Canterbury[5], este se enuncia como sigue:

1. Nuestra idea de Dios es la de un ser tan grande que no puede pensarse nada mayor que Él.
2. Pero si ese ser existiese solo en nuestra mente, podría pensarse otro mayor que Él, a saber, un ser que exista en nuestra mente y también en la realidad.
3. Por tanto, este ser del cual no puede pensarse nada más grande no puede existir solo en nuestra mente.
4. Luego, existe también en la realidad.

A continuación, nuestra crítica al argumento:

---

[4] A. Hillaire, *La Religión Demostrada: Los Fundamentos de la Fe Católica Ante la Razón y la Ciencia,* Ed. Difusión, Buenos Aires, 1956, p. xviii-xix
[5] Cfr. San Anselmo de Canterbury, *Proslogion,* 1078, cap. II-III

En primer lugar, rechazamos el argumento ontológico porque de acuerdo con nuestra metodología una condición *esencial* para realizar una demostración *rigurosa* de la existencia de Dios es el partir de premisas evidentes que puedan ser razonablemente aceptadas por todos (incluidos los ateos) y el argumento ontológico no cumple en rigor esta condición ya que, como explica Santo Tomás de Aquino, "es muy posible que quien oye pronunciar la palabra 'Dios' no entienda que con ella se expresa algo superior a cuanto se puede pensar, pues hasta ha habido quienes creyeron que Dios tenía cuerpo"[6]. Así, el argumento puede servir para ilustrar la consistencia de la idea de Dios al creyente, pero no necesariamente resulta persuasivo para el ateo[7].

Otro problema del argumento ontológico es que toma como *punto de partida* lo que, de acuerdo con nuestra metodología, ha de ser el *punto de llegada*: la idea de Dios. Y es que, como habíamos dicho, para demostrar rigurosamente la existencia de Dios no debe partirse nunca de Él mismo, pues no es directamente conocido, sino más bien de las cosas que conocemos y observamos, es decir, de sus efectos.

De este modo, si partimos de la *idea* de Dios y luego solo hacemos deducciones en base a esa idea, como es que hace el argumento ontológico, nos quedaremos en la mera consistencia de la *idea* de Dios pero no llegaremos a demostrar propiamente su *realidad objetiva*. El argumento ontológico pretende que sí lo logra aduciendo que la existencia misma debe ser una característica necesaria del máximo ser concebible. Pero ello cae en una grave *falacia non-sequitur* por cuanto del hecho de que lo máximo que se podría pensar de este ser es que exista no solo en la mente sino también en la realidad *no se sigue necesariamente que exista también en la realidad* ya que bien podría darse -sin absurdo ni contradicción- la posibilidad de que este ser *solo* exista en la mente, pero *pensado* como un ser que también existe en la realidad. En otras palabras, el argumento ontológico no logra justificar al final de cuentas el paso de la *idea* al *ser*.

---

[6] Santo Tomás de Aquino, *Suma Teológica*, Ia, q. 2, art. 1, sol. 2
[7] Aunque también hay que anotar que varios ateos simplemente desdeñan el argumento ontológico no con un correcto análisis sino con críticas *tontas o ridículas*. Como reporta Craig: "Una de las más recurrentes estrategias empleada por los detractores (...) ha sido construir parodias del argumento (...) como la idea de 'la isla más perfecta' o la idea de 'un león necesariamente existente'" (William Lane Craig, *Reasonable Faith*, Ed. Crossway Books, Weathon, 2008, p. 185).

El filósofo francés René Descartes intenta escapar a esto mediante su propia formulación del argumento ontológico, diciendo en sus *Meditaciones Metafísicas*: "Del hecho de no poder pensar a Dios privado de existencia, se sigue que la existencia es inseparable de Dios, y consiguientemente que Este existe en realidad; no porque lo cree mi pensamiento o imponga una necesidad a alguna cosa, sino por la necesidad de la cosa misma"[8]. Muy bien, se trata de una razonamiento perfectamente consistente: si se va a pensar a Dios, se lo debe pensar como aquel ser que existe necesariamente. Pero ello no resulta de por sí probatorio de la *realidad objetiva* de Dios. Basta *pensarlo* como un ser que existe necesariamente para que se cumpla la coherencia del razonamiento *sin que por ello se haya salido del mero plano de la mente*. A esto Descartes podría responder que, debiendo pensarse en Dios como necesariamente perfecto, y dado que "la existencia es una perfección"[9], debe seguirse que Dios objetivamente existe. Pero ya hay en la premisa de Descartes una petición de principio implícita que deviene en *razonamiento circular* si es que intenta probar objetivamente la existencia de Dios porque se basa en que "la existencia es una perfección" pero para que una perfección de algo se pueda predicar *objetivamente*, este algo tiene *primero* que existir *objetivamente,* y Descartes no puede sustentar ello porque su punto de partida son la meras ideas que, por más "ciertas y distintas" que puedan parecer al entendimiento, siguen siendo solo ideas. No pasa esto con las vías de Santo Tomás de Aquino ya que parten de *realidades* que pueden ser *razonablemente* aceptadas por todos y respecto de las cuales la "duda cartesiana"[10], si bien es posible, no resulta razonable.

El segundo de los argumentos a favor de la existencia de Dios que no acepta nuestra metodología es el llamado *argumento moral*. Según la exposición que hace de él el famoso apologista cristiano William Lane Craig[11], este se enuncia más o menos como sigue:

1. Si Dios no existe, los valores y deberes morales objetivos no existen.
2. Los valores y deberes morales objetivos existen.
3. Luego, Dios existe.

---

[8] René Descartes, *Meditaciones Metafísicas*, 1641, 5ta meditación.
[9] René Descartes, *Ibídem*.
[10] Cfr. René Descartes, *El Discurso del Método*, 1637.
[11] William Lane Craig, *Reasonable Faith*, Ed. Crossway Books, Weathon, 2008, p. 172.

Rechazamos este argumento como una vía *conveniente* para argumentar a favor de la existencia de Dios porque la mayor parte de las veces se habla de ello con personas relativistas que no creen en los valores morales objetivos y que, dado que rechazan la segunda premisa, rechazarían también la conclusión. Pero eso no significa que no lo aceptemos como una vía *intuitivamente muy útil* para demostrarles la existencia de Dios a quienes sí acepten la segunda premisa o para poner en graves aprietos a los ateos y hacerles caer en jocosos absurdos por causa de su relativismo moral o su falta de sustento ontológico para plantear una moral objetiva.

Un muy buen ejemplo de esto último nos lo dio el filósofo Frederick Copleston cuando en el famoso debate que sostuvo sobre la existencia de Dios en 1948 en el tercer Programa de la BBC puso en graves aprietos al mismísimo Bertrand Russell. Veamos cómo:

"RUSSELL: Verá, yo *entiendo que hay cosas buenas y cosas malas*. Yo amo las cosas que son buenas, que yo creo que son buenas, y odio las cosas que creo malas. No digo que las cosas buenas lo son porque participan de la divina bondad.
COPLESTON: Si, pero *¿cuál es su justificación para distinguir entre lo bueno y lo malo,* o cómo considera la distinción entre lo uno y lo otro?
RUSSELL: *No necesito justificación alguna*, como no la necesito cuando distingo entre el azul y el amarillo. ¿Cuál es mi justificación para distinguir entre azul y amarillo? Veo que son diferentes.
COPLESTON: Convengo en que esa es una excelente justificación. Usted distingue el amarillo del azul porque los ve pero ¿cómo distingue lo bueno de lo malo?
RUSSELL: *Por mis sentimientos*.
COPLESTON: Por sus sentimientos. Bien, eso era lo que preguntaba yo. ¿Usted cree que el bien y el mal tienen referencia simplemente con el sentimiento?
RUSSELL: Bien, ¿por qué un tipo de objeto parece amarillo y el otro azul? Puedo dar una respuesta a esto gracias a los físicos, y en cuanto a que yo considere mala una cosa y otra buena, probablemente la respuesta es de la misma clase, pero no ha sido estudiada del mismo modo y no se la puedo dar.
COPLESTON: Bien, tomemos el comportamiento del comandante de Belsen. A usted le parece malo e indeseable, y a mí también. Para Adolfo Hitler, me figuro que sería algo bueno y deseable. *Supongo que usted reconocerá que para Hitler era bueno y para usted malo*.

RUSSELL: *No, no voy a ir tan lejos.* Quiero decir que hay gente que comete errores en eso, como puede cometerlos en otras cosas. Si tiene ictericia verá las cosas amarillas aun cuando no lo sean. En esto comete un error.
COPLESTON: Sí, uno puede cometer errores, pero *¿se puede cometer un error cuando se trata simplemente de una cuestión referente a un sentimiento o a una emoción? Seguramente Hitler sería el único juez posible en lo relativo a sus emociones"*[12].

Como vemos, pues, si bien el argumento moral no es aceptado por nuestra metodología por causa de que incorpora una premisa que no es necesariamente (y sobre todo en nuestra época de relativismo) evidente para todos -a saber, "existen los valores morales objetivos"- no por ello hay que desterrarla del discurso apologético pues puede resultar muy persuasiva y útil en los debates. Y no solo para poner en aprietos a los ateos sino también para convencer de la veracidad del teísmo a personas que aceptan la existencia de valores morales objetivos, mostrándoles que la única forma coherente de fundamentación para dicha creencia es la existencia de Dios[13].

De este modo, estamos básicamente de acuerdo con el argumento moral pero no lo desarrollaremos aquí por causa de que el probar la segunda premisa, es decir, la existencia de valores morales objetivos, se desvía de nuestra metodología (aunque, como han señalado algunos filósofos, hay interesantes relaciones y hasta correspondencias entre el argumento moral y la cuarta vía de Santo Tomás de Aquino respecto de los grados de perfección).

En todo caso, lo que puede hacer el apologista es primero probar la existencia de Dios en base a los argumentos aquí desarrollados y luego mostrar que ello implica la existencia de valores y deberes morales objetivos. O sea, primero se prueba por medio de la razón la existencia de Dios y luego, una vez establecido esto, se muestra que ello tiene profundas implicancias sobre el cómo debemos vivir.

---

[12] Bertrand Russell, *Por Qué No Soy Cristiano*, Ed. Edhasa, Barcelona, 1979, pp. 104-105.
[13] Para una excelente defensa de este punto véase: William Lane Craig vs. Sam Harris, "¿Es el fundamento de la moral natural o sobrenatural?", debate realizado en la Universidad de Notre Dame, 7 de abril del 2011.

El tercer y último de los argumentos rechazados por nuestra metodología es el llamado *argumento de la experiencia personal* el cual se podría enunciar más o menos como sigue:

1. Las experiencias objetivas solo pueden darse en base a algo realmente existente.
2. Yo he tenido una experiencia objetiva de Dios.
3. Luego, Dios existe.

Rechazamos este argumento como *demostración rigurosa* de la existencia de Dios porque si bien es válido *subjetivamente* (en el sentido de que le da certeza de la existencia de Dios a la persona que tiene esa experiencia inmediata de Él en su vida) no lo es *intersubjetivamente* ya que no podría ser aceptado por el no creyente que, por el mismo hecho de serlo, no reconoce en sí ningún tipo de experiencia personal de Dios.

Es más, el mismo Craig reconoce que el llamado argumento de la experiencia personal "no es realmente un argumento para la existencia de Dios" sino más bien "la afirmación de que uno puede saber que Dios existe totalmente aparte del argumento, simplemente experimentándole"[14]. Esto último es muy valioso porque le da al creyente (y aquí nos referimos a aquel que ha tenido una verdadera experiencia de Dios) dos tremendas ventajas sobre el ateo:

1) *Una ventaja epistemológica*: Es razonablemente factible hacer *afirmaciones absolutas* pero no *negaciones absolutas*. Un creyente puede por su experiencia personal hacer una afirmación absoluta de que Dios existe sin necesidad de conocer todo el universo. Un ateo, en cambio, nunca podrá hacer coherentemente una negación absoluta de la existencia de Dios porque para ello tendría *necesariamente* que conocer *todo* el universo en *todas* sus dimensiones y en *toda* su profundidad. Para ilustrarlo con un ejemplo: yo puedo hacer una *afirmación absoluta* de que existo pero no puedo hacer una *negación absoluta* de que exista un extraterrestre porque *siempre* existirá la posibilidad de que este exista en otro planeta, en otra dimensión o en otro plano de la existencia. O simplemente puede suceder que esté frente a mis narices pero yo, por tonto o descuidado, no me he dado cuenta (como es que sucede muchas veces a los ateos con Dios).

---

[14] William Lane Craig, "¿Dios existe?", debate contra Christopher Hitchens, Universidad de Biola, 4 de abril del 2009, discurso de apertura.

2) *Una ventaja existencial*: Puede muy bien suceder que un creyente no muy preparado en el arte del debate y la argumentación vea refutados por un ateo todos sus argumentos para sustentar la tesis de la existencia de Dios. ¿Tiene por ello que abandonar su fe? No si es que ha tenido una verdadera experiencia personal de Dios. Quien haya tenido una experiencia de este tipo (y aquí el ateo no tiene nada que decir) sabe muy bien que dicha experiencia es de una naturaleza tal que nos da una certeza de la existencia de Dios comparable a la que experimentamos respecto de nuestra propia existencia. Pues bien, ¿estaría uno acaso dispuesto realmente a creer que no existe por el solo hecho de que venga un "superfilósofo" a demostrarle ello de modo irrefutable? Obviamente que no. La experiencia de nuestra propia existencia es tan patente para nosotros que no hay ni puede haber ningún argumento que nos pueda hacer creer lo contrario. Y lo mismo vale para quien ha tenido una experiencia profunda de Dios.

Entonces, *dadas esas condiciones*, no hay razón para que uno abandone su *creencia* en Dios aun cuando viere refutados todos sus *argumentos* para sustentar dicha creencia. *Refutar un argumento no es refutar a Dios*. Dios seguirá existiendo sin problemas incluso si refutan todos los argumentos a favor de su existencia y esto lo sabe muy bien el auténtico creyente porque tiene la certeza de que Dios existe *realmente*. No puede decirse lo mismo del ateo. Él no puede ni siquiera apelar racionalmente a su "experiencia" de inexistencia de Dios porque de hacerlo así estaría cayendo en una *falacia ad ignorantiam*: ausencia de evidencia no es evidencia de ausencia.

Naturaleza y alcances de las demostraciones de la existencia de Dios

Por lo que respecta a su naturaleza y alcances, las demostraciones de la existencia de Dios que aquí presentaremos se caracterizarán por:

1) *Ser razonables*

Aquí presentaremos pruebas razonables que puedan convencer razonablemente a las personas razonables. No es nuestro objeto el elaborar aquellas (pretendidas) pruebas *absolutamente certeras* que convenzan a los ateos y agnósticos *irracionalmente obstinados*. Eso es simplemente imposible. Cuando la voluntad rechaza lo que sabe el intelecto ya no tiene sentido argumentar.

Es en ese sentido que seguimos lo que decía San Agustín: "Para quien quiera creer tengo mil argumentos, pero para quien no quiera creer no tengo ninguno". Y es que solo se puede razonar con personas razonables. En consecuencia, no es pertinente ni necesario que el teísta se desgaste en demostrarle con *certeza absoluta* la existencia de Dios al *ateo obstinado*. Basta con que le dé pruebas racionales mostrándole que el teísmo se constituye como una visión del mundo *mucho más racional* que el ateísmo ya que al final de cuentas uno no puede tener una *certeza absoluta* de nada pero aun así se basa en lo que es razonable y actúa en consecuencia.

Por ejemplo, yo no puedo hacer una demostración *absolutamente certera* de que va a existir el día de mañana. Bien podría suceder, por ejemplo, que el universo se destruya por una causa desconocida por los científicos. No tengo cómo demostrar con *certeza absoluta* que eso no va a suceder. Pero aun así pienso *razonablemente* que eso no sucederá y actúo en consecuencia. Sería muy tonto que dijera: "Bueno, dado que no puedo demostrar con certeza absoluta que va a existir el día de mañana no tengo porqué alistar mis cosas". No obstante, esto no es muy distinto del caso del ateo o el agnóstico que dice (o piensa): "Dado que no se me ha demostrado con *certeza absoluta* que Dios existe seguiré viviendo mi vida como si Él no existiera". Eso no es ser razonable. Y es que si bien es cierto que no podemos tener certeza absoluta de nada y que en última instancia todo tenemos que creerlo por fe, *también es cierto que hay algunas "fes" que son más racionales que otras y* -como demostraremos a lo largo de este libro- *el ateísmo se constituye como una "fe" especialmente irracional* (o incluso *anti-racional*).

2) *Ser filosóficas*

Las pruebas de la existencia de Dios que presentaremos en este libro serán ante todo *filosóficas*. En consecuencia, quien busque demostraciones *directamente científicas* quedará desilusionado, y no por culpa nuestra. Y es que es *un gran error de rango epistemológico* el pensar que la ciencia puede *por sí misma* probar o refutar la existencia de Dios. Él, por su intrínseca naturaleza, no es un engranaje más de lo existente y, por ende, no se lo puede asimilar de modo coherente a las solas causas que actúan al alcance de telescopios o microscopios. Luego, es absurdo pedir una prueba *directamente científica* de la existencia de Dios.

En otras palabras: la cuestión de la existencia de Dios no es propiamente una cuestión de *física* sino más bien de *metafísica* puesto que, como decía el Juan Pablo II, "*la ciencia no puede por sí misma resolver dicha cuestión*; hace falta ese saber del hombre *que se eleva por encima de la física y de la astrofísica*, y que recibe el nombre de *metafísica*"[15].

Ello no significa de ningún modo que no apelaremos a los avances de la ciencia para *iluminar* la cuestión. Todo lo contrario. *Este libro buscará demostrar que las pruebas filosóficas de la existencia de Dios son absolutamente compatibles con la evidencia científica que manejamos actualmente*. Según expresamos, nuestra metodología será partir de hechos de la realidad sensible para demostrar la existencia de Dios y, por consiguiente, es evidente que tenemos que apelar al conocimiento científico disponible para *ilustrar* mejor las premisas de partida y responder a las objeciones. No obstante, hay que remarcar que de todas maneras *la validez de nuestro razonamiento depende ante todo de lo razonablemente establecido por la filosofía en general y no de lo provisionalmente establecido por la ciencia en particular*. La ciencia puede cambiar pero aun así podremos seguir concluyendo *con igual rigor metafísico* que Dios existe.

Precisamente en virtud de lo anterior es que tenemos ciertas reservas respecto de la metodología de un apologista tan famoso como William Lane Craig pues este en sus exposiciones hace depender demasiado los argumentos teístas de los avances científicos. Y justamente en su debate contra Sean Carroll un miembro del público le cuestionó directamente eso aduciendo que tal forma de argumentación es *imprudente* y, a su vez, que las cinco vías de Santo Tomás de Aquino constituyen un enfoque más sólido, seguro y consistente. Frente a ello Craig, en lugar de abordar directamente la real problemática que se le planteó (que sus argumentos pueden devenir en frágiles por cuanto dependen en gran parte de una ciencia que puede cambiar con idas y venidas en sus conclusiones), se centró en criticar a Aquino diciendo que había puesto el estándar "demasiado alto" y que "los propios principios metafísicos de Tomás de Aquino son altamente dudosos" por lo que tiene "poca confianza" en que sean "demostraciones"[16].

---

[15] Juan Pablo II, *Discurso a los Participantes en la Sesión Plenaria de la Pontificia Academia de Ciencias,* 3 de octubre de 1981.
[16] William Lane Craig, "Dios y Cosmología", debate contra Sean Carroll, Greer-Heard Forum, 21 de febrero del 2014, ronda de preguntas.

En realidad discrepamos muy fuertemente de Craig en este punto: como mostraremos, entendidos correctamente en su contexto y lenguaje, los argumentos de Tomás de Aquino son *filosóficamente muchísimo más profundos* que las formulaciones que maneja Craig. De hecho, el mismo Craig no se da cuenta de que se está "disparando en el pie" al criticar a Aquino pues, por un lado, dice que los principios metafísicos de este son "altamente dudosos" pero, por otro lado, ¡usa estos principios en sus propios argumentos (como, por ejemplo, el principio de causalidad y el de contingencia)!

En todo caso, donde más claramente se ven las divergencias metodológicas entre nuestro enfoque tomista y el enfoque de Craig es respecto del argumento teleológico. Mientras aquí lo formulamos en términos generales en base a la quinta vía de Santo Tomás de Aquino, Craig lo hace depender completamente de la llamada "evidencia del ajuste fino". Así, lo que para nosotros es un buen ejemplo particular para *ilustrar* el argumento filosófico general *ya establecido*, es para Craig la premisa de partida de la que depende todo su argumento. Como mostraremos más adelante, la formulación de Aquino, al ser más profunda, se cumple con todo su rigor incluso en un posible caso de multiversos, lo cual no necesariamente sucede con el argumento de Craig.

Y algo similar se da respecto del argumento cosmológico. Formulado en términos de la segunda vía, este argumento no requiere que el comienzo del universo haya sido en la singularidad del Big Bang (podría haber sido antes o de otro modo) ni tampoco depende del teorema Borde-Guth-Vilenkin. Se tratan simplemente de ejemplos (que más adelante explicaremos) para ilustrar el argumento filosófico general que es independiente de los mismos. No parece suceder lo mismo con el caso de Craig. En consecuencia, los argumentos tomistas, dada su profundidad metafísica, son más convenientes pues mantienen básicamente su validez requiriéndose solo actualizar los ejemplos e ilustraciones de los mismos a la luz de la ciencia y los nuevos descubrimientos pero sin tener que variar demasiado la formulación.

3) *No reemplazar al conocimiento y la relación personal con Dios*

Finalmente, la que de seguro es la más importante de todas las aclaraciones que realizaremos en la presente obra, a saber: *que convencerse racionalmente de que "Dios existe" ¡no significa necesariamente "conocer a Dios"!* Se trata de cosas distintas. Por ejemplo, yo puedo llegar a saber de modo muy razonable que existe un tal Juan Pérez conversando con gente que lo conoce, consultando su partida de nacimiento o buscándolo en el Internet, ¡pero eso no significa que yo *realmente conozca* a Juan Pérez!

Tal vez alguno piense que esta aclaración es trivial. Pero no. Es de la máxima importancia. ¿Qué pasaría, por ejemplo, si Juan Pérez fuera la persona más *importante* y *maravillosa* del universo?, ¿o si fuera la única persona que le puede dar un sentido *real* a mi vida?, ¿o si fuera la única persona que me puede hacer *verdaderamente feliz*?, ¿o si fuera el *fundamento mismo de la felicidad*? ¿Me conformaría acaso solo con "saber que existe"? ¿No buscaría por todos los medios posibles tener una *relación personal* con él? ¿No sería acaso él *lo más importante* que habría en la vida? Pues bien, para nuestro caso "Juan Pérez" es Dios.

Por tanto, es de capital importancia que los creyentes que se sumerjan en el estudio de la apologética (defensa racional de la fe) nunca olviden la siguiente advertencia del propio William Lane Craig: "La creencia en Dios es, para aquellos que lo conocemos, una creencia correctamente básica basada en nuestra experiencia de Dios. Ahora bien, si esto es cierto existe el peligro de que los argumentos de la existencia de Dios podrían realmente distraer nuestra atención de Dios mismo. (…) Por tanto, *no debemos concentrarnos en los argumentos externos de una manera tal que no seamos capaces de oír la voz interior de Dios en nuestro corazón*"[17].

"Solo existen dos clases de personas que puedan llamarse razonables: aquellas que sirven a Dios de todo corazón, porque le conocen, y aquellas que buscan a Dios de todo corazón porque no le conocen", decía el filósofo y matemático francés Blaise Pascal[18]. Así pues, quien conozca a Dios aproveche esta obra para *servirle de todo corazón* por medio de la *predicación apologética*, ayudando a sus *hermanos* ateos para que se acerquen a Él. Y quien no lo conozca sírvase de la presente obra para comenzar a *buscarle de todo corazón*.

---

[17] William Lane Craig, "¿Dios existe?", debate contra Christopher Hitchens, Universidad de Biola, 4 de abril del 2009, discurso de apertura.
[18] Blaise Pascal, *Pensamientos*, Ed. Espasa-Calpe, Madrid, 2003, nº 194.

CAPÍTULO 2
PRESUPUESTOS METAFÍSICOS Y SEMÁNTICOS DE LAS DEMOSTRACIONES DE LA EXISTENCIA DE DIOS

Presupuestos metafísicos: los dogmas filosóficos

"Antes de abordar un saber, es preciso conocer los principios, y no esperar encontrarlos en el curso de la demostración", decía Aristóteles[19]. Así, pues, lo primero que necesitamos para realizar no solo la demostración de la existencia de Dios sino cualquier tipo de demostración, son los llamados *dogmas filosóficos*.

¿Y qué son los dogmas filosóficos? Son aquellos principios fundamentales que es necesario presuponer para poder filosofar. Estos principios no pueden ser probados ni refutados: todo aquel que intente probarlos ya los estará presuponiendo y todo aquel que intente refutarlos terminará afirmándolos involuntariamente.

Tal vez un lector desconfiado esté pensando: "¡Eso es trampa! No se nos puede obligar a tener que creer dogmas si es que se nos quiere demostrar *racionalmente* la existencia de Dios". Pero no se asusten. Nadie les va a obligar a nada. Esos dogmas ya están insertados en sus mentes, como pasaremos a mostrar.

Además, los que aquí llamamos "dogmas filosóficos" no son nada arbitrarios y, por si fuera poco, es *absolutamente necesario* aceptarlos para el trabajo racional pues, como bien había notado Aristóteles, es forzoso que toda demostración parta de algo que no se pueda demostrar. De lo contrario tendríamos que retroceder al infinito, demostrando siempre las premisas de nuestras demostraciones, y así nunca podríamos demostrar nada[20].

Sin más preámbulos, los dogmas filosóficos. A saber, estos son tres:

---

[19] Aristóteles, *Metafísica*, Libr. IV, cap. 3, 1005b.
[20] Cfr. Aristóteles, *Metafísica*, Libr. IV, cap. 4, 1006a.

1) *La existencia de la realidad objetiva*

De acuerdo con este dogma existe una realidad objetiva independientemente de nuestra subjetividad o, para decirlo de otro modo, "existe una realidad externa a nuestra mente". Y en efecto: la realidad existe. Esta verdad se nos auto-impone. No podemos probarla ni refutarla. Querer probarla sería tanto como intentar besar nuestros propios labios y querer refutarla sería tanto como tratar de huir de nuestros propios pies. Siempre estaremos en el marco de lo real sin poder salir jamás de ello para probar o refutar su existencia. Se trata, pues, de un dogma.

Entre los sistemas de pensamiento que han intentado (inútilmente, claro está) negar este dogma tenemos el *idealismo subjetivista*, postulado por el pastor protestante George Berkeley. De acuerdo con Berkeley, como puede verse en su *Tratado Sobre los Principios del Conocimiento Humano* (1710) o en *Los Tres Diálogos entre Hylas y Philonus* (1713), dado que solo conocemos la existencia de la realidad material externa por medio de nuestras sensaciones, no siendo éstas más que ideas subjetivas de nuestro espíritu, se deduce de ello que la materia no tiene ninguna realidad objetiva en sí.

No necesitamos realizar una larga argumentación para refutar esta absurda filosofía. Basta y sobra con el sentido común para rechazarla. Imaginemos, por ejemplo, un autobús que pasa en el instante en que atravesamos la calle en compañía de un discípulo de Berkeley con el que discutimos si las cosas tienen una realidad objetiva o subjetiva y si es cierto que son nuestras ideas las que crean las cosas. No cabe duda de que, si no queremos ser aplastados, debemos hacernos a un lado. Porque en la práctica hasta el más acérrimo subjetivista ontológico se ve obligado a reconocer la existencia objetiva del autobús.

Para reforzar este último punto convendría también citar aquí la famosa anécdota del Dr. Johnson el cual, en una ponencia, cansado de las obstinadas objeciones que le ponían aquellos que negaban la existencia de la realidad externa y decían que nuestras sensaciones no eran más que engaños de nuestra mente, dijo "¡Así los refuto…!" y pateó con fuerza la mesa que se encontraba frente a él, dejando muy adolorido su pobre pie. Todo un mártir del sentido común y la buena filosofía…

2) *La validez de la razón*

De acuerdo con este dogma la razón se constituye como un instrumento válido para conocer la realidad. Es más, su validez es absoluta e indemostrable: no podemos salir de ella. Somos seres racionales y no tenemos más opción que actuar de acuerdo con nuestra naturaleza. Por tanto, negar la validez de la razón sería tanto como negar nuestra propia humanidad y destruir todo nuestro pensamiento.

Así, es precisamente en atención a lo anterior que Aristóteles dice de quienes niegan la razón que "tales seres no pueden ni articular un sonido, ni discurrir, porque dicen al mismo tiempo una cosa y no la dicen. Si no tienen concepto de nada, si piensan y no piensan a la vez, *¿en qué se diferencian de las plantas? Es, pues, evidente que nadie piensa de esa manera, ni aun los mismos que sostienen esta doctrina*"[21].

Por ello mismo es que, al menos si se la toma al pie de la letra, no tiene sentido la pretensión que tiene Immanuel Kant en su *Crítica a la Razón Pura* (1781) de llevar a la razón a un tribunal, el tribunal de la crítica, para decidir previamente su validez y alcances antes de utilizarla para conocer otras cosas. Y es que en la silla del juez de ese tribunal no puede estar sentada otra que la misma razón que ocupará también la silla del acusado. Luego una de dos: o el juez es competente, y el acusado es de entrada inocente, con lo cual el juicio no tiene sentido; o el acusado es realmente sospechoso, y entonces, también lo es la competencia del juez, lo cual hace también imposible el juicio.

Razón tenía entonces Schopenhauer cuando decía que: "No hay propiamente un conocimiento del conocer, porque para esto sería preciso que el sujeto pudiera separarse del conocimiento y conocerle, lo que es imposible"[22]. En otras palabras, la mente que pretenda probar su propia incompetencia tendrá que presumir, mientras hace eso, que es competente para llevar a cabo dicha tarea. Absurdo a todas luces. Luego, la validez de la razón debe ser aceptada como un dogma.

---

[21] Aristóteles, *Metafísica,* Libr. IV, cap. 4, 1008b.
[22] Arthur Schopenhauer, *La Cuádruple Raíz del Principio de Razón Suficiente,* Frankfurt, 1847, n. 41.

3) *El principio de no contradicción*

De acuerdo con este dogma una cosa no puede ser y no-ser de un determinado modo al mismo tiempo y bajo el mismo aspecto. O, en términos más epistemológicos, si una determinada proposición (dado su contexto) es verdadera no puede ser verdad su contraria. Así, por ejemplo, si la proposición "Dios existe" es verdadera no puede ser verdad la proposición "Dios no existe".

Como bien es sabido esta formulación del principio de no contradicción se la debemos al ya varias veces citado Aristóteles. En su *Metafísica* él nos dice: "Principio cierto por excelencia es aquel respecto del cual todo error es imposible. (…) Pero ¿cuál es este principio? Es el siguiente: *que es imposible que el mismo atributo pertenezca y no pertenezca al mismo sujeto, en un mismo tiempo y bajo la misma relación*. (…) Este principio, decimos, *es el más cierto de los principios*. (…) No es posible, en efecto, que pueda concebir nadie que una cosa exista y no exista al mismo tiempo"[23].

Entre los filósofos que (también inútilmente) han intentado negar este dogma tenemos al alemán Georg Wilhelm Friedrich Hegel. Según Hegel, dado que "el puro ser y la pura nada son la misma cosa"[24] porque el "ser" no es más que "la pura indeterminación y el puro vacío"[25], una cosa puede, en su "movimiento dialéctico", ser y no-ser al mismo tiempo y, por tanto, el principio de no contradicción no es válido. La negación no es más que una fase de la "superación dialéctica" de las cosas y, en consecuencia, "no hay lo malo como *tampoco hay lo falso*"[26].

A estas afirmaciones de Hegel hay que responder lo mismo que Aristóteles respondía a Heráclito (que también pretendía negar el principio de no contradicción): "Que se diga una cosa no implica necesariamente que se piense". Y es que "es evidentemente imposible que el mismo hombre conciba al mismo tiempo que una misma cosa es y no es"[27].

---

[23] Aristóteles, *Metafísica*, Libr. IV, cap. 3, 1005b.
[24] Georg W. Hegel, *Ciencia de la Lógica*, 1812, Libr. I, Sec. I, cap. I.
[25] Georg W. Hegel, *Ibídem*.
[26] Georg W. Hegel, *Fenomenología del Espíritu*, Fondo de Cultura Económica, México, 1966, p. 27.
[27] Aristóteles, *Metafísica*, Libr. IV, cap. 3, 1005b.

De esta forma, si Hegel creyera realmente lo que dice entonces nos estaría dando la razón ya que si el principio de no contradicción no es válido decir "El principio de no contradicción *no* es válido" sería lo mismo que decir "El principio de no contradicción *sí* es válido". Así que no hay forma de escapar del mismo. Luego, el principio de no contradicción debe ser aceptado como un dogma.

Presupuestos semánticos: definición y atributos de Dios

Se entiende por *semántica* al estudio del sentido y significado de las palabras, frases y oraciones. ¿Qué son, entonces, los *presupuestos semánticos* para la demostración de la existencia de Dios? Son todas aquellas *definiciones* necesarias para demostrar la existencia de Dios. ¿Y cuál es la más importante de todas estas? ¡Pues la definición de "Dios" mismo! Y es que, como bien decía Santo Tomás de Aquino, "para probar la existencia de alguna cosa, *es preciso tomar como medio 'lo que su nombre significa'*"[28] ya que si no lo hiciéramos jamás podríamos saber de modo coherente que hemos encontrado la existencia de esa cosa en lugar de la de otra.

Comprender esto último es sumamente importante porque implica que para realizar una demostración válida o una refutación exitosa de la existencia de Dios *es absolutamente necesario partir de un concepto coherente de lo que es Él*. De otro modo estaríamos probando o refutando la existencia no de Dios ¡sino de un ídolo! Esta observación podría parecer trivial, pero no lo es. Y es que, como podrá constatar el lector al revisar la tercera parte de la obra, varias de las pretendidas demostraciones de la *inexistencia* de Dios ¡terminan demostrando la inexistencia de un "dios" que en realidad no es Dios (o al menos no el Dios en quien creemos los teístas)!

Pues bien, ya que estamos hablando de ello es pertinente realizar aquí un importante señalamiento: que es a los teístas -y no a los ateos- a quienes les corresponde realizar la definición de Dios para luego poder comenzar a discutir el tema de su existencia. ¿Por qué? Por una razón muy simple y sencilla: porque lógicamente son los creyentes quienes tienen que definir en qué se cree. El ateo puede intentar a lo más refutar la fe del creyente, *pero no puede de ningún modo dictaminarla*.

---

[28] Santo Tomás de Aquino, *Suma Teológica,* Ia, q. 2, art. 2, sol. 2.

Entendido bien esto pasemos a ocuparnos sin más preámbulos del concepto de Dios. La definición de Dios que utilizaremos en este tratado será la siguiente: *"Dios es el Ser Subsistente"*. He aquí la más alta verdad del orden natural, el ápice más elevado que puede alcanzar la razón humana: Dios es el Ser Subsistente. Pero, ¿qué es exactamente el "Ser Subsistente"? Es el ser que existe *por Sí mismo* sin necesidad de ningún otro para existir. Posee la plenitud del ser sin ninguna limitación ni deficiencia. Incluso más: *Él mismo es la plenitud del ser*[29].

Esta definición tiene grandísimas ventajas. En primer lugar, se trata de algo *exclusivo* de Dios. Ningún otro ser puede ser el Ser Subsistente. En efecto: todos los demás seres tienen el ser recibido o participado, en cambio Dios lo tiene *por esencia*. Luego, solo a Él le corresponde ser el "Ser Subsistente".

Por otra parte, al definirlo como el "Ser Subsistente" estamos tomando como punto de partida su primer atributo en el orden del ser, siendo que este atributo divino no lo podemos deducir de ningún otro y, en cambio, sí podemos deducir todos sus demás atributos a partir de este. Es más, como veremos en lo que sigue, no hay *ni uno solo* de los atributos divinos que no pueda ser deducido directa o indirectamente del de Ser Subsistente.

Así, pues, podemos conceptuar a Dios como un ser que posee de modo pleno y sin ninguna deficiencia ni contradicción los siguientes atributos[30]:

---

[29] *Nota para el teísta bíblico:* Esta definición *filosófica* es absolutamente consistente con la *revelación* que da Dios de Sí mismo en la Biblia: "Moisés respondió: -El problema es que si yo voy y les digo a los israelitas: 'El Dios de sus antepasados me ha enviado a ustedes', ellos me van a preguntar: '¿Cómo se llama?' Y entonces, ¿qué les voy a decir? Y Dios le contestó: - YO SOY EL QUE SOY, ese es Mi nombre. Y dirás a los israelitas: 'YO SOY me ha enviado a ustedes'" (Éxodo 3:14). "Yo Soy el que Soy" no es más que otra forma de decir "Yo Soy el Ser Subsistente, el que no requiere de otro para existir, el que existe por Sí mismo y contiene en sí la plenitud del ser".

[30] Para un análisis filosófico completo y detallado de los atributos divinos véase: Santo Tomás de Aquino, *Suma Teológica*, Ia, qs. 3, 4, 6, 7, 8, 9, 10, 11, 14, 19 y 25.

Simplicidad

Se dice que un ser es simple en cuanto no tiene en sí ninguna clase de composición y su existencia se identifica con su esencia. Ahora bien, estas dos condiciones se cumplen plenamente en Dios. En Él no hay composición alguna porque todo compuesto es posterior a sus componentes o partes y Él, en cambio, por tratarse del Ser Subsistente, es el primer ser. Por otra parte, en Dios se identifican la existencia y la esencia porque, al constituirse como el Ser Subsistente, no recibe Su existencia de otro sino que la tiene por Sí mismo directamente en virtud de Su esencia. Luego, Dios es simple.

Perfección

Se dice que un ser es perfecto en cuanto tiene en sí la máxima excelencia según su forma de ser. Ahora bien, Dios, al constituirse como el Ser Subsistente, ha de tener necesariamente en Sí toda la perfección y excelencia del ser en general, que es en sí la mayor de las perfecciones y excelencias. Además, ha de tener también en Sí -aunque de modo simple- todas las perfecciones de los demás seres particulares puesto que, al constituirse como el fundamento del ser de todos ellos, también se constituirá como el fundamento de sus perfecciones. Por tanto, no le falta ninguna perfección. Luego, Dios es perfecto.

Omnipotencia

Se dice que un ser es omnipotente en cuanto tiene en sí la plenitud y totalidad del poder. Ahora bien, dado que el poder se sigue del ser y el modo de poder del modo de ser, tendremos que Dios, el Ser Subsistente, tendrá en sí la plenitud y totalidad del poder. Además, tendrá en sí todo el poder que tenga otro ser o cosa pues, al constituirse como el fundamento del ser de todos y cada uno de los entes, se constituirá también como la fuente primaria de la que procede todo poder. Luego, Dios es omnipotente.

Omnisciencia

Se dice que un ser es omnisciente en cuanto tiene en sí la plenitud y totalidad del conocimiento. Ahora bien, dado que el conocimiento es una perfección pura, necesariamente ha de existir en Dios de modo pleno y total. Y no podría ser de otro modo. En efecto: Él lo sabe todo, sencillamente porque es el ser infinito en toda perfección y causante de todas las cosas. Luego, Dios es omnisciente.

Omnipresencia

Se dice que un ser es omnipresente en cuanto está en todos los lugares y espacios existentes a la vez. Ahora bien, esto es lo que le corresponde propiamente a Dios. Y es que, a pesar de que sean muchos los lugares que se supongan, incluso si hubiera muchos más de los que hay, necesariamente Dios estaría en todos porque nada puede existir si no es por Él. En otras palabras, Él está en todas partes simple y llanamente porque le da el ser y operación a todas las cosas. Luego, Dios es omnipresente.

Bondad

Se dice que un ser es bueno en cuanto tiene alguna perfección, es apetecible o posee una determinada virtud moral. Ahora bien, todo esto corresponde máximamente a Dios. Como ya hemos dicho, Él es perfecto, de modo que la bondad le advendrá a su ser en razón de su perfección. Por otra parte, al constituirse como el ser máximamente perfecto, será en grado sumo apetecible para sí mismo y para los demás seres, de modo que la bondad también le advendrá a su ser en razón de su apetecibilidad. Y, finalmente, al concentrar en Sí de modo simple todas las perfecciones, se sigue que poseerá en grado sumo todas las virtudes morales pues éstas son una especie de perfección; por tanto, la bondad le advendrá a su ser, además, en razón de su grado (máximo) de virtud moral. Luego, Dios es bueno.

Inmutabilidad

Se dice que un ser es inmutable en cuanto no tiene ninguna clase de movimiento o cambio en su ser. Ahora bien, esto le corresponde esencialmente a Dios. En primer lugar, por causa de su Subsistencia. Y es que el movimiento se constituye ante todo como un paso de la potencia al acto, es decir de la "capacidad de ser" al "ser". Pero esto no puede darse de ningún modo en el Ser Subsistente porque, por el mismo hecho de serlo, Él nunca está en "capacidad de ser" sino que siempre y necesariamente "Es". A su vez, la inmutabilidad le corresponde también por causa de su perfección. En efecto: si Dios es perfecto en grado sumo y, por tanto, concentra en Sí todas las perfecciones de los demás seres, se sigue que no pueden haber cambios en Él porque si los hubiera adquiría alguna perfección que no tiene, lo cual sería imposible, o perdería alguna de las que tiene siendo entonces menos perfecto, lo cual es contradictorio. Luego, Dios es inmutable.

Eternidad

Se dice que un ser es eterno en cuanto tiene en sí la posesión completa, interminable, simultánea e invariable de su propio ser. Ahora bien, todas estas cosas corresponden a Dios. En primer lugar, Él tendrá en Sí una posesión completa e interminable de Su ser por causa de su subsistencia. Y es que al tener el ser por Sí mismo y no recibido de otro, lo tendrá en su total plenitud y sin principio ni fin. A su vez, Dios tendrá una posesión simultánea e invariable de Su ser por causa de su inmutabilidad. Efectivamente: al constituirse como un ser inmutable, la posesión que Dios tiene de Su ser se caracteriza necesariamente por darse toda al mismo tiempo (simultaneidad) y sin variación alguna (invariabilidad). Luego, Dios es eterno.

Infinitud

Se dice que un ser es infinito en cuanto no tiene ninguna limitación en el ser. Ahora bien, esto le corresponde esencialmente a Dios. Siendo Él el Ser Subsistente tiene en Sí la total plenitud del ser y, por tanto, lo tiene de modo ilimitado e infinito. Luego, Dios es infinito.

Unicidad

Se dice que un ser es único en cuanto posee la propiedad de ser inmultiplicable, es decir, de no ser compatible con otro ser del mismo rango. Ahora bien, eso le corresponde absolutamente a Dios. En efecto, dado que Dios es por definición infinito y perfecto, al postular la existencia de muchos dioses habría que aceptar la existencia de más de un ser infinito y perfecto. Ahora bien, si estos seres son distintos no pueden ser infinitos ni perfectos ya que cada uno no podría tener aquello en que se le distinguen los otros. Pero si no son distintos, entonces no forman más que un mismo ser. Por tanto, no puede haber más que un solo Dios. Luego, Dios es único.

Trascendencia

Se dice que un ser es trascendente en cuanto se distingue radicalmente de todos los demás connotando superioridad y/o hallándose en un plano superior. Ahora bien, esto es lo propio de Dios. Y es que Él, al constituirse como el Ser Subsistente, es completamente distinto y superior a todos los demás seres creados y contingentes. De este modo, la infinita distancia que media entre el Ser por esencia (infinito) y el ser por participación (finito) da suficiente razón de la trascendencia divina. Luego, Dios es trascendente.

Inmanencia

Se dice que un ser es inmanente en cuanto está unido de un modo inseparable a la esencia de los demás seres pero sin identificarse con ellos. Ahora bien, esto le corresponde eminentemente a Dios. Y es que Dios, siendo el Ser Subsistente, se constituye como el que da el ser de todos los demás seres y, por tanto, se encuentra unido de modo inseparable a sus esencias aunque sin confundirse con estas ya que, hablando aristotélicamente, esta unidad no es de orden material sino que más bien se da en el plano formal, es decir, de fundamentación ontológica al nivel más profundo. Luego, Dios es inmanente.

Personalidad

Se dice que un ser es personal en cuanto tiene en sí los principios de intelecto y voluntad. Ahora bien, Dios cumple estas dos condiciones. Evidentemente en Él hay intelecto por causa de su omnisciencia. Y, por otra parte, hay también voluntad pues ésta se define como la capacidad que tiene un ser para autodeterminar su obrar y esto se da máximamente en Dios pues Él, al ser el Ser Subsistente, autodetermina plenamente su ser y como, por causa de su simplicidad, su ser se identifica con su obrar, tendremos que también autodeterminará este. Luego, Dios es personal.

Espiritualidad

Se dice que un ser es espiritual en cuanto es esencialmente inmaterial. Ahora bien, eso le corresponde en grado sumo a Dios. Y es que si fuera material sería necesariamente limitado y divisible, con lo cual ya no sería infinito ni simple. Tampoco podría ser perfecto, ni omnisciente, ni personal porque la materia por sí sola no puede ser principio de inteligencia, que es una perfección pura y base del conocimiento y la personalidad. Luego, Dios es espiritual.

CAPÍTULO 3
LAS FALACIAS ARGUMENTATIVAS

Definición y contexto de las falacias

Una falacia es un razonamiento lógicamente incorrecto pero que puede ser psicológicamente persuasivo. Así, el problema con las argumentaciones falaces es que no siguen rigurosamente las reglas de la lógica y, por tanto, son inválidas. Sin embargo, cabe aclarar que un razonamiento falaz no necesariamente tiene una conclusión falsa así como un argumento bien construido en términos lógicos no necesariamente lleva a una conclusión verdadera.

En todo caso, como en este libro buscamos realizar una argumentación rigurosa a favor de la existencia de Dios y al mismo tiempo responder a los principales cuestionamientos y críticas al respecto, resulta sumamente necesario conocer bien las falacias: para evitarlas en nuestras propias argumentaciones y para saber identificarlas en las de nuestros contrarios.

Por eso se presenta a continuación una lista de cincuenta falacias argumentativas (hay algunas más) que es importante conocer no solo para el debate sobre la existencia de Dios sino para cualquier otro. Obviamente no mencionaremos todas a lo largo de este libro (aunque sí varias) pero "es mejor que sobre a que falte". Y, por supuesto, la mejor forma de aprenderlas es en la práctica: siendo muy autocríticos en el proceso de construcción de nuestros razonamientos y siendo también muy críticos respecto de la validez lógica de los razonamientos de nuestros contrarios. Sin más preámbulos, y con ejemplos simples (el lector muy probablemente sabrá encontrar mejores), pasamos a ello:

Cincuenta falacias argumentativas

1. *Falacia ad logicam*: Asume que si en una determinada argumentación a favor de algo se comete una falacia, entonces forzosamente la conclusión debe ser falsa.

Ejemplo: "Cometiste una falacia al intentar demostrar que Dios existe. Por lo tanto, Dios no existe".

2. *Falacia non sequitur*: Se da cuando se deriva una conclusión que no se sigue necesariamente de las premisas del razonamiento.

Ejemplo: "Todo perro es un mamífero. Ese animal es un mamífero. Luego, ese animal es un perro".

3. *Falacia de falso dilema*: Consiste en plantear un esquema en que solo se presentan dos ideas o aspectos como las únicas opciones posibles o como excluyentes entre sí cuando en realidad existen más opciones o hay forma de compatibilizar ambos puntos.

Ejemplo: "¿Eres neoliberal o comunista?".

4. *Falacia de petición de principio*: Ocurre cuando la proposición a ser probada se incluye implícita o explícitamente en las premisas de partida del razonamiento.

Ejemplo: "La materia es lo único que existe. Dios no es material. Por tanto, Dios no existe".

5. *Falacia de blanco móvil*: También conocida como falacia del hombre de paja, consiste en crear una posición fácil de refutar y luego atribuir esa posición al oponente para dar la apariencia de que se lo está refutando cuando en realidad solo se está refutando al argumento ficticio que se ha creado para el efecto.

Ejemplo: "Usted acaba de afirmar que el Estado debería intervenir en la economía. Entonces, está de acuerdo con implantar un sistema comunista absoluto, lo cual sería desastroso".

6. *Falacia ad ridiculum*: Consiste en ridiculizar intencionada e injustificadamente el argumento de la otra parte por medio de analogías y/o calificativos fuera de lugar para hacerlo parecer insostenible. Se diferencia de la *refutación por reducción al absurdo* por el hecho de que en esta última sí se utiliza la pura lógica, la analogía coherente y el sentido común.

Ejemplo: "Así como tú escribes un libro sobre la existencia de Dios yo voy a escribir un libro sobre la existencia del monstruo del espagueti volador".

7. *Falacia de razonamiento circular*: Sucede cuando en una demostración se requiere presuponer que el punto a ser demostrado ya es verdad.

Ejemplo: "Es evidente que todo lo que dice ese libro es verdad porque hay una parte del libro donde dice que todo su contenido es verdad".

8. *Falacia de arreglo del bulto*: Se da al asumir que las cosas o ideas que con frecuencia han estado asociadas por tradición o historia a un determinado conjunto siempre y necesaruamente estarán unidas a él.

Ejemplo: "Usted critica al sistema capitalista actual. Por tanto, usted es un comunista".

9. *Falacia de probar con ejemplo*: Sucede cuando se pretende probar un caso general apelando solo a uno o más ejemplos.

Ejemplo: "Los estudiantes de colegios públicos son delincuentes. Ayer vi uno robando una cartera".

10. *Falacia de la composición*: Consiste en pensar sin mayor justificación que si algo es verdad para las partes entonces también debe ser verdad para el todo.

Ejemplo: "Cada jugador es individualmente bueno. Por tanto, el equipo será colectivamente bueno".

11. *Falacia de la división*: Consiste en pensar sin mayor justificación que si algo es verdad para el todo entonces también debe ser verdad para las partes.

Ejemplo: "El hombre tiene conciencia. El hombre está compuesto por átomos. Luego, los átomos tienen conciencia".

12. *Falacia ad ignorantiam*: Se da cuando se afirma que algo es verdad porque no se puede demostrar su falsedad o que algo es falso porque no se puede demostrar su verdad.

Ejemplo: "Nadie ha podido demostrar que los extraterrestres existen. Por tanto, los extraterrestres no existen".

13. *Falacia del punto medio*: También conocida como falacia de la moderación, asume que las posiciones intermedias o moderadas siempre son las correctas.

Ejemplo: "Los teístas afirman que Dios existe, los ateos afirman que no existe. Frente a eso, yo me quedaré como agnóstico".

14. *Falacia de afirmación de la consecuente*: Equivale a pensar que si de una premisa se sigue una consecuencia, entonces frente a la verificación de la consecuencia se sigue también la verificación de la premisa.

Ejemplo: "Si estoy dormido tengo los ojos cerrados. Entonces, si tengo los ojos cerrados debo estar dormido".

15. *Falacia de negación del antecedente*: Implica asumir que si se niegan los antecedentes entonces también se niega la consecuencia.

Ejemplo: "Siempre que estoy dormido tengo los ojos cerrados. Por tanto, siempre que estoy despierto tengo los ojos abiertos".

16. *Falacia ad hominem*: Consiste en atacar y/o descalificar de algún modo a la persona que sostiene el argumento en lugar de refutar su argumento.

Ejemplo: "Usted está equivocado en esta cuestión filosófica porque usted no es filósofo".

17. *Falacia ad baculum*: Reemplaza la razón por la amenaza o la fuerza.

Ejemplo: "Yo tengo la razón porque si no te vas de mi casa".

18. *Falacia ad misericordiam*: Consiste en apelar a la piedad para lograr el asentimiento cuando se carece de argumentos.

Ejemplo: "No me puede multar por haberme pasado la luz roja, he tenido un mal día".

19. *Falacia ad verecundiam*: Pretende basar la veracidad de una afirmación en la autoridad, fama, prestigio, conocimiento o posición de la persona que la realiza.

Ejemplo: "Esto debe ser verdad porque lo dijo el gran científico Stephen Hawking".

20. *Falacia ad populum*: Concluye que una proposición es verdadera porque una gran cantidad de personas está de acuerdo con la misma.

Ejemplo: "Debe ser un buen presidente porque la mayoría votó por él".

21. *Falacia ad consequentiam*: Concluye que una idea es verdadera o falsa en función de si trae consecuencias deseables o indeseables respectivamente.

Ejemplo: "Si Dios no existe entonces no tengo que ceñirme a tontas restricciones morales. Por tanto, Dios no existe".

22. *Falacia ad náuseam*: Se da cuando se pretende imponer la verdad de algo por el solo hecho de repetirlo muchas veces y/o de muchas formas.

Ejemplo: "Miente, miente que siempre algo queda".

23. *Falacia ad antiquitatem*: Se pretende que una tesis es correcta solo porque ha sido tradicionalmente considerada como correcta.

Ejemplo: "Desde hace siglos que hemos confiado en la física newtoniana ¿por qué tendríamos que hacerle caso a ese chiflado de Einstein?".

24. *Falacia de apelación a la novedad*: Asume que lo nuevo siempre es mejor o más veraz que lo anterior.

Ejemplo: "Este producto debe ser mejor porque es el más reciente que ha salido al mercado".

25. *Falacia tu quoque*: Se basa en que la idea presentada por una persona es falsa porque esta misma persona no la sigue.

Ejemplo: "Mi vecino me dijo que robar está mal, pero él mismo roba. Luego, robar no está mal".

26. *Falacia de "dos errores hacen un acierto"*: Se asume que si algo es erróneo entonces el extremo contrario es correcto.

Ejemplo: "Es comunismo estuvo mal. Por tanto, el capitalismo neoliberal está bien".

27. *Falacia genética*: Consiste en descalificar a una determinada idea o creencia por la forma en que se origina.

Ejemplo: "Tú crees en el Cristianismo únicamente porque tus papás te lo inculcaron de pequeño. Por tanto, el Cristianismo es falso".

28. *Falacia taxicab*: Se da cuando aplicamos un principio solo en el contexto que nos conviene y dejamos arbitrariamente de aplicarlo en los contextos que no nos convienen.

Ejemplo: "Para creer en Dios se requiere de evidencia absolutamente incontrovertible, pero no para creer en extraterrestres".

29. *Falacia cum ergo propter hoc*: Afirma que si dos eventos ocurren a la vez, entonces necesariamente tienen una relación causal entre sí.

Ejemplo: "Aprobé el examen porque tenía mi amuleto de la suerte el día que lo di".

30. *Falacia post hoc*: Consiste en suponer que dado que un evento sucedió antes que otro entonces el primero fue causa del segundo.

Ejemplo: "El horóscopo decía en la mañana que conocería a alguien agradable y en la tarde de ese mismo día conocí a alguien agradable. Luego, la predicción del horóscopo fue la causa".

31. *Falacia de causa simple*: Asume que solo existe una sola causa para un fenómeno que en realidad puede deberse a la interacción compleja de varias causas.

Ejemplo: "La gente es pobre porque no quiere trabajar".

32. *Falacia de conclusión desmesurada*: Consiste en inferir algo que está mucho más allá de lo justificado por las premisas antecedentes.

Ejemplo: "El día de ayer mi novia no me escribió. Eso significa que ya no me quiere".

33. *Falacia de pendiente resbaladiza*: Rechaza una línea de razonamiento o acción alegando que conllevará una avalancha de absurdos o consecuencias negativas por medio de la exageración de hasta las posibilidades más improbables.

Ejemplo: "Usted dice que debemos regular el mercado. Pero si introducimos aunque sea una pequeña regulación al libre mercado, cada vez iremos introduciendo más hasta que terminemos en un sistema comunista totalitario".

34. *Falacia de generalización apresurada*: Consiste en inferir un caso general a partir de solo unos pocos casos particulares.

Ejemplo: "Mis dos anteriores novios me engañaron. Todos los hombres son iguales".

35. *Falacia de premisa falsa o indemostrada*: Pretende demostrar algo por medio de un razonamiento que incluye una premisa que no se ha probado como válida.

Ejemplo: "El teísmo es una tontería. No hay filósofos ni científicos importantes que crean en Dios".

36. *Falacia de hipótesis ad hoc*: Es la adición arbitraria de hipótesis corolarias o ajustes a una teoría para evitar que sea refutada por sus posibles anomalías o problemas que no fueron anticipados en el planteamiento original.

Ejemplo: "Tal vez el factor económico no sea el determinante directo de todos los acontecimientos históricos, pero el enfoque materialista sigue siendo cierto porque el factor económico de todos modos es el que los determina en último término".

37. *Falacia del accidente*: Se comete al confundir la esencia con el accidente, es decir, lo sustancial con lo adjetivo.

Ejemplo: "Muchas guerras se han dado a lo largo de la historia a causa de la religión. Por tanto, la religión es mala".

38. *Falacia del equívoco*: Consiste en emplear adrede en el mismo discurso o argumentación palabras equívocas (con varios significados) en dos o más acepciones distintas pretendiendo validar las inferencias en base a una acepción para lo correspondiente a la otra.

Ejemplo: "El hombre es el único ser racional sobre la tierra. Ninguna mujer es hombre. Por tanto, ninguna mujer es racional".

39. *Falacia de pregunta compleja*: Es aquella que está formulada de un modo tal que el solo hecho de responder implica asumir algo que no hay por qué conceder como cierto.

Ejemplo: "¿Todavía le pegas a tu esposa?".

40. *Falacia del continuum*: Implica asumir que pequeñas diferencias en un esquema continuo son irrelevantes y que, por tanto, no hay diferencia entre los términos extremos del esquema en cuestión.

Ejemplo: "Si a alguien se le quita un pelo, no queda calvo; si se le quita otro, tampoco; y así, quitándosele los pelos uno por uno, nunca será calvo".

41. *Falacia del paralogismo de los metafísicos*: Consiste en plantear un pseudo-problema absurdo con alternativas igualmente absurdas y pretender darle solución mostrando lo absurdo de una de las alternativas para luego proclamar la veracidad de la otra.

Ejemplo: "¿La mesa es creyente o atea? Por supuesto que no es creyente. Por tanto, debe ser atea".

42. *Falacia de falsa analogía*: Se apoya una conclusión no sobre un razonamiento sino sobre una analogía en la que se enfatizan las similitudes con el punto a probar pero se dejan de lado diferencias importantes que vician la validez de la comparación.

Ejemplo: "A los estudiantes se les debería permitir consultar sus textos de estudio durante los exámenes del mismo modo que los abogados en ejercicio pueden consultar los libros de leyes cuando tratan un caso".

43. *Falacia del pez rojo*: Implica introducir información irrelevante en la discusión con el fin de distraer la atención.

Ejemplo: "Bueno, continuando con la discusión de la proposición 7 del *Tractatus Logico-Philosophicus* de Wittgenstein… Ah, por cierto, ¿sabían que Wittgenstein tenía tendencias homosexuales?".

44. *Falacia de argumento desde el silencio*: Consiste en negar un determinado hecho o evento simplemente en base a que no se menciona o evidencia.

Ejemplo: "Él en ningún momento ha negado que sea homosexual. Por tanto, es homosexual".

45. *Falacia de argumento del escenario*: Implica contar una historia en base a materiales no relacionados y luego utilizar la historia como "prueba" de que los materiales están relacionados.

Ejemplo: "Jesús viajó un tiempo a Egipto en su infancia y varias de sus enseñanzas se parecen a las de los maestros espirituales de oriente. Por tanto, Jesús volvió luego a Egipto para aprender de ellos. Y eso es lo que explica que varias de sus enseñanzas se parezcan a las de estos maestros espirituales".

46. *Falacia del embudo*: Consiste en rechazar la aplicación de una regla o principio general a un caso particular que nos interesa aduciendo que se trata de una excepción, aunque de modo infundado.

Ejemplo: "Voy a pedir que no me cobren ese impuesto este año, porque mi caso no es como el de todos. Necesito ese dinero para otras cosas".

47. *Falacia casuística*: Rechaza una regla o principio general apelando a excepciones que, muchas de las veces, se refieren a experiencias personales que se relatan con el mayor histrionismo.

Ejemplo: "Dicen que los padres quieren a sus hijos, pero los míos me abandonaron de pequeño y fue muy traumático. Por tanto, no es verdad que los padres quieran a los hijos".

48. *Falacia secundum quid*: Ocurre al pretender aplicar una regla o principio general a una excepción que sí está justificada.

Ejemplo: "¿Qué por qué no lo quité el cuchillo a ese hombre que se quería suicidar? Pues porque ese cuchillo era de su propiedad y uno nunca debe tomar las cosas ajenas sin permiso".

49. *Falacia de envenenar el pozo*: Consiste en dar alguna información negativa sobre la fuente de una determinada idea para sesgar el juicio de los oyentes respecto de la misma.

Ejemplo: "Mi oponente cita a Aristóteles. Sin embargo, Aristóteles cayó en burdos errores como pensar que las mujeres tienen menos dientes que los hombres".

50. *Falacia ignoratio elenchi*: Es una argumentación que puede ser válida en sí misma pero que no es relevante en cuanto a lo que se pretende defender o explicar.

Ejemplo: "Él debe ganar el campeonato mañana porque es muy buena persona y se merece todo".

Parte II

LAS CINCO VÍAS PARA DEMOSTRAR LA EXISTENCIA DE DIOS

CAPÍTULO 1
PRIMERA VÍA: EL ARGUMENTO DEL MOVIMIENTO

Enunciación

La primera y más clara vía para demostrar la existencia de Dios se funda en el movimiento, entendido no solo como desplazamiento sino primordialmente como *cambio*, y se estructura como sigue:

1. Es evidente, y consta a nuestros sentidos, que hay cosas que se mueven, es decir, que cambian.

2. Pues bien, todo lo que se mueve, cambia, muda o transforma es movido por otro, ya que nada se mueve más que cuando está en potencia respecto aquello para lo que se mueve. En cambio, mover requiere estar en acto, pues no es otra cosa que hacer pasar algo de la potencia al acto y esto no puede hacerlo más que lo que está en acto.

3. Pero si lo que mueve a otro es a su vez movido, es necesario que lo mueva un tercero, y a este otro. Mas no se puede seguir así indefinidamente, porque así no habría primer motor, y, en consecuencia, no habría motor alguno, pues los motores intermedios no mueven más que en virtud del movimiento que reciben del primero. Por consiguiente, es necesario llegar a un Primer motor que no sea movido por otro.

4. Este Primer motor que no es movido por otro y que se constituye como el principio de movimiento de todos los demás seres es Dios.

5. Luego, Dios existe.

Explicación

Premisa 1: "Hay cosas que se mueven".

Esta premisa es evidente de por sí. Ya desde una primera aproximación nos es manifiesto que las cosas de nuestra experiencia están en constante cambio y movimiento.

Es más, existe muy sólida evidencia científica de que el cambio y el movimiento no son algo restrictivo de nuestra experiencia sino que se constituyen como algo universal en el Cosmos, desde las diminutas partículas subatómicas hasta los grandes planetas y galaxias. Ahí tenemos, por ejemplo, la famosa Ley de Hubble, formulada en 1929 por el astrónomo estadounidense Edwin Hubble, de acuerdo con la cual "las galaxias se alejan a una velocidad proporcional a sus distancias". Esta ley, que se constituye como la base de toda la cosmología actual, es sumamente importante pues es la verificación de un comportamiento mutable a gran escala de todo el universo.

Pero no se necesita ser un cosmólogo para aceptar la existencia del cambio y el movimiento en las cosas. Basta con observarlas. Y fue justamente esta primigenia observación la que asombró tanto a los filósofos griegos que los llevó a plantearse el segundo de los grandes problemas filosóficos que los obsesionaron (sobre el primero hablaremos en la explicación de la tercera vía): el *problema del cambio y el movimiento*. ¿Por qué existe el cambio?, ¿por qué existe el movimiento? Estas fueron las preguntas que constantemente acosaron a Heráclito, Parménides, Platón y Aristóteles, siendo este último quien finalmente definió al movimiento como "el acto de lo que está en potencia en tanto que potencia"[31] y llegó a la noción de "Primer motor inmóvil" formulando por primera vez esta vía[32] que luego adoptara Santo Tomás de Aquino en su metafísica para demostrar la existencia de Dios.

Y es justamente aquí donde debemos hacer una importante aclaración para entender bien la naturaleza y alcances de la primera vía tomista. A saber, que Santo Tomás de Aquino no se está refiriendo en ella solamente al movimiento *físico*, es decir, a la locomoción o desplazamiento, sino más que nada al aspecto *metafísico* del cambio, es decir, el paso de la potencia al acto.

Pero, ¿por qué es que el aquinate toma al movimiento como base de su primera vía? Al parecer lo hace por una razón pedagógica. Y es que para Santo Tomás de Aquino existen tres formas de ser en acto: el acto perfecto o forma, la operación o causalidad y el acto imperfecto o movimiento[33].

---

[31] Aristóteles, *Física*, Libr. III, cap. 1.
[32] Cfr. Aristóteles, *Metafísica*, Libr. XII.
[33] Cfr. Santo Tomás de Aquino, *Sententia libri Metaphysicae*, Libr. IX, cap. 5.

Ahora bien, ¿cuál de estos tres tipos del ser en acto nos es más directamente cognoscible? Pues el "acto imperfecto". ¿Por qué? Porque nuestro entendimiento, al requerir siempre de los datos de la experiencia sensible para luego elevarse hacia lo universal, capta lo compuesto antes que lo simple y dado que la forma más compuesta del ser en acto es justamente aquella que se evidencia en el movimiento, tendremos que este será el punto de partida más inteligible para nosotros. De ahí que el aquinate comience esta vía diciendo: "La primera y *más manifiesta* vía se funda en el movimiento".

Premisa 2: "Todo lo que se mueve es movido por otro".

Habíamos definido al movimiento como "el paso de la potencia al acto". Precisemos ahora los términos de esta definición. Por "potencia" se entenderá a la *capacidad de* ser de lo que todavía no es y por "acto" al *efectivamente* ser.

Ahora bien, desde esta perspectiva se hace evidente que todo lo que se mueve, cambia, muda o transforma es movido por otro ya que nada se mueve más que cuando está en potencia respecto a aquello para lo que se mueve. En cambio, mover requiere estar en acto, puesto que mover no es otra cosa que hacer pasar algo de la potencia al acto y ello no puede hacerlo más que lo que está en acto. Pero dado que no es posible que una misma cosa esté a la vez en potencia y en acto respecto a lo mismo, es decir, que sea motor y móvil a la vez, es también imposible que se mueva a sí misma. Luego, debe ser movida por otro.

Ilustremos lo anterior con un ejemplo sencillo. Habíamos definido a la "potencia" como la *capacidad de* ser de lo que todavía no es y al "acto" como el *efectivamente* ser. Pues bien, en nuestro ejemplo tendremos que un balón de fútbol será un gol *en potencia* mientras esté en juego y será un gol *en acto* cuando entre al arco. ¿Podrá *por sí mismo* el balón convertirse en un gol? No. El balón solo está en capacidad (*potencia*) de ser un gol (*acto*) pero no existe por sí mismo en el estado de gol, siendo que para pasar de un estado de no-gol a un estado de gol (*movimiento*) requiere ser pateado hacia adentro del arco, es decir, requiere ser movido por otro. ¿Quién es este otro? El jugador de fútbol. ¿Por qué? Porque es el que tiene la capacidad de "actualizar" la potencia del balón de ser un gol, conduciéndolo a dicho efecto por medio de una patada. En otras palabras, el balón es el *móvil* y el jugador es el *motor*.

Premisa 3: "*No es posible una cadena infinita de movimiento; por tanto, es necesario llegar a un Primer motor*".

Imaginemos que vemos pasar un tren por primera vez. Desconcertados nos preguntamos cómo se mueve el vagón que pasa a nuestro lado. Inmediatamente nos damos cuenta de que está siendo jalado por el vagón anterior. Pero entonces nos preguntamos "¿Y cómo se mueve ese vagón?". Y nos respondemos "¡Ah, claro! Lo está jalando el otro que va más adelante". Pero entonces nos acosa la pregunta "¿Y qué es lo que mueve a ese?". Justo en ese momento, antes de nos respondamos, aparece alguien y nos dice: "No te sigas rompiendo la cabeza, ¡hay infinitos vagones que se mueven unos a otros!". ¿Le creeríamos? Tal vez en un primer momento sí, pero si analizamos bien las cosas nos daremos cuenta de que dicha afirmación no tiene ni pies ni cabeza. Y es que si fueran infinitos vagones que se dan sucesivamente el movimiento ¡tendría que pasar un proceso infinito de transmisión del movimiento para que recién pueda moverse el vagón que está a nuestro lado! Pero eso es una clara *contradictio in adjecto* (contradicción adjetiva) pues no puede haber un "infinito terminado". Decir que ha pasado un proceso infinito de transmisión sucesiva del movimiento de un vagón a otro hasta llegar al vagón que está a nuestro costado ¡es tanto como decir que hemos contado todos los números enteros negativos desde el menos infinito hasta el -1 o que hemos llegado a la superficie saltando desde el fondo de un pozo sin fondo! Absurdo a todas luces.

Así, pues, donde hay serie hay término. Se puede contar uno, dos, tres… pero nunca se llegará a decir "infinito". Por más que la serie pueda seguir de modo indefinido siempre se estará en una cantidad definida de términos por más grande que esta sea. No es posible, entonces, una cadena infinita de movimiento. Por consiguiente, es necesario que exista un Primer motor o, en términos del ejemplo, una locomotora.

Tal vez pueda objetarse: "¡Ah!, pero eso es suponiendo tiempo lineal. En cambio, si lo supusiéramos curvo o circular la cosa cambiaría pues bien podríamos, utilizando el mismo ejemplo, agregar vagones hasta recorrer todo el mundo en círculo, siendo que el primero estaría conectado con el último y así todos se darían el movimiento conjuntamente unos a otros sin necesidad de tener que recurrir a un Primer motor".

Aquí hay que responder que en primer lugar la primera vía no supone necesariamente un tiempo lineal pues, al constituirse ante todo como una prueba *metafísica*, tenemos que la dependencia existente del móvil con respecto al motor en la cadena de movimiento es *ontológica* antes que *temporal*. Por otra parte, agregar vagones hasta recorrer todo el mundo en círculo y que el último se conecte con el primero no explica la razón ni el principio del movimiento, ni siquiera del primer vagón. Por tanto, todavía es necesario arribar a un Primer motor para explicar el movimiento de todos los demás seres.

Premisa 4: "Este Primer motor es Dios".

Esta premisa consta de dos términos: "Primer motor" y "Dios". Expliquemos, pues, qué queremos decir con el primero y cómo es que a partir de él deducimos el segundo.

Por Primer motor entenderemos propiamente al "Primer motor inmóvil", es decir, a aquel que no es movido por ningún otro pero que se constituye como la causa y principio del movimiento de todos los demás seres. Este Primer motor inmóvil ha de ser, entonces, "acto puro" sin mezcla alguna de potencialidad, siendo por ello que no precisa de nada anterior a sí mismo que actualice sus potencias (de las que carece). Ha de ser origen sin origen, causa incausada, "primero", pero no meramente como parte de una serie numerable *cuantitativamente*, sino primero *cualitativamente*, es decir, como *fuente ontológica primaria* del movimiento y nunca como un mero *cauce* de este. Y es que solo este Ser, al ser "acto puro", puede actualizar la totalidad de las potencialidades de todos los demás seres. Retomando el ejemplo del tren podríamos decir que es la locomotora que, sin necesitar ser jalada, tiene la suficiente fuerza para jalar todo el tren, constituyéndose como el principio de movimiento de todos los demás vagones.

Y ahora la pregunta del millón: ¿cómo sabemos que el Primer motor inmóvil es Dios? Fácil: deconstruyendo metafísicamente el concepto de Primer motor inmóvil[34].

---

[34] En filosofía, se entiende por "deconstrucción" a buscar lo que "está detrás" de una palabra o concepto, especialmente en términos de procesos históricos y/o cuestiones metafóricas. Para nuestro caso, como se señala, el énfasis estará más bien en lo que es *metafísicamente* subyacente o propio a los términos implicados.

Como acabábamos de decir el Primer motor inmóvil es el que en última instancia da su movimiento a todos los demás seres actualizando sus potencias. Sin embargo, como eso requiere estar en acto, tendremos que dicho ser requerirá estarlo no en cualquier modo, sino en el más pleno de los sentidos; es decir, deberá estar en "acto puro" (cualquier potencialidad que tenga en Sí mismo haría que tenga que remitirse a otro, lo cual sería contradictorio con la idea de "Primer motor"). Pero dado que el acto es, por definición, *efectivamente* ser", este Ser, al constituirse como "acto puro", deberá tener en sí toda la plenitud del ser. En otras palabras, deberá ser el Ser Subsistente. Pero esa es justamente la definición que habíamos dado de Dios. Luego, el Primer motor inmóvil es Dios.

Conclusión: "Dios existe".

Partiendo del movimiento hemos demostrado la imposibilidad de que este pueda ser plenamente explicado por los solos seres móviles, contingentes y cambiantes, siendo necesario que postulemos la *existencia efectiva* de un Primer motor inmóvil para poder explicarlo. A continuación hemos demostrado que este Primer motor inmóvil se identifica con Dios. Por tanto, dado que en un razonamiento deductivo si las premisas son verdaderas ha de aceptarse necesariamente la conclusión so pena de irracionalidad, debemos aceptar que Dios existe. Luego, Dios existe.

Objeciones y respuestas

Objeción 1: *La primera vía de Santo Tomás de Aquino cae en una grosera petición de principio pues niega la posibilidad de una cadena infinita de movimiento aduciendo que de ser así "no habría Primer motor". ¡Pero eso es justamente lo que se debe probar! Además, no se ha demostrado que solo tenga que haber un único Primer motor cuando bien podría haber varios. Luego, no se prueba la conclusión de la primera vía.*

Respuesta: Esta objeción de que Santo Tomás de Aquino comete una *falacia de petición de principio* en la primera vía es, lamentablemente, muy común entre las críticas que se le hacen. Y decimos lamentablemente porque solo se basa en una lectura tendenciosa y malintencionada del argumento tomista.

En efecto, cualquiera (que no tenga un prejuicio *a priori* contra el teísmo, claro está) que lea bien la enunciación que de esta vía hace el mismo aquinate se percatará de que no comete ninguna falacia de petición de principio, pues cuando dice que la cadena de movimiento "no puede seguir indefinidamente, porque no se llegaría al primer motor que mueve" inmediatamente a continuación aclara que ello ha de ser así porque si no hubiera un primer motor, "no habría motor (ni movimiento) alguno pues los motores intermedios no mueven más que por ser movidos por el primer motor"[35] como es que puede derivarse de la explicación de la premisa 2 (en la cual no se está presuponiendo para nada la existencia de un Primer motor).

Luego, tenemos la alegación de que no habría por qué aceptar que hay un único Primer motor cuando bien podrían ser varios. Por ejemplo, el filósofo Graham Oppy escribe: "El argumento parece ser claramente inválido: lo máximo que se sigue de las premisas es que hay causas primeras del cambio que no están en sí mismas en proceso de cambio. No hay nada en las premisas de este argumento que justifique que hay una única causa primera del cambio que no está ella misma en proceso de cambio"[36].

En primera instancia, puede responderse a esto aplicando el *principio de navaja de Ockham* de acuerdo con el cual no se deben multiplicar innecesariamente los entes para dar una explicación. Si basta apelar a un Primer motor para dar la fundamentación última suficiente del movimiento de los seres, especular con más "primeros motores" resulta superfluo.

Pero ni siquiera necesitamos apelar a ese principio pragmático. Y es que, tomada en todo su contexto, nuestra formulación de la primera vía no se ve afectada por aquello que dice Oppy de que "no hay *nada* en las premisas de este argumento que justifique que hay una única causa primera del cambio que no está ella misma en proceso de cambio". ¿Por qué? Porque si bien no hay ninguna demostración *explícita* de que solo debe haber un único Primer motor en la explicación que hemos dado de las premisas, sí hay una demostración *implícita pero clara* de ello en nuestra

---

[35] Santo Tomás de Aquino, *Suma Teológica,* Ia, q. 2, art. 3, rpta.
[36] Graham Oppy, *Arguing About Gods,* Cambridge University Press, New York, 2006, p. 103.

explicación de la cuarta premisa. Allí establecimos que el Primer motor es el Ser Subsistente. En consecuencia, *por necesidad lógica*, han de aplicarse al Primer motor todas las características y/o atributos que hayan sido demostrados para el Ser Subsistente. Pero una de los atributos que demostramos para el Ser Subsistente es la "unicidad" (ver Parte I, capítulo II). Por tanto, el Primer motor, al ser también el Ser Subsistente, debe ser *único*.

Queda, pues, en pie la primera vía.

Objeción 2: *Hoy sabemos que el Primer motor inmóvil no es más que una consecuencia de la física defectuosa de Aristóteles quien suponía que todo motor debe mover a otro porque si no lo hiciera se detendría el movimiento. Sin embargo, dicha suposición ha sido demostrada como innecesaria por la ciencia moderna ya que de acuerdo con el principio de inercia de Galileo un móvil se mantiene por sí mismo siempre en movimiento mientras no intervenga otro que lo saque de dicha situación. Luego, no se prueba la conclusión de la primera vía.*

Respuesta: Para responder a esta objeción primero es necesario entender aquello que ya habíamos aclarado en nuestra explicación de la primera premisa, a saber: que en esta vía Santo Tomás de Aquino no se está refiriendo primariamente al movimiento *físico* (locomoción) sino más bien al movimiento *metafísico* (paso de la potencia al acto). Es en este sentido, y solo en este sentido, que asume la definición aristotélica del movimiento como "el acto de lo que está en potencia en tanto que potencia"[37]. De este modo, al estar tomando el aquinate la definición aristotélica en un sentido ante todo *metafísico*, no puede invalidarse la vía simplemente diciendo que "el Primer motor inmóvil no es más que una consecuencia de la física defectuosa de Aristóteles" pues aun habría que demostrar cómo es que ello implica su invalidez en el plano metafísico.

¿Logra esto el citado "principio de inercia"? No. ¿Por qué? Porque los seres cambiantes (o, si se quiere, los cuerpos móviles) al ser limitados, explican "algo" del movimiento, *pero no todo su "ser"*. Y es que, por el mismo hecho de ser cambiantes, estos seres están continuamente pasando de un estado a otro adoptando estados de los que antes carecían, lo cual desde ya evidencia su *indigencia ontológica esencial* dado que no son "acto puro".

---

[37] Aristóteles, *Física,* Libr. III, cap. 1.

En consecuencia, sigue siendo necesario arribar a un primer Ser que no dependa de ningún otro y que esté en acto puro sin mezcla alguna de potencialidad para explicar la existencia y movimiento de los demás seres. En otras palabras, sigue siendo necesario postular la existencia de un Primer motor inmóvil. De este modo, si bien la "ley de la inercia" nos explica *cómo es que se da* –físicamente- el movimiento en los seres, no nos explica *cómo es que se inicia* -metafísicamente- el movimiento o, lo que es más, los seres que se mueven.

Y no solo eso. Aun si dejamos de lado todo el análisis metafísico y nos centramos únicamente en el físico, no se hace forzoso suponer que el "principio de inercia" invalida el postulado tomista de que "todo lo que se mueve es movido por otro" porque bien puede suponerse lo contrario en base a este mismo principio como es que hace el apologista A. Hillaire cuando en su ya citada obra *La Religión Demostrada* nos dice: "Sostiene la Mecánica, que es una parte de la Física, que la materia no puede moverse por sí sola. Una estatua no puede abandonar su pedestal; una máquina no puede moverse sin una fuerza motriz; un cuerpo en reposo no puede por sí mismo ponerse en movimiento. Tal es el llamado *principio de inercia*. Luego, *para producir un movimiento es necesario un motor*"[38]. En otras palabras, lo que se mueve ha de ser movido por otro.

Queda, pues, en pie la primera vía.

Objeción 3: *Tampoco es necesario el Primer motor a la luz de la ciencia actual que nos habla de las 4 interacciones fundamentales: gravitacional, electromagnética, nuclear fuerte y nuclear débil, siendo que son estas, y no Dios, las que ponen en movimiento y acción a las cosas del universo (por no mencionar que, al tratarse de "fuerzas" y no de "seres", también invalidan el supuesto de que "todo lo que se mueve es movido por otro"). Luego, no se prueba la conclusión de la primera vía.*

Respuesta: Falso. Las cuatro "fuerzas fundamentales" *no pueden* ser el *fundamento primero* del movimiento y acción de las cosas del universo simple y llanamente *¡porque no existen por sí mismas!* ¿Qué? Sí, así es. En realidad las "fuerzas" no existen en sí mismas, existen en los seres que actúan con tal o cual fuerza sobre otros seres del mismo modo que los colores no existen en sí mismos sino en las cosas coloreadas.

---

[38] A. Hillaire, *La Religión Demostrada: Los Fundamentos de la Fe Católica Ante la Razón y la Ciencia,* Ed. Difusión, Buenos Aires, 1956, p. 5.

Tal vez podamos entender mejor ello si es que atendemos bien al significado de la palabra "interacciones" que utiliza inicialmente la objeción para referirse a estas fuerzas. Y es que las "interacciones" -por más fundamentales que sean- no pueden nunca concebirse como un "algo" existente en sí mismo independientemente de los "seres" que interactúan. Lo que en verdad existe son los "seres" y no la "interacción" entre ellos ya que esta no es más que una *relación* sobreviniente que no tiene *ser-en-sí*.

Ahora bien, tratándose las fuerzas nombradas (gravitacional, electromagnética, nuclear fuerte y nuclear débil) de fuerzas físicas y existiendo únicamente en términos relacionales, nos encontramos con que no pueden entonces explicar la existencia de la realidad física ya que, siendo fuerzas físicas, solo pueden existir allí donde ya hay realidad física (podrían darse incluso simultáneamente con esta realidad, pero de ningún modo pueden ser anteriores a ella). Ergo, no siendo la existencia del universo físico algo eterno (lo probaremos con detalle en el próximo capítulo), se requiere de alguna instancia antecedente al mismo para que se configuren las potencias a partir de las cuales se desplegarán sus actos (generación de galaxias, estrellas, planetas, vida, etc.). Y estas potencias bien pueden ser las llamadas "fuerzas fundamentales" (u otras que descubra la ciencia del futuro) las cuales, a su vez, requerirán ser configuradas por el acto de otro lo cual, por supuesto, se corresponde con la noción teísta de *creación*.

Por otra parte, con respecto a lo que sostiene la objeción de que al tratarse de "fuerzas" y no de "seres" se invalida el supuesto de que "todo lo que se mueve es movido por otro" hay que responder que la noción misma de "fuerzas fundamentales" no solo no contradice este principio sino que es una aplicación del mismo. Tomemos por ejemplo a la fuerza gravitacional. En física se define a la *gravitación* como la "propiedad de todos los cuerpos de ejercer *unos sobre otros* fuerzas atractivas proporcionales a su masa gravitatoria". Por consiguiente, hay uno "atraído" y otro "que atrae". En otras palabras, "uno es movido por otro".

De este modo, *la fuerza es siempre la fuerza de algo que ejerce una fuerza*. El "motor", el que mueve, es el ser que ejerce la fuerza, *no la fuerza misma*, del mismo modo que el "hablante" no es las palabras que emite sino el emisor. Entonces, el Primer motor ha de ser un "Ser", no una "fuerza".

Queda, pues, en pie la primera vía.

Objeción 4: *Hoy en día la ciencia acepta la posibilidad del movimiento espontáneo. Así, al constituirse este como un fenómeno natural, se hace absolutamente innecesario el atribuírselo a algún agente sobrenatural, como es también innecesario atribuirle lo que nosotros mismos hacemos por libre albedrío. Luego, no se prueba la conclusión de la primera vía.*

Respuesta: Ante todo hay que decir que Santo Tomás de Aquino, por el mismo hecho de haber nacido en el siglo XIII, no tuvo la oportunidad de conocer los grandes avances de la física y la biología modernas. Sin embargo, gozaba de una extraordinaria capacidad de observación de modo que, junto al principio por él esgrimido en esta primera vía, no deja de comprobar igualmente que "si *algo se mueve a sí mismo*, es necesario que posea en sí mismo el principio de su movimiento"[39]. En particular, definía a los seres "vivientes" como aquellos que gozan de movimiento espontáneo. Por lo tanto, la premisa "todo lo que se mueve es movido por otro" no ha de ser entendida en el sentido de que siempre ha de intervenir un ser distinto para explicar todo cambio.

¿Invalida esta admisión del movimiento espontáneo la conclusión de la primera vía? No, porque si analizamos bien este tipo de movimiento nos daremos claramente cuenta de que no solo *no puede* llevarnos a la *fundamentación última* del movimiento que observamos en el universo ya que los seres vivos surgen *luego* como consecuencia de todo este movimiento; sino que ni siquiera puede explicarnos del todo el movimiento de estos seres.

¿Pero acaso los seres vivos no constituyen en sí la explicación plena de su movimiento (paso de la potencia al acto)? No, porque de todas maneras se trata de seres *compuestos* que no son "acto puro" sino que tienen algunas de sus partes "en acto" y otras "en potencia", siendo que son las primeras las que actualizan los aspectos potenciales de las segundas pero siempre de modo cambiante y contingente, como es que sucede cuando la actividad de las células nerviosas pone en movimiento a los músculos con el fin de realizar determinadas operaciones. Por consiguiente, en cuanto "motores actualizantes compuestos" los seres vivientes solo son un fundamento *relativo* de su movimiento y nunca un fundamento *absoluto*.

---

[39] Santo Tomás de Aquino, *Suma Contra Gentiles*, Libr. I, cap. 11.

Esto último ya lo había notado muy claramente el mismo Santo Tomás de Aquino y por ello decía que "el moverse de lo divisible (como son los seres compuestos de potencia y acto), al igual que su propio ser, depende de sus partes; y por esto *no puede moverse primordialmente y por sí mismo*"[40]. En otras palabras, lo que nos está queriendo decir el aquinate es que estos seres están *ontológicamente condicionados* por las capacidades de su naturaleza, siendo que no pudieron darse a sí mismos su "amalgama" de potencia y acto sino que para ello fueron *metafísicamente* "movidos por otro". Por ejemplo, un ser humano, por más poderoso que se crea, no podrá por sí mismo volar si es que se tira de un edificio. Él no es la causa primaria de su ser y movimiento. Sus capacidades y limitaciones fueron configuradas por otro y le están ya dadas.

Y ello justamente nos lleva al último punto de la objeción, según el cual no se prueba la conclusión de la primera vía porque no es necesario atribuirle a un agente sobrenatural aquello que hacemos (los seres humanos) por libre albedrío. Si ello se dice únicamente en sentido *operacional*, es decir, solo en referencia a *cómo* realizamos nuestros actos libres, concedido. Pero si se dice en sentido *metafísico*, es decir, en referencia al *fundamento primero* de nuestros actos libres, negado. ¿Por qué? Porque nuestro libre albedrío no se fundamenta *ontológicamente* a sí mismo. Clara evidencia de ello es el hecho, bastante irónico por cierto, de que si tenemos libre albedrío es simplemente porque "está allí" ¡sin que hayamos elegido tenerlo! Nuestro libre albedrío es una capacidad de libre autodeterminación, correcto. Pero es una capacidad que ha sido configurada por otro.

En ese sentido Santo Tomás de Aquino, ya anticipándose a tal tipo de objeción, escribía que "lo que se hace deliberadamente, es preciso reducirlo a una causa superior al entendimiento y voluntad humanos, porque éstos son mudables y contingentes, y lo mudable y contingente tiene su razón de ser en lo que es de suyo inmóvil y necesario, según hemos dicho"[41]. Es cierto que operamos distintas cosas con nuestro libre albedrío pero no nos lo hemos dado a nosotros mismos. En otras palabras: *no hemos elegido tener la potencia o capacidad de elegir, sino que nos ha sido dada por otro.*

---

[40] Santo Tomás de Aquino, *Suma Contra Gentiles*, Libr. I, cap. 13.
[41] Santo Tomás de Aquino, *Suma Teológica*, Ia, q. 2, art. 3, sol. 2.

Luego, hasta el propio libre albedrío requiere un fundamento ontológico antecedente. Por tanto, críticas como la del filósofo australiano Graham Oppy, quien dice que la aceptación de este argumento "implica rechazar las defensas del libre albedrío"[42], quedan fuera de lugar. Este argumento no requiere que rechacemos el libre albedrío, simplemente que seamos conscientes del hecho de que, dado que no nos dimos nuestro propio libre albedrío, la existencia de este como potencia espiritual en nuestro ser requiere de la acción de algún ente anterior.

Queda, pues, en pie la primera vía.

Objeción 5: *Incluso si aceptásemos esta primera vía habría que decir que a lo más prueba el deísmo pero de ningún modo el teísmo. No hay razón para presuponer que este "Primer motor inmóvil" es necesariamente un Dios personal, ¿por qué no podría ser una mera energía impersonal, el "Uno" de Parménides o el Demiurgo platónico? Luego, no se prueba la conclusión de la primera vía.*

Respuesta: Es absolutamente erróneo decir que la primera (o cualquier otra) de las vías de Santo Tomás de Aquino prueba el deísmo pero no el teísmo. Como bien explica el filósofo norteamericano William Lane Craig este tipo de objeción se basa simplemente en "un uso equivocado de los términos (…). El deísmo es un tipo de teísmo. El teísmo es la amplia visión de que Dios existe, y el deísmo es un tipo específico de teísmo que dice que Dios no se revela a sí mismo directamente en el mundo"[43].

Entonces, el deísmo no es probado de ningún modo por la primera vía. Esta en ningún momento prueba que Dios no intervenga en el mundo, simplemente se limita a probar la existencia de un "Primer motor inmóvil" que se corresponde con la definición teísta de Dios independientemente de si este Dios interviene en el mundo o no.

Además, hay que atender al hecho de que este es solo el primer paso del caso *acumulativo* que está presentando Santo Tomás de Aquino a favor del teísmo y que en lo que sigue de la *Suma Teológica* sí aborda de modo explícito y detallado la cuestión de la intervención de Dios en el mundo.

---

[42] Graham Oppy, *Arguing About Gods*, Cambridge University Press, New York, 2006, p. 103.
[43] William Lane Craig, "¿Dios existe?", debate contra Christopher Hitchens, Universidad de Biola el 4 de abril del 2009, primera ronda de refutación.

No obstante, aun cuando en esta vía no se aborda *de modo directo* la cuestión de si el Primer motor es un ser personal (ello se aborda más específicamente en la quinta vía), puede llegarse de modo indirecto a dicha conclusión conforme al siguiente razonamiento:

1. El Primer motor inmóvil es el Ser Subsistente. (Ver explicación de la premisa 4).
2. El Ser Subsistente es un ser personal. (Ver deducción del penúltimo atributo divino[44]).
3. Luego, el Primer motor es un ser personal.

De hecho, esa es la opción comparativamente más plausible. En efecto: sería irrazonable pensar que el Primer motor pueda ser una especie de "energía impersonal" ya que la energía no sólo no es principio primario de movimiento sino que también está ella misma siempre en movimiento. Tampoco podría ser el "Uno" de Parménides pues el Primer motor se constituye como la explicación primera del movimiento que observamos en las cosas mientras que el "Uno" de Parménides es el Todo que abarca todas las cosas en la inmovilidad del Ser (aquí el error de Parménides fue hacer una distinción tan radical entre el Ser y el no-ser que no pensó en la posibilidad de que existan seres mudables y contingentes, es decir, seres que *son pero no siempre son del mismo modo e incluso podrían no ser*). De otro lado, en lo que se refiere al Demiurgo platónico, este no es más que un ser intermedio a través del cual la "Idea de Bien" (que sería, por así decirlo, el "dios" de Platón) crea y controla el mundo material. Por tanto, al menos desde el punto de vista ontológico, forma parte de los "motores intermedios" y, en consecuencia, no podría ser el Primer motor.

Queda, pues, en pie la primera vía.

---

[44] Part. I, cap. II.

CAPÍTULO 2
SEGUNDA VÍA: EL ARGUMENTO DE LA CAUSALIDAD

Enunciación

La segunda vía para demostrar la existencia de Dios se funda en la causalidad eficiente y se estructura como sigue:

1. Hallamos que en el mundo sensible hay un orden de causas eficientes que se encuentran subordinadas entre sí.

2. Pero no se da ni puede darse que una cosa sea su propia causa porque en tal caso debería ser anterior a sí misma, lo cual es imposible.

3. Ahora bien, tampoco se puede prolongar indefinidamente la serie de causas eficientes porque siempre hay causas subordinadas que dependen del influjo de todas las que la preceden y, puesto que, suprimida una causa, se suprime el efecto, si no existiese una que sea la primera, tampoco existiría la intermedia ni la última, ni efecto alguno, cosa falsa a todas luces. Por consiguiente, es necesario que exista una Primera causa que no sea a su vez causada.

4. Esta Primera causa que no es causada por ninguna otra y a la que están subordinadas todas las demás causas es Dios.

5. Luego, Dios existe.

Explicación

Premisa 1: "Existe un orden de causas eficientes".

Nuestra primera premisa es el famoso *principio de causalidad*. Consideramos que este principio es evidente de por sí (aunque, como veremos más adelante, también es susceptible de demostración) por el mismo hecho de que su comprensión inmediata es una intuición intelectual tan firme y segura que se constituye como el principio fundamental de todo conocimiento, sea empírico, científico o filosófico.

De este modo, el filósofo Heinrich Beck indica que la verdad del principio de causalidad "no la hemos conocido por generalización inductiva de la experiencia, sino por una comprensión inmediata de la naturaleza del ser originándose al comprender que el ser como tal no puede proceder del no ser, no puede estar fundamentado en la nada"[45]. Y a su vez el gran matemático Henri Poncairé nos dice que "sin este postulado la ciencia no existiría"[46].

En este punto desde ya es importante hacer una precisión. El principio de causalidad no dice propiamente que "todo tiene causa" sino más bien, desde una formulación más precisa y profunda, que "todo ente contingente tiene causa" o, si se quiere, que "todo lo que comienza a existir tiene causa".

Otra precisión más. En esta vía Santo Tomás de Aquino no está tomando simple y llanamente a la causalidad en general sino más bien en la forma específica de *causalidad eficiente* que, conforme a la terminología aristotélica, es aquella en razón de la cual las cosas contingentes (que podrían ser de varias formas) llegan a ser de la forma determinada en la que son.

Pero, ¿por qué toma el aquinate esta faceta de la causalidad como base para su segunda demostración de la existencia de Dios? Simple, porque se corresponde con la segunda forma del ser en acto que distingue, es decir, la de la "operación", siendo ésta la más cognoscible para nosotros después de la del "acto imperfecto" o movimiento (que fue la que tratamos en la primera vía).

Premisa 2: "Nada puede ser causa de sí mismo".

La veracidad de esta premisa puede derivarse directamente de las dos definiciones generales que hemos dado del principio de causalidad y también de la formulación específica que hemos dado de la causalidad eficiente. Veamos cómo.

---

[45] Heinrich Beck, *El Dios de los Sabios y de los Pensadores,* Ed. Gredos, Madrid, 1968, p. 77.
[46] Citado por: Henry Hazlitt, *The Foundations of Morality,* Ed. D.Van Nostrand, Princeton, 1964, p. 270.

Primera formulación general del principio de causalidad: "todo ente contingente tiene causa". Un ente contingente, por definición, es un ser que depende de otro para existir. Pero dado que para causar (operacionalmente) debería primero existir, es evidente que no puede ser causa de sí mismo. Luego, debe haber sido causado por otro.

Segunda formulación general del principio de causalidad: "todo lo que comienza a existir tiene causa". Si algo comienza a existir hubo necesariamente un momento en el que no fue. Pero dado que "de la nada, nada sale" se sigue que en ese estado no podría de ningún modo ser causa de sí mismo simple y llanamente ¡porque todavía no existía! Luego, debe haber sido causado por otro.

Formulación específica de la causalidad eficiente: "todo lo que podría ser de varios modos y es de un determinado modo, ha de tener una causa para ser del modo que es". Si algo fuera causa del modo en que es primero tendría que existir. Pero al tratarse de un ser determinado, existiendo tendría desde ya que ser del modo en que es. Pero entonces ya no podría ser causa de su modo de ser. Luego, su modo de ser debe haber sido causado por otro.

En resumen, ningún ser contingente puede ser su propia causa porque para ello necesitaría ser anterior a sí mismo, lo cual es evidentemente imposible.

Premisa 3: "No es posible una cadena infinita de causalidad eficiente; por tanto, es necesario llegar a una Primera causa".

Como explica Santo Tomás de Aquino[47], es imposible que exista una cadena infinita de causas eficientes. ¿Por qué? Porque en un orden concatenado de causas eficientes la generación de un determinado efecto exige siempre la puesta en marcha de toda una serie de causas subordinadas entre sí. Ahora bien, si esta serie fuera infinita no sería posible generar efecto alguno ya que para ello tendría que pasar un proceso infinito de causalidad, lo cual es tan imposible como *terminar* una carrera de obstáculos ¡con *infinitos* obstáculos! Luego, es necesario que la serie de causas sea finita y que, por tanto, sin importar cuántas causas haya en la serie, exista una Primera causa que no sea a su vez causada por otra.

---

[47] Cfr. Santo Tomás de Aquino, *Suma Teológica,* Ia, q. 2, art. 3, rpta.

Premisa 4: "*Esta Primera causa es Dios*".

Esta premisa consta de dos términos: "Primera causa" y "Dios". Precisemos, entonces, qué significa exactamente el primero y cómo es que lo identificamos con el segundo.

Por Primera causa entenderemos propiamente a la "Primera causa incausada", es decir, a aquella que no es causada por ninguna otra pero que se constituye como el principio y fundamento de todas las demás causas eficientes. Es la causa de todas las demás porque inicia toda la actividad causal (ello sin negar, claro está, que cada causa sea por derecho propio causa de la siguiente en la serie y efecto de la anterior). Por tanto, si bien es la "primera", no lo es como si se tratara de una causa más de la serie sino que es *cualitativamente* distinta puesto que no necesita de ninguna otra.

Y esto último nos lleva a entender por qué es que identificamos a la Primera causa con Dios. Si, como acabamos de decir, la Primera causa no depende de ninguna otra sino que causa a todas las demás con absoluta autonomía, tendremos que será su propia actividad causal. Pero, dado que el causar sigue al ser y el modo de causar al modo de ser, esta Primera causa deberá ser también de forma plena y absoluta su propio ser. En otras palabras, será el Ser Subsistente. Pero esta es justamente la definición de Dios. Luego, la Primera causa es Dios.

Conclusión: "*Dios existe*".

Partiendo de la causalidad eficiente hemos demostrado la imposibilidad de que los efectos últimos de ésta puedan ser plenamente explicados por los solos seres causados, siendo necesario que postulemos la *existencia efectiva* de una Primera causa incausada. A continuación hemos demostrado que esta Primera causa incausada se identifica con Dios. Por tanto, dado que en un razonamiento deductivo si las premisas son verdaderas ha de aceptarse necesariamente la conclusión so pena de irracionalidad, debemos aceptar que Dios existe. Luego, Dios existe.

Objeciones y respuestas

<u>Objeción 1</u>: *Este argumento se basa en la idea de que la relación causa-efecto parte de la realidad. Pero ello es absolutamente erróneo ya que la causalidad es una inducción subjetiva de nuestra mente y no un principio objetivo de la realidad. Lo que llamamos relación causal no es más que una abstracción que utilizamos para ordenar las regularidades que observamos en nuestra experiencia particular, de modo que no es posible demostrar que la relación causa-efecto es una relación real, objetiva y universal. Luego, no se prueba la conclusión de la segunda vía.*

<u>Respuesta</u>: Quien sepa algo de historia de la filosofía ya se habrá dado cuenta de que la base de esta objeción es la famosa *crítica al principio de causalidad* formulada por el filósofo escocés David Hume. De acuerdo con Hume la causalidad no es algo objetivo que existe en la realidad sino más bien una invención subjetiva de nuestra mente. Por tanto, en su visión, no hay verificación racional posible para el principio de causalidad. Establecemos causalidades por *hábito*. Es el hábito el que nos dice que de una cosa se sigue otra. Pero todo puede cambiar, no hay nada asegurado. Vemos salir el sol, pero nada nos asegura que también saldrá mañana. Solo lo pensamos por hábito. Si empujamos algo se deslizará. "Causa-efecto", diríamos nosotros. "Hábito", diría Hume.

Precisando, entonces, para Hume la causalidad no es otra cosa que una idea subjetiva que generamos por hábito cuando observamos sucesiones repetidas de fenómenos ordenados temporalmente. No existe objetivamente. "Suponemos una conexión real e inteligible entre ellos (los objetos) pero dicha conexión no es otra cosa que una cualidad solo perteneciente al espíritu de quien los considera", escribe Hume[48].

En primer lugar hay que decir que, tomada al pie de la letra, la filosofía de Hume no solo hace imposibles la ciencia y el pensamiento ¡sino también toda nuestra vida práctica! Es decir, si en realidad no tomásemos en serio la relación causa-efecto, simplemente no nos levantaríamos de la cama para iniciar nuestro día, ni tomaríamos el bus para llegar a nuestro centro de trabajo o estudio, ni estudiaríamos para nuestros exámenes, ni tendríamos en cuenta la hora… "¿Para qué si al final de cuentas no hay una *conexión causal* objetiva entre lo uno y lo otro?", pensaríamos. Pero nadie actúa en base a eso.

---

[48] David Hume, *Del Conocimiento*, Ed. Sarpe, Madrid, 1984, p. 122.

Y es en virtud de lo anterior que el propio Hume se ve obligado a aceptar que en la práctica las personas debemos pensar en términos de causa-efecto y creer en la validez de nuestras percepciones para no enloquecer. Obviamente ello no refuta la filosofía de Hume, pero muestra su *impracticabilidad*, lo cual ya es un paso importante.

Ahora bien, para refutar del todo a Hume basta con demostrar que el principio de causalidad es algo *objetivo* de la realidad. Pero antes señalaremos una importante incoherencia de esta filosofía con respecto a nuestra experiencia, a saber: que no basta la mera sucesión temporal repetida de los fenómenos para que nos formemos puramente por hábito la idea de causa-efecto, como es que piensa Hume, sino que también son *necesarias* otras condiciones. Y es justamente en base a eso que el prestigioso filósofo español Jaime Balmes refuta la idea humeana de que una sucesión constante genera la idea de causalidad poniendo el ejemplo de cierto país en el que el frutal X florece siempre después de que lo ha hecho el frutal Y (de otra especie) pero en el que no por ello los campesinos creen que el florecimiento de X es la causa del florecimiento de Y[49].

Sin más preámbulos, pasemos a la *demostración de la objetividad del principio de causalidad*. En particular esta constará de cuatro premisas y una conclusión:

1. El conjunto de seres posibles (o modos de ser posibles de estos seres) es potencialmente infinito.
2. Si los seres posibles (o sus modos de ser) no requirieran una *razón suficiente* para existir (o ser como son), entonces sería posible que existieran todos a la vez (y en todos los modos posibles).
3. Eso significaría que sería posible la existencia simultánea de un conjunto infinito actual (efectivo) de seres (o modos de ser).
4. Pero ello es imposible dado que no puede haber un conjunto infinito *real* formado por seres finitos.
5. Por consiguiente, los seres *posibles,* para pasar a ser *reales,* requerirán necesariamente de una *razón suficiente objetiva* para existir (o ser como son), es decir, de una *causa*. Luego, *la causalidad existe*.

---

[49] Cfr. Alejandro Sanvisens Herreros, "En Defensa de la Causalidad", *Convivium*, nº 7, 1995, p. 43.

Expliquemos lo anterior con un ejemplo sencillo. Piénsese en un lápiz. Si existe un lápiz, entonces es posible la existencia de otros lápices semejantes a él, y no hay límite posible en el número de los mismos, puesto que las especificaciones de tamaño y forma son *potencialmente infinitas*. Si pensamos en cualquiera de ellos, veremos que un fabricante de lápices no tendría inconveniente en fabricarlo, de modo que pasaría a ser un ser real. Pero si no existiese una *razón suficiente* para la existencia efectiva de los lápices entonces sería perfectamente posible que existan todos a la vez ya que no habría ninguna razón para que lo hagan en un número o forma *determinados*. Por tanto, nos encontraríamos con la existencia simultánea de infinitos lápices. Pero ello simplemente no es posible porque si existiera una cantidad infinita actual de lápices llegaríamos necesariamente a resultados absurdos y contradictorios. Por ejemplo, si tuviéramos un número infinito de lápices y numeráramos cada uno de ellos en *correspondencia biunívoca* con los números naturales: lápiz 1, lápiz 2… hasta el infinito, y luego nos quitaran todos los lápices con número impar, ¿cuántos nos quedarían? Pues infinitos, o sea tenemos ¡tantos como al comienzo! Lo cual es evidentemente un absurdo. Mostremos ahora una contradicción: si nos quitan todos los lápices de número impar nos quedan infinitos. De modo que infinito menos infinito, es infinito. Ahora supongamos que nos quitan todos los lápices con número mayor a 5. ¿Cuántos nos quedan? Bueno… ¡5! De modo que infinito menos infinito (hay infinitos números naturales mayores que 5), es 5. ¡Un momento! ¿Acaso no era infinito? Vemos, pues, que en cada caso se ha quitado un número idéntico de lápices pero se llega a resultados contradictorios. No es posible, entonces, una multitud infinita *actual* de lápices. Por tanto, para pasar de los lápices *posibles* a los lápices *realmente existentes* es necesario que haya una *razón suficiente*, es decir, una *causa*.

Queda entonces contundentemente demostrado el principio de causalidad. Ha sido derrumbada la crítica de Hume. No es extraño, pues, que se vea forzado a conceder que es posible que existan cualidades desconocidas en los objetos materiales e inmateriales, a las que podría llamarse "poder" o "eficacia" ("causalidad eficiente"), responsables de la actividad natural independientemente de nuestra mente[50]. Por tanto, podemos concluir que Hume ha caído y que Santo Tomás de Aquino sigue en pie.

Queda, pues, en pie la segunda vía.

---

[50] Cfr. David Hume, *Tratado de la Naturaleza Humana*, Lib. I, Part. III, Sec. 3.

Objeción 2: *El argumento de la segunda vía incurre en una contradicción interna insalvable pues primero nos dice que "todo tiene una causa" y luego nos dice que hay algo que no tiene causa y ese algo es Dios. En todo caso, si se mantiene el principio de que "todo tiene una causa", todavía podría preguntarse "¿Y qué causó a Dios?", y luego "¿Qué causó a aquello que causó a Dios?" y así hasta el infinito. Mas como no se puede extender la cadena hasta el infinito se nos dirá que hay que detenerla en Dios. Pero ¿por qué habríamos de detenerla ahí?, ¿no podemos acaso detenerla ya en el mundo material mismo? No hay razón, pues, para pensar que Dios es necesariamente la Primera causa. Luego, no se prueba la conclusión de la segunda vía.*

Respuesta: Evidentemente esta objeción se basa en una mala compresión (por no decir ignorancia) del punto de partida de la segunda vía tomista. En primer lugar, Santo Tomás de Aquino en ningún momento dice que "*todo* tiene una causa" sino simple y llanamente que "hallamos que *en este mundo de lo sensible* hay un orden determinado entre las causas eficientes"[51]. Por otra parte, como ya se ha aclarado en la explicación de la primera premisa, la definición que hemos tomado del principio de causalidad no es que "todo tiene causa" sino más bien que "todo ente contingente tiene causa" o "todo lo que comienza a existir tiene causa". Pero Dios no es contingente ni ha comenzado a existir pues es, por definición, Subsistente y Eterno. Por tanto, no requiere de una causa (al menos en el sentido de "causa eficiente"). No hay, pues, ninguna "contradicción interna insalvable" en el argumento tomista.

No obstante, todavía hay quienes ignorando todo el *trasfondo metafísico* de las cinco vías tomistas se obstinan en el error y preguntan "¿Pero entonces qué causó a Dios?" Patético ejemplo de ello es el filósofo Bertrand Russell quien decía: "Cuando era joven y debatía muy seriamente estas cuestiones en mi mente, había aceptado el argumento de la Primera Causa, hasta el día en que, a los 18 años, leí la *Autobiografía* de John Stuart Mill, y hallé esta frase: 'Mi padre me enseñó que la pregunta ¿Quién me hizo? no puede responderse, ya que inmediatamente sugiere la pregunta ¿Quién hizo a Dios?'. Esa sencilla frase me mostró, como todavía pienso, la falacia del argumento de la Primera Causa. Si todo tiene que tener alguna causa, entonces Dios debe tener una causa"[52].

---

[51] Santo Tomás de Aquino, *Suma Teológica*, Ia, q. 2, art. 3, rpta.
[52] Bertrand Russell, *Por Qué No Soy Cristiano*, Ed. Edhasa, Barcelona, 1979, p. 10.

No señor Russell, a Dios no lo hizo nadie. Él es el Ser Subsistente. Existe por sí mismo, por su propia Esencia y, por tanto, no requiere de otro para existir. No hay, pues, razón para que Él se pregunte "¿De dónde soy yo?" como pretendía Kant[53]. En todo caso podemos decir que *Dios tiene razón de ser, no causa*. Su razón de ser es Él mismo. Por tanto, si se quiere hablar de causa, de lo más que se podría hablar sería de una "causa formal" aristotélica (entendiendo que en este caso Dios se identificaría totalmente con su "forma" al ser Forma Pura y Subsistente) pero nunca, en ningún sentido, de algo parecido a la "causa eficiente" (como si el ser de Dios fuera configurado materialmente por otro).

Finalmente, la objeción nos dice que, en todo caso, de requerirse una Primera causa ésta no tiene por qué ser necesariamente Dios puesto que podemos sin ningún problema detener la cadena de causalidad en el mundo material mismo. En particular, ésta es una objeción que viene desde Hume. En sus *Diálogos sobre la religión natural* él nos dice: "¿Cómo, pues, podemos satisfacernos en lo que se refiere a la causa de ese Ser, que supones es el Autor de la Naturaleza, o, según tu sistema antropomórfico, el mundo ideal al que refieres el mundo material? ¿No tenemos acaso idéntica razón para referir ese mundo ideal a otro mundo ideal, o sea, a un nuevo principio inteligente? Mas si nos detenemos aquí, ¿qué es lo que nos hace llegar a este punto? ¿Por qué no detenernos en el mundo material?"[54].

A esta crítica hay que responder que el mundo material no puede *de ningún modo* ser la Causa incausada. ¿Por qué? Porque presenta las dos características que hacen *necesario* que un ser tenga una causa: 1) es contingente (como probaremos en la explicación de la primera premisa de la tercera vía), y 2) ha comenzado a existir (como probaremos en la respuesta a la quinta objeción de la presente vía). En cambio Dios es por definición Subsistente y Eterno, de modo que tiene su razón de ser en Sí mismo y, por consiguiente, se hace innecesario referirlo a otro Dios o a "otro mundo ideal".

Queda, pues, en pie la segunda vía.

---

[53] Cfr. Immanuel Kant, *Crítica a la Razón Pura,* Ed. Taurus, 1993, p. 375.
[54] David Hume, *Diálogos Sobre la Religión Natural,* 1779, Part. IV.

Objeción 3: *La causalidad es una categoría solo aplicable a acontecimientos empíricos; entonces, es una falacia de conclusión desmesurada aplicarla a un Dios que se encuentra más allá de toda experiencia posible. Luego, no se prueba la conclusión de la segunda vía.*

Respuesta: Esta objeción se basa en la famosa crítica que hizo el filósofo alemán Immanuel Kant a la segunda vía de Santo Tomás de Aquino. En específico Kant dice que esta prueba es ilegítima porque, para poder inferir a Dios, extiende el principio de causalidad más allá del ámbito de la experiencia sensible que (para él) es el único ámbito en que este tiene sentido. Entonces, para poder responder consistentemente a esta objeción es primero necesario entender bien cómo y por qué es que Kant llega a esta conclusión.

Como es sabido, Kant nació en el año 1724 en Konigsberg (Alemania). En 1740 ingresa a la Universidad de Konigsberg como estudiante de teología y es tempranamente introducido por su profesor Martin Knutzen en la *filosofía racionalista* de Leibnitz y Wolf, además de en la *física mecanicista* de Newton. Evidentemente el joven Kant estaba maravillado con todo ello: ¡toda la realidad, material e inmaterial, podía ser objetivamente explicada por los esquemas deterministas de la razón pura! Pero en medio de todo ello, ya hacia 1770, tuvo contacto con el *empirismo escéptico* del ya citado David Hume. Fue devastador: ¡la razón pura no es objetiva!, ¡no puede conocer la realidad!, ¡no puede trascender la experiencia!, ¡no puede deducir leyes a partir de ella! En palabras del mismo Kant, Hume lo hizo despertar de su "sueño dogmático". Pero obviamente Kant no se iba a quedar tranquilo. Todavía quería establecer y definir las bases sobre las que era posible el conocimiento. Y fue por eso que escribió su *Crítica de la Razón Pura* (1781).

El planteamiento esencial de Kant es que, epistemológicamente, hay que tomar a los objetos desde dos dimensiones, a saber: "Como fenómenos y como cosas en sí"[55]. Luego, dado que nuestro conocimiento parte de los datos de la experiencia que solo representan la apariencia de las cosas, es decir, el "fenómeno", se tiene que no podemos trascender este ámbito de lo fenoménico y que, por tanto, no podemos penetrar en el "noúmeno", es decir la realidad y sustancia de las cosas.

---

[55] Immanuel Kant, *Crítica de la Razón Pura*, Ed. Taurus, 1993, p. 19.

Pero ¿qué pasa entonces con los conceptos puros de nuestro entendimiento, como los de causalidad, sucesión y temporalidad?, ¿de dónde surgen? Advertido por la crítica de Hume, Kant no responderá que proceden de la realidad objetiva. No obstante, como tampoco quiere caer en el escepticismo de decir que son meros inventos deducidos por nuestra mente a partir del hábito (como es que sostenía Hume), dirá que son *categorías a priori* que subsisten en nuestro entendimiento desde antes de la experiencia, como pre-condiciones de ella, permitiéndonos organizar en la razón los datos que obtenemos a partir de ella. ¿Cuál es la implicancia que saca de ello? Que nuestra razón, aun partiendo de dichas categorías, no puede ir nunca más allá del mundo sensible (fenoménico) porque dichas categorías solo tienen validez dentro de ese mundo. "Los conceptos puros del entendimiento (como por ejemplo el de causalidad) *no pueden nunca ser de uso trascendental*, sino solamente empírico y los principios del entendimiento puro no pueden ser referidos más que a los objetos de los sentidos, pero *nunca a las cosas en general*"[56]. En otras palabras, la experiencia no nos puede dar lo universal, por tanto, es imposible deducir a Dios a partir de ella.

Por lo que respecta al tema de esta objeción podemos comenzar concediéndole a Kant que la *noción* de causalidad es una *categoría a priori* de nuestro entendimiento. ¡Pero ello no implica que la *causalidad misma* sea un puro "concepto subjetivo a priori"! Como hemos demostrado en la respuesta a la primera objeción, esta se constituye como algo *objetivo* de la realidad. Por tanto, desde una visión teísta -que es la que Kant pretende *internamente* refutar "para dar espacio a la fe"[57]- es más correcto decir que el concepto de causalidad es una "categoría a priori" de nuestro entendimiento no de un mero modo subjetivo (arbitrario) sino de un modo objetivo *porque somos seres objetivos con entendimiento que son parte de una realidad objetiva estructurada lógica y causalmente por un Ser con Entendimiento: Dios*[58].

---

[56] Immanuel Kant, *Crítica de la Razón Pura*, op. cit, p. 192.
[57] Immanuel Kant, *Ibídem*, p. 20.
[58] Para una ampliación de por qué el teísmo, y en especial el teísmo cristiano, es la *única postura coherente* al momento de explicar la estructuración lógica de la realidad véase la *prueba trascendental de la existencia de Dios* en: Greg Bahnsen vs. Gordon Stein, "El Gran Debate", Universidad de California, 1985.

A su vez, rechazamos el planteamiento de Kant porque, al pretender resolver por medio de la síntesis epistemológica la *crítica empirista escéptica* desde una *postura racionalista dogmática,* termina combinando errores de las dos posturas. Clara muestra de ello es su concepción de la "experiencia". Y es que cuando Kant dice que la experiencia no puede dar lo necesario y universal, lo que en realidad está haciendo es tomar a la pura experiencia sensible despojada artificialmente de la intervención de nuestro entendimiento. En cambio, si nos atenemos a la experiencia humana *real* nos daremos cuenta de que, en su unión *esencial* con nuestro entendimiento, ésta sí puede darnos lo necesario y universal haciendo que, como decía Aristóteles, los *universales en potencia* del mundo sensible se conviertan en *universales en acto* en nuestra inteligencia abstractiva. De este modo, si bien los sentidos por sí solos, sin la ayuda de la razón, no pueden darnos un conocimiento verdadero del mundo, "los (...) sentidos *acompañados del razonamiento"* sí pueden darnos dicho conocimiento. ¿Quién dijo esto? ¡Pues nada menos que Galileo Galilei, quien introdujo la *observación empírica* como paso *esencial* del método científico![59] Queda, entonces, evidenciado que la radical separación que hace Kant entre razón y experiencia es irrealista y exagerada y, por tanto, se constituye como una clara *falacia de falso dilema*. Y lo mismo sucede con la radical dicotomía que hace entre noúmeno y fenómeno cuando en realidad toda percepción (fenómeno) lo es, más allá de su exactitud y/o fiabilidad particular, siempre a partir de algo *real*. Ergo, no se puede desligar artificialmente al noúmeno del fenómeno. Es legítima la *distinción* pero no la *separación*.

Y no solo eso. Como ya decía Copleston en su debate contra Russell, "el hecho de obtener nuestro conocimiento de la causalidad empíricamente de causas particulares, *no excluye la posibilidad de preguntar cuál es la causa (universal) de la serie"*[60]. Y es que es bastante erróneo suponer que una cadena infinita de explicaciones *fenomenológicas* es satisfactoria sobre la base de que cada miembro es explicado por el anterior. Todavía queda el misterio de porqué existe la cadena. Leibnitz expresó elocuentemente este punto invitándonos a considerar un conjunto infinito de libros, cada uno copiado del que lo antecede. Decir que el contenido de cada libro está por

---

[59] Cfr. Galileo Galilei, *Dialogue Concerning the Two Chief World Systems,* University of California Press, Berkeley, 1953, p. 255.
[60] Cfr. Bertrand Russell, *Por Qué No Soy Cristiano*, Ed. Edhasa, Barcelona, 1979, p. 100.

lo tanto explicado es absurdo. Todavía tenemos derecho a preguntar quién es el autor del conjunto.

Queda, pues, en pie la segunda vía.

Objeción 4: *Este argumento comete una falacia de la composición, porque supone que dado que las cosas tiene causas, luego la serie de estas también la tiene, cuando un conjunto o todo no tiene por qué tener las mismas propiedades que las partes – pueden surgir en él, por ejemplo, propiedades emergentes que no tienen las partes. Luego, no se prueba la conclusión de la segunda vía.*

Respuesta: La idea de que la segunda vía comete una *falacia de la composición* porque supone que la serie de cosas tiene causa porque cada cosa tiene causa fue ya planteada por el filósofo analítico Bertrand Russell en su ya citado debate contra Federick Copleston. Dado que este último le respondió de modo muy consistentemente allí, para resolver esta objeción nos limitaremos a citar sus respuestas haciendo nuestras aclaraciones, comentarios u observaciones entre corchetes:

"RUSSEL: Puedo ilustrar lo que a mi parecer es una *falacia* suya. *Todo hombre existente tiene una madre y me parece que su argumento es que, por lo tanto, la raza humana tiene una madre*, pero evidentemente la raza humana no tiene una madre: esa es una esfera lógica diferente.
COPLESTON: Bien, *realmente no veo ninguna paridad* [con ello quiere dar a entender que el ejemplo dado por Russell no se corresponde con su enunciación del argumento tomista y que, por tanto, no comete ninguna falacia]. Si dijera 'Todo objeto tiene una causa fenoménica; por lo tanto, toda la serie tiene una causa fenoménica', habría una paridad [aquí con 'causa fenoménica' se refiere a una causa que es *contingente* y cae en el ámbito de la experiencia sensible]; pero no digo eso; digo: Todo objeto tiene una causa fenoménica (…) pero *la serie de causas fenomenales es una explicación insuficiente de la serie* [correcto: cada componente de la cadena de causalidad puede relativamente sustentar al siguiente, pero *ni siquiera todos juntos* pueden sustentar la totalidad de la cadena]. Por lo tanto, *la serie tiene, no una causa fenoménica, sino una causa trascendente* [como de todas maneras la cadena existe, dado el *principio de razón suficiente*, es necesario que sea explicada; pero como, por causa de la *contingencia* de sus componentes, no puede ser explicada *desde sí misma*, es forzoso que sea explicada *desde fuera*, es decir, por una *causa trascendente*].

RUSSELL: Eso es presuponiendo siempre que no solo cada cosa particular del mundo sino el mundo en total tiene que tener una causa. No veo la razón para esa suposición. *Si usted me la da, le escucharé.* [Aquí Russell, dejando de lado la distinción de Copleston entre causas fenoménicas y causas trascendentes, insiste en que cae en una *falacia de la composición*. Sin embargo, está dispuesto a escuchar una explicación. Y Copleston se la dará].

COPLESTON: Bien, *la serie de acontecimientos está causada o no está causada.* [Este es un muy buen modo de plantear la cuestión. Dado el *principio de tercero excluido* no hay otra posibilidad: o es lo uno o es lo otro. Por otra parte, no es para nada una cuestión absurda como pretenden Russell y los filósofos analíticos ya que si lo fuera no tendría sentido que Russell haya solicitado de modo explícito una *explicación* al respecto a Copleston]. Si lo está, tiene que haber, evidentemente, una causa fuera de la serie [correcto: la causa de la serie no podría estar dentro de la serie porque mientras esta serie no es causada *simplemente no existe*]. Si no tiene causa, entonces es suficiente por sí misma, y si lo es, es lo que yo llamo necesaria. Pero *no puede ser necesaria ya que cada miembro es contingente*, y hemos convenido en que *el total no tiene realidad aparte de sus miembros* [esto es un *principio ontológico* fundamental e incontrovertible; y es que aquí estamos hablando del *ser mismo* de las cosas -que nunca puede surgir de un 'todo' independientemente de sus partes- y no de tal o cual *propiedad* física o química emergente], *y por lo tanto no puede ser necesario* [exacto, la suma de lo contingente jamás puede dar lo subsistente así como la suma de chocolates jamás puede darnos una oveja: no se trata de un problema de *grado* sino de *cualidad*]. *Por lo tanto, no puede carecer de causa* [dado que es contingente] *y tiene que tener una causa* [que, como hemos probado, es Dios]"[61].

Queda, pues, en pie la segunda vía.

Objección 5: *De acuerdo con la segunda formulación del principio de causalidad, "todo lo que comienza a existir debe tener una causa". Pero el universo no ha comenzado a existir pues es eterno: siempre ha existido y siempre existirá. En consecuencia, no requiere de una causa. Luego, no se prueba la conclusión de la segunda vía.*

---

[61] Cfr. Bertrand Russell, *Por Qué No Soy Cristiano*, Ed. Edhasa, Barcelona, 1979, p. 100.

Respuesta: La idea de eternidad del Universo es y ha sido muy famosa entre los pensadores ateos. Por ejemplo, el filósofo materialista Friedrich Engels en su *Dialéctica de la naturaleza* sostenía que: "Nada es eterno, salvo la materia en eterno movimiento, en eterno cambio, y las leyes según las cuales se mueve y cambia"[62]. A su vez, más cercano a nuestro tiempo, el astrofísico estadounidense Carl Sagan escribía que: "El Cosmos es todo lo que es, fue o será jamás"[63].

Ahora bien: ¿será verdad que la pretendida "eternidad" del universo hace innecesario que este tenga una causa? No, de ningún modo. Y es que incluso si aceptásemos que el universo siempre ha existido es necesario que le postulemos una causa porque es *esencialmente* contingente y, como habíamos dicho en la primera formulación del principio de causalidad, todo lo contingente debe tener una causa. Esto lo había entendido muy bien Santo Tomás de Aquino cuando en su opúsculo *Sobre la Eternidad del Mundo, Contra los Murmurantes* sostuvo que el problema de la creación (causación) del universo no se identifica necesariamente con el de su *origen temporal* ya que, incluso si ha existido siempre, por causa de su contingencia era necesario que sea *ontológicamente* causado y sostenido por el Ser Subsistente, es decir, Dios. Así, "si se entendiese que al margen de Dios el mundo podría haber existido siempre, como siendo algo eterno aparte de Él, no hecho por Él, se trataría de un error abominable, no sólo en la fe, sino también para los filósofos, los cuales afirman y prueban que todo lo que es, de cualquier modo que sea, no hubiese podido existir, sino causado por Aquél que en grado absoluto y verdadero tiene el ser"[64].

Aun así, Santo Tomás de Aquino afirmaba en el mismo opúsculo que, si nos atenemos solo a los argumentos racionales, no podría excluirse que el universo hubiera tenido una duración indefinida, siendo que solo conocemos que no fue así por la revelación sobrenatural. Sin embargo, nosotros sostendremos aquí que *sí* existen muy fuertes argumentos racionales para pensar que el universo ha tenido un comienzo absoluto en el tiempo (o, mejor dicho, *con* el tiempo).

---

[62] Citado por: Lucio Colletti, *From Rousseau to Lenin*, Monthly Review Press, New York, 1974, p. 71.
[63] Carl Sagan, *Cosmos*, Ed. Random House, New York, 1980, p. 4.
[64] Santo Tomás de Aquino, *Sobre la Eternidad del Mundo, Contra los Murmurantes*, n. 1

En primer lugar, tenemos el hecho de que sostener que el universo es eterno lleva inevitablemente a absurdos metafísicos. En efecto: si el universo, es decir, el conjunto de materia y energía supuestamente "en eterno movimiento, en eterno cambio", siempre ha existido, entonces tendremos que el *tiempo* ha de ser infinito, pues este no es más que la "duración del movimiento". Por tanto, habría que aceptar la existencia de un pasado infinito. Es decir: si la materia ha existido desde siempre, ¿no sería verdad que habría también un pasado infinito en que también existió? Entonces, desde ese pasado infinito en que ha existido la materia hasta este momento (sí, ahora que está leyendo) habría transcurrido un tiempo infinito. Pero ello es imposible. Un tiempo infinito que ha transcurrido es un tiempo infinito que ha terminado pues lo pasado es lo que ha terminado. Pero, ¿no es acaso lo infinito, lo eterno, aquello que no termina?, ¿cómo puede haber un infinito terminado, un eterno ya pasado?

En otras palabras: para que el presente sea presente, ha transcurrido determinado tiempo. Si este determinado tiempo es infinito, tuvo que haber transcurrido infinito tiempo para llegar al presente. Pero como no es posible que haya transcurrido un tiempo infinito ya que si así fuera no estaríamos en el presente (pellízquese si no está seguro) es absolutamente necesario que haya tenido un inicio. Luego, el universo no puede ser eterno.

He aquí otro ejemplo de lo absurda que resulta la idea de un pasado infinito. Tomemos los planetas Venus y Neptuno. Supongamos ahora que por cada órbita que Neptuno completa alrededor del Sol, el planeta Venus realiza dos. Si Neptuno ha completado 10 órbitas, Venus ha completado 20. Si Neptuno ha completado 1 trillón, Venus ha completado 2 trillones. Mientras más tiempo orbiten, más atrás queda Neptuno. Si continúan orbitando para siempre, se aproximarán a un límite en el que Venus esté infinitamente lejos de Neptuno en términos de número de órbitas. Pero ahora, demos la vuelta a la historia. Supongamos que Venus y Neptuno han estado orbitando alrededor del Sol desde una eternidad en el pasado. Ahora, ¿cuál de los dos habrá completado más órbitas? Bueno, la respuesta matemática correcta es que el número de órbitas es idéntico: ambos habrían completado infinitas órbitas. Pero eso parece absurdo, pues mientras más tiempo orbiten ¡más debería crecer la disparidad entre ellos!

Pero no solo existen argumentos filosóficos sino también *muy sólidas evidencias científicas* de que el universo ha tenido un *comienzo absoluto*.

Primero, tenemos la famosa *teoría del Big Bang*. De acuerdo con esta teoría el universo tuvo su inicio hace aproximadamente unos 13,7 mil millones de años partir de una "Gran Explosión". Es tan abrumadora la evidencia a favor de esta teoría que ya en 1984 se leía en la revista *Mundo Científico*: "La teoría de que el universo nació en una gigantesca explosión o Big-Bang, *ya no es una simple hipótesis académica*, cada vez se hace más difícil prescindir de ella si se quiere dar cuenta de las propiedades fundamentales del universo como hoy se observa".

Ahora bien, lo verdaderamente intrigante de todo esto es que, como demuestra el *teorema de singularidad espacio-temporal Hawking-Penrose*[65], implica un inicio absoluto del universo a partir de literalmente *nada*, porque toda la materia y energía -e incluso el espacio y tiempo mismos- comenzaron a existir con la *singularidad* (punto inicial) del Big Bang. Así, como dicen los astrofísicos John Barrow y Frank Tipler, "con esta singularidad el espacio y el tiempo vinieron a la existencia; literalmente nada existía antes de dicha singularidad, por tanto, si el universo se originó en tal singularidad, tendríamos verdaderamente una creación *ex nihilo*"[66]. Igualmente claro es el astrofísico Paul Davies cuando explica que: "La venida a la existencia del universo, tal como es discutida en la ciencia moderna, no es simplemente cuestión de imponer algún tipo de organización a un estado previo desordenado sino *literalmente la venida a la existencia de todas las cosas físicas desde la nada*"[67].

Otra de las pruebas científicas que demuestran la no-eternidad de la materia es la transformación de unos elementos radioactivos en otros. Y es que si la materia fuese eterna ya no quedaría potasio, ni uranio, ni rubidio radioactivos en el universo, pues ya habría pasado el tiempo suficiente para que se transformen en argón, plomo y estroncio respectivamente. Pero como todavía existen el potasio, el uranio y el rubidio radioactivos, es evidente que la materia no es eterna.

---

[65] Stephen Hawking and Roger Penrose, "The Singularities of Gravitational Collapse and Cosmology", *Proceedings of the Royal Society of London*, Series A, Mathematical and Physical Sciences, vol. 314, nº 1519, 1970, pp. 529-548.
[66] John Barrow and Frank Tipler, *The Antropic Cosmological Principle*, Oxford University Press, New York, 1986, p. 442.
[67] Citado por: William Lane Craig, "¿Dios existe?", debate contra Christopher Hitchens, Universidad de Biola, 4 de abril del 2009, discurso de apertura.

Adicionalmente, otro elemento clave que demuestra la no-eternidad de la materia es el hidrógeno. Como se sabe, las estrellas convierten hidrógeno en helio vía un proceso continuo e irreversible. Si esto sucediera desde toda la eternidad ya se habría gastado todo el hidrógeno pues la cantidad de hidrógeno del universo es limitada y lo que se pierde ya no se repone. Pero como todavía existe hidrógeno que se quema en las estrellas es evidente que el universo no ha existido siempre.

Finalmente, tenemos a la *Segunda Ley de la Termodinámica* o *Ley de la entropía* de acuerdo con la cual, si bien la materia no se crea ni se destruye (lo cual implica que *no puede crearse a sí misma*), *sí tiende al desorden* en términos de energía cada vez más degradada. De este modo, la cantidad de *entropía crecerá inevitablemente y sin interrupción hasta llegar a la muerte térmica del universo*. ¿La implicancia de ello? ¡Que el universo no puede ser eterno! En efecto, si hubiera existido desde siempre ¡ya hubiera sucedido la "muerte térmica"! Paul Davies concurre en esto: "Si el universo tiene una cantidad finita de orden y se mueve irreversiblemente hacia el desorden, hacia el equilibrio termodinámico, podemos obtener dos profundas consecuencias. La primera es que el universo morirá finalmente, víctima de su propia entropía (esto es lo que los físicos llaman 'muerte térmica' del universo). La segunda es que el universo no puede haber existido desde siempre ya que si así fuera hubiera alcanzado hace mucho tiempo su estado de equilibrio final. *Conclusión: El universo no ha existido siempre*"[68].

No obstante todo lo anterior, todavía hay ateos que se aferran a la idea de que la materia es eterna basándose en la *Primera Ley de la Termodinámica* de acuerdo con la cual "la materia no se crea ni se destruye, solo se transforma". Sin embargo, en términos rigurosos, la eternidad de la materia no se infiere necesariamente de este postulado. Hay que entender el contexto epistemológico. Cuando los científicos nos dicen que "la materia no se crea ni se destruye, solo se transforma", establecen esto en base al análisis de la *dinámica* de la materia *ya existente, independientemente de si esta tuvo un origen temporal o no*. Así, es perfectamente concebible que el conjunto de lo material haya tenido un inicio temporal absoluto y que a partir de allí simplemente se transforme sin crearse ni destruirse. En otras palabras, *el principio científico de conservación de la materia es completamente consistente con la idea filosófica de creación divina*.

---

[68] Paul Davies, *Dios y la Nueva Física*, Ed. Salvat, Barcelona, 1994, p. 16.

"¿Pero no dice acaso este principio que la materia "no se crea"?, ¿cómo podría haberla creado Dios, entonces?", objetará el ateo. Allí hay un equívoco total. Como ya hemos dicho, este principio se postula en base al análisis de lo material y, por tanto, cuando dice que la materia "no se crea" lo que está negando no es la posibilidad *metafísica* de creación divina sino la posibilidad *física* de *generación espontánea*, es decir, *¡de que la materia se cree a sí misma!* Para expresarlo con más claridad: el principio dice que la materia "no se crea" (a sí misma), no que "no ha sido creada". De hecho, si analizamos sus implicancias conjuntamente con la evidencia anterior nos daremos cuenta de que nos lleva hacia la idea de creación. En efecto: si, como se ha demostrado, la materia comenzó a existir, debe requerir de una causa. Pero no puede crearse a sí misma ya que, como establece la Primera Ley de la Termodinámica, "no se crea" de por sí. Luego, debe haber sido creada por otro y este otro debe tratarse de un ser no material para no estar sometido a la misma restricción. Y curiosamente todo esto se corresponde con Dios.

Por supuesto, los materialistas no querrán ni siquiera abrirse a la posibilidad de esto y apelarán a la dicotomía marxista infraestructura-superestructura. Toda la base material del universo, supuestamente eterno, sería la infraestructura y lo espiritual o ideal sería un mero producto posterior de la materia, siendo el pensamiento, la religión e incluso Dios no más que ideas de la mente.

Sin embargo, los argumentos filosóficos que hemos presentado más la contundente evidencia científica actual a favor de la no-eternidad del universo ponen a los materialistas en la muy incómoda situación de tener que afirmar que de la nada sale algo, cosa totalmente absurda, o aceptar que el conjunto de lo que llaman "infraestructura material" tiene que ser causado por un ser de lo que ellos llaman "superestructura ideal". Y este ser no puede tratarse de una mera idea posterior de la mente sino que tiene que ser un espíritu *real* ontológicamente *previo* a la materia por cuanto tiene *capacidad causal* para dar lugar al conjunto de la misma (una mera idea no puede crear nada real de por sí). Luego, volvemos a encontrarnos con el concepto de Dios.

Queda pues, en pie la segunda vía.

Objeción 6: *Por supuesto que el universo es eterno pues hay varios modelos científicos que lo demuestran como el de Linde, el Aguirre-Gratton, el Carroll-Chen o el Ali-Das. Así que no requiere causa y todo lo demás es pura palabrería. Luego, no se prueba la conclusión de la segunda vía.*

Respuesta: Este sería el tipo de objeción al que podrían acudir algunos ateos apelando a sofisticados modelos de física especulativa con tal de restaurar como sea la idea de universo eterno. Sin embargo, es esta objeción la que es "pura palabrería" porque los modelos a los que apela, *aparte de que son meras especulaciones teóricas sin comprobación empírica clara o concluyente, no llegan en realidad a restaurar un pasado eterno*. Examinémoslos brevemente uno por uno:

El *modelo de inflación eterna* de Linde[69] plantea que la fase inflacionaria del universo (o multiverso) no termina nunca, dándose una inflación tras otra *ad infinitum*. Linde cree (o quiere creer) que planteando un universo infinito hacia el futuro podría restaurar la idea de universo eterno. Pero el punto es que no lo logra. Primero, porque su "infinito" hacia el futuro no es de ningún modo un infinito *real* sino solo uno *potencial*; y, segundo, porque la pretendida "eternidad" de su modelo *no aplica hacia el pasado*. Esto ya ha sido *concluyentemente demostrado* en 1994 por Arvind Borde y Alexander Vilenkin. Ellos escriben: "Un modelo en el cual la fase inflacionaria no tiene fin (…) naturalmente conduce a la cuestión: ¿Puede este modelo ser extendido a un pasado infinito, evitando de este modo el problema de la singularidad inicial? (…) Esto, de hecho, no es posible en espacio-tiempos inflacionarios de futuro eterno en cuanto estos obedezcan a condiciones físicas razonables: *tales modelos deben necesariamente poseer singularidades iniciales*"[70]. No hay escapatoria: el modelo de Linde es geodésicamente acotado hacia el pasado.

Por su parte, el *modelo Aguirre-Gratton*[71] busca restaurar un universo eterno por medio de la reversión de la flecha del tiempo en la frontera o límite, de tal modo que se generan dos universo (el nuestro y un "universo espejo")

---

[69] Andrei Linde, "Eternally Existing Self-Reproducing Chaotic Inflationary Universe", *Physics Letters B*, vol. 175, nº 4, 1986, pp. 395–400.

[70] Arvind Borde and Alexander Vilenkin, "Eternal Inflation and the Initial Singularity", *Physical Review Letters*, vol. 72, nº 21, 1994, pp. 3305-3308.

[71] Anthony Aguirre and Steven Gratton, "Steady State Eternal Inflation", *Physical Review D*, vol. 65, nº 8, 2002.

en que el tiempo fluye en ambas direcciones lejos de la singularidad. Pero eso tampoco llega a establecer propiamente un universo eterno pues lo que en realidad se tiene no es tal tipo de universo sino *dos universos acotados en la singularidad*. Así lo explican Craig y Sinclair cuando en su artículo en *The Blackwell Companion To Natural Theology* escriben: "Supongamos que se postula que en la fase de contracción pasada la dirección del tiempo es invertida. El tiempo fluye en ambas direcciones lejos de la singularidad. ¿Es esto razonable? Sugerimos que no porque el escenario Aguirre-Gratton niega la continuidad evolutiva del universo que es topológicamente previo a *t* y a nuestro universo. *El otro lado del espacio de Sitter no es nuestro pasado.* (…) *No hay ninguna relación entre nuestro universo y esa otra realidad*"[72]. Así que nuevamente no hay un pasado eterno.

Algo muy similar sucede con el *modelo Carroll-Chen*[73] el cual también realiza artificios con la flecha del tiempo y busca dar una explicación del estado de baja entropía inicial (orden) de nuestro universo. Al respecto, William Lane Craig dice: "Este modelo presupone una visión reduccionista del tiempo según la cual la dirección del tiempo se define en términos de aumento de entropía. Ahora, en el modelo noten que hay dos flechas del tiempo para el universo madre apuntando en direcciones opuestas. Así que en esa perspectiva del tiempo realmente no tenemos aquí un universo madre existiendo eternamente en absoluto. *Más bien se tienen dos universos que comparten un origen común en la superficie central.* (…) *El tiempo tiene un comienzo en este modelo*"[74]. Y, además de ello, se trata de un modelo con bastantes deficiencias. Christopher Weaver las lista claramente en su artículo de crítica al modelo: "Primero, las articulaciones del modelo son inconsistentes. Segundo, el CC-M [modelo Carroll-Chen] es descrito ambiguamente. Tercero, la explicación científica de nuestro estado inicial no vacío y suave provista por el CC-M es *admitidamente* incompleta. Y cuarto, dada tal incompletitud admitida, la mencionada explicación falla para dar cuenta de nuestra flecha del tiempo"[75].

---

[72] William Lane Craig and James Sinclair, "The Kalam Cosmological Argument", in: William Lane Craig and J. P. Moreland eds., *The Blackwell Companion To Natural Theology*, Blackwell Publishing, 2009, p. 157.

[73] Sean Carroll and Jennifer Chen, "Spontaneous Inflation and the Origin of the Arrow of Time", *arXiv.org*, 2004.

[74] William Lane Craig, "Dios y cosmología", debate contra Sean Carroll, Greer Heard Forum, 21 de febrero del 2014, primera refutación.

[75] Christopher Weaver, "On the Carroll-Chen Model", *arXiv.org*, 2013, p. 7.

Finalmente, tenemos al *modelo Ali-Das*[76] que ha causado mucho revuelo entre los medios de divulgación científica que en el 2015 vendieron la idea de que "un modelo demuestra en base a la mecánica cuántica que el universo es eterno". Pero ello no es más puro sensacionalismo. En primer lugar, porque se trata solo de un modelo especulativo como tantos y no de tal cosa como una *demostración* (de hecho, significativamente, el *paper* fue publicado en la sección de "teoría" de la revista y no en la de astrofísica y cosmología). En segundo lugar, porque a decir verdad el modelo no muestra sino que *presupone* un tipo de universo eterno. En efecto, ya desde el *Abstract* dice: "Fue mostrado recientemente que la sustitución de los geodésicos clásicos con trayectorias cuánticas (bohmianas) da lugar a una ecuación de Raychaudhuri corregida cuánticamente". Ahora bien, un geodésico es simplemente la distancia más corta posible entre dos puntos a lo largo de un espacio-tiempo plano o curvo. Pero al eliminar *de partida* los geodésicos ¡se está eliminando desde ya y artificiosamente la *posibilidad* de singularidades, puesto que las mismas son cotas o límites geodésicos! Así que el modelo Ali-Das cae en una tremenda *falacia de petición de principio* pues su conclusión de que se "elimina la singularidad del Big Bang y predice una edad infinita de nuestro universo" no es realmente una conclusión sino simple y llanamente ¡la reafirmación de sus supuestos de partida!

Así que hasta el presente no existen modelos científicos exitosos para restaurar la idea de un universo *genuinamente* eterno. Pero, en todo caso, el argumento tomista a partir de la causalidad es primariamente *filosófico* y, por tanto, no depende de las contingencias científicas. Es perfectamente posible que el inicio del universo (o, si se quiere, multiverso) en su conjunto sea distinto al que ahora identificamos con la singularidad del Big Bang hace como 13,7 mil millones de años. Tal vez en el futuro se descubra que el origen del universo es mucho más sofisticado y complejo. Sin embargo, eso no afectaría en nada al argumento filosófico tomista pues en ningún momento tiene una premisa del tipo "El universo comenzó en la singularidad del Big Bang". Se apela a ello como elemento *ilustrativo* de la vía dados nuestros conocimientos científicos actuales, pero el principio metafísico de causalidad es mucho más profundo y, además, tenemos

---

[76] Ahmed Farag Ali and Saurya Das, "Cosmology From Quantum Potential", *Physics Letters* B, vol. 741, 2015, pp. 276-279.

argumentos filosóficos independientes para mostrar la no-eternidad del universo.

Queda, pues, en pie la segunda vía.

<u>Objeción 7</u>: *De cualquier modo, incluso si el universo no es eterno y en realidad ha comenzado a existir no hay razón para postular que fue causado por algo distinto. Es más, la ciencia ha demostrado que el universo puede crearse a sí mismo desde la nada como sola consecuencia de las leyes físicas sin la necesidad de un Creador. Luego, no se prueba la conclusión de la segunda vía.*

<u>Respuesta</u>: Definitivamente esta objeción se inspira en el planteamiento que hacen los astrofísicos Stephen Hawking y Leonard Mlodinow en su popular libro *El Gran Diseño* publicado el 2010. La tesis principal de esa obra es que los últimos avances de la física, en especial los referidos a la *Teoría-M*, hacen innecesaria la existencia de un Creador ya que "el universo surgió espontáneamente de la nada" como consecuencia de las leyes físicas[77].

Más en específico, Hawking y Mlodinow se refieren en su modelo a la ley de la gravedad: "Porque existe una ley como la gravedad, el universo puede crearse a sí mismo, y lo hará"[78]. ¿Pero cómo es que sucede eso? Según lo que explican Hawking y Mlodinow en el último capítulo sucede del modo siguiente: en el inicio existe una energía de vacío constante contenida en el espacio vacío, entonces, cuando la energía positiva asociada con la materia se equilibra con la energía negativa asociada con la gravedad, el universo puede originarse espontáneamente como sola consecuencia de la fluctuación de la energía en el vacío.

Ahora bien, ¿es el planteamiento de Hawking y Mlodinow sustento suficiente para afirmar, como hace la objeción, que "la ciencia ha demostrado que el universo puede crearse a sí mismo desde la nada como sola consecuencia de las leyes físicas sin la necesidad de un Creador"? Definitivamente creemos que no.

---

[77] Stephen Hawking and Leonard Mlodinow, *The Great Design,* Ed. Bantam Books, 2010, p. 136.
[78] Stephen Hawking and Leonard Mlodinow, *The Great Design,* op. cit., p. 180.

En primer lugar, porque hacen un uso absolutamente *equívoco* de los conceptos metafísicos. Clara muestra de ello es el extraño significado que le dan a la palabra "nada". En el vocabulario de Hawking y Mlodinow este término no tiene el sentido filosófico clásico de "no-existencia" o "no-ser" sino que más bien significa "vacío cuántico inicial". ¡Pero esta definición de "nada" no se encuentra en ningún diccionario! (a excepción, tal vez, del "diccionario" metafísico de Hawking y Mlodinow, que tiene la interesante particularidad de traer todas las palabras pero sin sus respectivas definiciones para que el lector pueda entretenerse llenándolas a su antojo). El "vacío cuántico inicial" *no puede ser* la "nada" porque desde ya implica una configuración puesto que es dimensional y orientable: en él se puede tener menos o más espacio. De hecho, como explica Vilenkin, *"el vacío es un objeto físico*; se lo puede cargar con energía y puede tener una variedad de estados diferentes"[79]. En consecuencia, de ningún modo puede tratarse de "la nada" pues esta es la ausencia *absoluta* de ser, es decir, la noción epistémica con la que se busca aludir a la negación de toda ontología.

Así, pues, si definimos correctamente los conceptos podemos decir sin problemas que *El Gran Diseño* no llega en ningún momento a probar su tesis central de que "el universo surgió espontáneamente de la nada". Más bien lo que Hawking y Mlodinow terminan haciendo al apelar a este "vacío cuántico inicial" para explicar el origen del universo es probar la trivialidad de que algo viene de algo. Por tanto, no han respondido la primera y más importante de las tres preguntas que prometieron resolver en el libro, a saber: "¿Por qué hay algo en lugar de nada?"[80].

La segunda razón por la que desestimamos el planteamiento de Hawking y Mlodinow es por causa de la terriblemente *ilegítima* operacionalización que hacen de sus *ya erróneamente definidos* conceptos. Por ejemplo, es a todas luces absurdo decir que el universo se originó a sí mismo desde la nada como consecuencia de las leyes físicas porque la nada *no tiene ni puede tener* propiedades ni restricciones, ni menos ser gobernada por leyes físicas simple y llanamente *¡porque no existe!* Es imposible, pues, que hayan leyes físicas en la "nada" porque las leyes físicas son ante todo *relaciones* entre *cosas realmente existentes* y en la nada ¡no hay nada!

---

[79] Alexander Vilenkin, *Many Worlds in One: The Search For Other Universes,* Ed. Hill & Wang, New York, 2006, p. 48.
[80] Stephen Hawking and Leonard Mlodinow, *The Great Design,* Ed. Bantam Books, 2010, p. 11.

Por otra parte, también rechazamos la pretensión de que el universo "surgió espontáneamente", sin una causa, porque ello contradice el que, en palabras del filósofo de la ciencia Bernulf Kanitscheider, es el compromiso ontológico de *mayor éxito* en la historia de la ciencia, a saber, el principio metafísico de que "de la nada, nada sale"[81].

Finalmente, rechazamos la pretensión de Hawking y Mlodinow porque existe muy fuerte evidencia científica contra varias de sus desmesuradas implicancias. Ahí tenemos, por ejemplo, al *teorema Borde-Guth-Vilenkin*, formulado en el año 2003[82], y de acuerdo con el cual cualquier universo *o incluso "multiverso"* que esté en estado de expansión a través de su historia no puede ser infinito en el pasado sino que necesariamente debe tener un límite espacio-temporal.

¿Pero por qué es tan problemático este teorema para la teoría de Hawking y Mlodinow? Porque implica que el estado de vacío cuántico del universo temprano, al que ellos engañosamente se refieren como "la nada", no puede ser eterno en el pasado y debe haber tenido un comienzo absoluto. Vilenkin lo expresa sin rodeos: "Se dice que un argumento es lo que convence a los hombres razonables y una prueba lo que se necesita para convencer incluso a uno no razonable. Provistos de la prueba [de la no eternidad hacia atrás del universo] *los cosmólogos ya no pueden esconderse tras la posibilidad de un universo eterno hacia el pasado. No hay escapatoria: tienen que afrontar el problema de un inicio cósmico*"[83].

Por tanto, incluso el "vacío cuántico inicial", al no ser eterno, requiere de una causa y, por ende, no puede constituirse como la Causa primera del universo como *erróneamente* pretenden no solo Hawking y Mlodinow sino también el físico ateo Lawrence Krauss en su libro *Un Universo de la Nada*[84].

---

[81] Citado por: William Lane Craig, "¿Dios existe?", debate contra Stephen Law, Westminster Central Hall, 17 de octubre del 2011, discurso de apertura.
[82] Arvind Borde, Alan Guth y Alexander Vilenkin, "Inflationary Space-Times are Incomplete in Past Directions", *Physical Review Letters*, nº 90, 2003, pp. 151-301.
[83] Alexander Vilenkin, *Many Worlds in One: The Search for Other Universes*, Ed. Hill & Wang, New York, 2006, p. 176.
[84] Lawrence Krauss, *A Universe From Nothing: Why There Are Something Rather Than Nothing*, Free Press, 2012.

Y, mucho ojo, no se piense que el teorema Borde-Guth-Vilenkin es una "mera hipótesis". Todo lo contrario. Como apunta Vilenkin: "Lo destacable de este teorema es su *indiscriminada generalidad.* (…) Ni siquiera supusimos que la gravedad se describe por las ecuaciones de Einstein. De modo que si la gravedad de Einstein requiere de alguna modificación, nuestra conclusión todavía se mantiene. Lo único que asumimos fue que la tasa de expansión del universo nunca cae por debajo de algún valor distinto de cero, por pequeño que sea. *Esta asunción ciertamente habría de ser satisfecha en el falso vacío en inflación.* La conclusión es que *la inflación eterna hacia el pasado sin un comienzo es imposible*"[85].

Entonces, es evidente que Hawking y Mlodinow no están haciendo propiamente ciencia sino más bien filosofía, y una filosofía pésima a decir verdad. Resulta por tanto irónico que comiencen su libro diciendo que la "filosofía ha muerto"[86] cuando a lo largo de él se van a dedicar a hacer filosofía (muerta, claro está).

Queda, pues, en pie la segunda vía.

Objeción 8: *Independientemente del anterior argumento de Hawking y Mlodinow es filosóficamente posible argumentar que pueden haber "comienzos incausados" por cuanto la causalidad solo es válida para lo que ya existe en el tiempo de modo que los entes del primer instante del universo pueden venir de la nada requiriendo solo los subsiguientes de causas específicas. Luego, no se prueba la conclusión de la segunda vía.*

Respuesta: Esta objeción se construye en base a la crítica al argumento cosmológico por parte del famoso pensador ateo Jeffrey Jay Lowder, gestor del popular sitio web Internet Infidels, y el especializado filósofo escéptico Graham Oppy, autor del libro *Discutiendo Sobre Dioses*. En específico, Lowder argumenta que "no hay razón para creer que el universo tiene una causa (…) mi argumento es que lo que comienza a existir *en* espacio y tiempo debe tener una causa (…) no obstante, el origen del universo no es un acontecimiento *en* espacio y tiempo sino (…) el origen del tiempo y el espacio mismos (…) no hay razón para pensar que *eso* requiere una

---

[85] Alexander Vilenkin, *Many Worlds in One: The Search for Other Universes*, op. cit., p. 175
[86] Cfr. Stephen Hawking and Leonard Mlodinow, *The Great Design,* Ed. Bantam Books, 2010, p. 5.

causa"[87]. A su vez Graham Oppy en su paper "Comienzos Incausados"[88] sostiene que "mientras hay buenas razones teóricas y de sentido común para mantener que simplemente no es posible para estados no-iniciales de la realidad el no tener causa, estas buenas razones no requieren que uno afirme que es imposible que la realidad tenga un estado inicial incausado" planteando a continuación que aquellas cosas que no dependen de la existencia de redes de entes interrelacionados pueden venir a la existencia directamente desde la nada (así, ciertas entidades cuánticas fundamentales podrían salir de la nada pero no, por ejemplo, un tigre).

Pues bien, respecto del argumento de Lowder hay que decir primeramente que el negar sin más la posibilidad de causación del espacio y el tiempo mismos huele a *falacia de petición de principio*. En efecto, reducir la posibilidad de causación meramente a lo material no es *probar* el naturalismo sino simplemente *presuponerlo* y afirmar algo a partir de allí. Es casi como decir: "Todo lo que existe es material. Dios no es material. Por tanto, Dios no existe". Y precisamente Lowder evidencia este tipo de presuposición cuando justo antes de plantear su crítica dice: "Para el naturalismo el universo *solo es, y eso es todo*"[89].

Pero en este tipo de "argumentación" no solo está presente la falacia de petición de principio sino también la llamada *falacia taxicab*. Como hemos visto, el principio de causalidad se aplica a aquello que es contingente o comienza a existir. Pero estas dos condiciones se cumplen incluso para el "primer instante" del universo ya que este podría haber sido de varios modos distintos (hay diversas posibilidades físicas de configuración inicial) y además implica un inicio (no es filosóficamente absurdo decir que el tiempo tuvo un inicio). Por tanto, es legítimo y razonable aplicarle el principio de causalidad y el decidir arbitrativamente no hacerlo sería muestra no de rigurosidad filosófica sino de un *naturalismo dogmático*.

---

[87] Jeffrey Jay Lowder, "Naturalismo vs. Teísmo: ¿A dónde apunta la evidencia?", debate contra Phil Fernandes, Universidad de Carolina del Norte, 26 de septiembre de 1999, primera refutación.
[88] Graham Oppy, "Uncaused Beginnings", *Faith and Philosophy*, vol. 27, nº 1, 2010, pp. 61-71.
[89] Jeffrey Jay Lowder, "Naturalismo vs. Teísmo: ¿A dónde apunta la evidencia?", Ibídem.

Lo anterior también es válido para el argumento de Oppy y así lo reporta William Lane Craig cuando escribe: "Como Oppy reconoce, el naturalista está comprometido a mantener que los entes en cuestión tienen la propiedad esencial de venir a la existencia solamente en un primer momento del tiempo y todos los demás entes tienen la propiedad esencial de existir solo en momentos subsiguientes del tiempo. Estas suposiciones me parecen simplemente fantásticas. ¿Por qué es que solo un cierto tipo de partícula, digamos, viene a existir sin causa en el primer momento del tiempo? Obviamente no podemos decir que la nada tiene una disposición peculiar para producir tales partículas. (…) Es complicado, entonces, ver por qué, digamos, una botella de cerveza no podría estar configurada en el estado inicial de la realidad"[90].

Siguiendo la línea argumentativa de su paper, Oppy podría responder que la razón por la cual una botella de cerveza no puede surgir en el primer estado del universo es porque su existencia depende de una interrelación de entes y si tampoco puede hacerlo en el presente es porque ya está restringida por un marco espacial y no puede ocupar el espacio que ya ocupan otros entes o cuerpos. Lo primero es incoherente: la nada no tiene propiedades ni restricciones y por tanto, en el mismo esquema de Oppy, no debería haber nada que impida el surgimiento *simultáneo* de todo un conjunto de entes interrelacionados. Lo segundo hasta llega a ser bizarro: en vez de apelar a nuestra *fundamentalísima* intuición de que "de la nada, nada sale" para explicar por qué una botella o un tigre no surgen de repente de la nada Oppy refiere el asunto de que "dos cuerpos no pueden ocupar el mismo espacio al mismo tiempo". Aquí el punto es que, más allá de la cuestión de "propiedades y restricciones", la nada *no tiene ni puede tener capacidad agente*. En otras palabras ¡la nada no puede hacer nada! En consecuencia, Oppy solo está haciendo piruetas pseudo-filosóficas alrededor de las premisas del argumento cosmológico pero no lo está refutando realmente.

Ahora, dada la relevancia académica de Oppy como crítico del teísmo, es importante anotar aquí que este *modus operandi* más que tratarse de una excepción se constituye como una regla en su pensamiento. En efecto, como puede verse detalladamente en su libro *Discutiendo Sobre Dioses*, la estrategia de Oppy es desacreditar cualquier argumento teísta por medio

---

[90] William Lane Craig, "Reflections On 'Uncaused Beginnings'", *Faith and Philosophy*, vol. 27, nº. 1, 2010, pp. 72-78.

no de la refutación consistente de la esencia del mismo sino meramente introduciendo por aquí y por allá la "posibilidad" de que pueda pensarse de otro modo sobre tal o cual premisa particular. O sea, Oppy no necesita demostrar que la posibilidad contraria es *más plausible* sino simplemente que "es *posible* otra *posibilidad*" por más bizarra, contra-intuitiva y/o extravagante que ésta sea. Una vez hecho eso, Oppy proclama campante que el argumento teísta no es exitoso.

Pero en realidad toda la "trampa" reside en la definición de "argumento exitoso" que instrumenta Oppy. Al inicio de su libro él escribe: "La principal tesis que defenderé en el presente libro es que no hay argumentos exitosos sobre la existencia de dioses monoteístas ortodoxamente concebidos, es decir, que no hay argumentos que tengan que persuadir a *todos aquellos* quienes tengan visiones razonables sobre la existencia de dioses monoteístas ortodoxamente concebidos a cambiar de idea"[91]. El problema con este estándar es que es *irracionalmente* alto. Al inicio del libro dijimos que presentaríamos "pruebas razonables que puedan convencer *razonablemente* a las personas razonables". Pretender la certeza absoluta y que se convencerá *siempre* y *necesariamente* a cualquier persona real o pretendidamente razonable es un estándar irracional, tan irracional como el rechazar de plano todo un conjunto de argumentos bastantes razonables simplemente apelando a que "todavía es posible otra posibilidad", como es que hacen muchos agnósticos intelectualmente deshonestos que se pasan la vida "buscándole tres pies al gato" para excusarse en su eterna indecisión.

Pero lo más curioso es que el argumento de Oppy respecto de lo que constituye un "argumento exitoso" se refuta a sí mismo. En efecto: hay varios académicos y filósofos que tienen "visiones razonables" respecto de la teoría de la argumentación y que no están de acuerdo con Oppy; por tanto, su estándar no llega a ser exitoso. Consciente de esto, Oppy reduce la dureza de su propio criterio cuando se trata de su libro y dice: "Puedo considerar que la tesis principal que quiero defender es negada por muchos filósofos contemporáneos. Si el argumento de mi libro es exitoso, entonces por lo menos conducirá *a algunos de esos filósofos* a cambiar su opinión sobre algunas cosas"[92]. Pero el punto es que con esa "versión

---

[91] Graham Oppy, *Arguing About Gods*, Cambridge University Press, New York, 2006, p. xv.
[92] Graham Oppy, *Arguing About Gods*, op. cit., 2006, p. xv.

rebajada" de lo que constituye un "argumento exitoso" (en que no sería necesario persuadir a *todos* sino solo a *algunos*) sí habrían numerosos argumentos exitosos a favor de la existencia de Dios por cuanto han conducido a *varias* personas razonables (entre ellos importantes filósofos ateos como Anthony Flew) a cambiar de postura y, por tanto, el planteamiento de Oppy ("que no hay argumentos exitosos sobre la existencia de dioses monoteístas ortodoxamente concebidos") sería falso. Es en verdad curioso como algunos pensadores son tan exigentes cuando se trata de los argumentos teístas y tan laxos cuando se trata se trata de su propio pensamiento. Como que huele a doble estándar. En todo caso, si hay algo que no ha sido exitoso aquí es la crítica de Oppy.

Queda, pues, en pie la segunda vía.

CAPÍTULO 3
TERCERA VÍA: EL ARGUMENTO DE LA CONTINGENCIA

Enunciación

La tercera y más directa vía para demostrar la existencia de Dios se funda en la contingencia de los seres y se estructura como sigue:

1. Es evidente, y nos consta por nuestra experiencia directa del mundo, que existen seres contingentes, es decir, seres que dependen de otros para existir.

2. Ahora bien, como acabamos de decir, un ser contingente depende de otro para existir. Entonces, si hallamos que existe un ser contingente es necesario inferir que existe otro ser del cual depende este.

3. Pero si asumimos que todos los seres son contingentes tendremos que este primero dependerá de un segundo, que será contingente, de modo que dependerá de un tercero, también contingente, y así sucesivamente. Mas no se puede seguir así indefinidamente porque de ser ese el caso no podría existir ningún ser puesto que una cadena infinita de dependencia ontológica es absurda. Por consiguiente, es necesario postular la existencia de un Ser Subsistente, es decir, de un ser que no dependa de ningún otro para existir sino tenga plenamente en Sí mismo todo el fundamento del ser.

4. Este Ser Subsistente que no depende de ningún otro para existir y que se constituye como el fundamento de la existencia de todos los demás seres es Dios.

5. Luego, Dios existe.

Explicación

Premisa 1: "Existen los seres contingentes".

La veracidad de esta premisa se hace evidente para cualquiera que entienda sus términos. En efecto: un ser contingente se define como un ser que depende de otro para existir y todos nosotros tenemos experiencia de seres que dependen de otros seres para existir.

Como evidencia de lo anterior simplemente pensemos en nosotros mismos. Existimos, claro, pero no existimos por nosotros mismos: dependemos de la existencia de otros seres para existir, sean precedentes (por ejemplo, de la existencia de nuestros padres: si ellos no hubieran existido nosotros simplemente no podríamos existir) o de nuestro entorno (por ejemplo, sin oxígeno, agua o alimento nos sería imposible sobrevivir).

Y no solo eso. Existe muy fuerte evidencia científica de que el universo es *esencialmente* contingente. Los científicos ni siquiera entienden bien su origen pero ya están hablando de su final: el universo no se sostiene a sí mismo, no ha existido siempre, está en un estado continuo y creciente de desorden y degradación, se dirige inevitablemente hacia su muerte térmica… He ahí las inexorables consecuencias de la *Ley de la entropía*.

Analicemos ahora, desde una perspectiva más existencial, otra definición de "ser contingente": un ser contingente es un ser que tiene la posibilidad de no-ser. En particular ésta es la definición que maneja Santo Tomás de Aquino en su formulación de la tercera vía y también la que utiliza el filósofo alemán Gottfried Leibnitz en su famosa prueba *a contingencia mundi* de la existencia de Dios. Incluso más, es la definición que se deriva directamente del primer gran problema filosófico que obsesionó a los filósofos griegos, a saber: el trascendental *problema de la existencia del ser*.

¿Por qué hay algo en lugar de nada?: he ahí una de las preguntas más profundas y sublimes de toda la filosofía. Primero se hace desde el asombro, luego desde la angustia… y luego siguen varios estados de ánimo. Pero no podemos eludirla. Tal vez en algún momento la dejemos de lado. Pero, no lo dudemos, volverá.

Tal vez la forma más directa (y problemática) de formularnos esta cuestión es aplicándola a nosotros mismos: "Existo, bien. Pero podría no haber existido. Mis padres pudieron no haberse conocido. O pude no haber nacido. O podría existir otro en lugar mío. ¿Por qué existo, entonces?". Nos damos cuenta, pues, de que, aunque existimos *realmente*, no existimos *necesariamente*. No tenemos en nosotros mismos la *razón suficiente* de nuestro ser. Por tanto, requerimos de otro para existir. En otras palabras, somos *contingentes*.

Y lo mismo puede aplicarse para el universo: "Existe, de acuerdo. Pero podría no haber existido. Podría no haberse dado el Big Bang, con lo cual no hubiera nacido. O podría haber llegado ya a su equilibrio termodinámico con lo cual, aunque hubiera nacido, ya estaría muerto. O podría existir otro universo en lugar de él. ¿Por qué existe entonces?". Es claro, pues, que incluso el universo en su conjunto existiendo tiene la posibilidad de no-existir, es decir, es contingente.

Premisa 2: "Todo ser contingente requiere de otro para existir".

La veracidad de la segunda premisa se deriva directamente de nuestra primera definición de "ser contingente". Efectivamente: dado que un ser contingente es un ser que depende de otro para existir, se sigue que *todo* ser contingente requiere de otro para existir.

Analicemos ahora la segunda definición. De acuerdo con ésta un ser contingente es aquel que tiene la posibilidad de no-ser. Ahora bien, "es imposible que seres de tal condición hayan existido siempre, ya que lo que tiene la posibilidad de no-ser hubo un tiempo en que no fue"[93]. ¿Por qué? Porque si tienen la posibilidad de no-ser, ello implica que no tienen en sí la plenitud del ser y que, por tanto, no existen *necesariamente* y *desde siempre*. Pero, dado que "lo que todavía no existe no empieza a existir más que en virtud de lo que ya existe"[94], tendremos que la existencia de cualquiera de estos seres ha de haber sido causada por otro ya existente. De este modo, también con esta definición llegamos a que *todo* ser contingente requiere de otro para existir.

Premisa 3: "No es posible una cadena infinita de dependencia ontológica; por tanto, es necesario llegar a un Ser Subsistente".

Sobre la imposibilidad de los procesos infinitos (incluso de *dependencia ontológica*) ya hemos hablado bastante en la explicación de las dos vías anteriores. Por tanto, aquí nos limitaremos a ilustrar esta vía por medio de dos ejemplos.

---

[93] Santo Tomás de Aquino, *Suma Teológica,* Ia, q. 2, art. 3, rpta.
[94] Santo Tomás de Aquino, *Suma Teológica,* Ia, q. 2, art. 3, rpta.

Primer ejemplo: Supongamos que un día vemos una larga cadena que llega de la tierra hasta el cielo y cuyos eslabones de más arriba se pierden entre las nubes. Inmediatamente nos preguntamos: "¿Cómo se sostiene esa cadena?, ¿de dónde cuelga?" Entonces viene alguien y nos dice: "El primero, empezando desde abajo, cuelga del segundo, el segundo del tercero, y así sucesivamente, remontándose hasta las nubes". ¿Le creeríamos? Obviamente que no porque si así fuera la cadena ya hubiera caído a tierra pues las nubes no pueden sostener nada por sí mismas. Pero dado que la cadena está en pie es absolutamente necesario suponer que existe un primer eslabón fijado en alguna parte para que sostenga a los demás. Análogamente, es necesario arribar hacia un Ser Subsistente.

Segundo ejemplo: Imaginemos una larga cadena de fichas de dominó dispuestas exactamente de tal modo que con un solo golpe caigan todas una sobre otra. Pues bien, se da un golpe en la primera y se encuentra que las fichas no llegan a caer del todo. "¿Cómo puede ser eso si estaban perfectamente dispuestas para caer del todo una sobre otra?", se pregunta quien había ordenado las fichas. Entonces camina a lo largo de la cadena de fichas buscando la causa. Y la encuentra: alguien ha clavado al suelo la última ficha. Por eso, al no poder caer esta, no caen del todo las otras. Así es el Ser Subsistente: su absoluta permanencia ontológica sostiene la de los demás seres de modo que la existencia de estos no se disuelva en la nada.

Premisa 4: "Este Ser Subsistente es Dios".

Esta premisa no es más que nuestra definición de Dios, de modo que no será necesario probar que el Ser Subsistente es Dios. De allí que al comienzo hayamos dicho que esta era la vía "más directa" para demostrar su existencia.

Conclusión: "Dios existe".

Partiendo de la existencia de los seres contingentes hemos demostrado la imposibilidad de que puedan explicarla plenamente por sí solos, siendo por ello necesario que postulemos la *existencia efectiva* de un Ser Subsistente para poder explicarla. A continuación hemos demostrado que este Ser Subsistente se identifica con Dios. Por tanto, dado que en un razonamiento deductivo si las premisas son verdaderas ha de aceptarse necesariamente la conclusión so pena de irracionalidad, debemos aceptar que Dios existe. Luego, Dios existe.

Objeciones y respuestas

Objeción 1: *En este argumento se comete la típica falacia conocida como falacia del paralogismo de los metafísicos. En efecto: se comienza planteando un pseudo-problema absurdo y carente de sentido como el de la distinción entre el ser contingente y el ser subsistente, se nos muestra luego lo absurdo de la alternativa de que solo existan los seres contingentes y, finalmente, se nos dice que, por consiguiente, la otra alternativa es verdad, es decir, que existe un Ser Subsistente. Pero ello es inválido por cuanto la distinción del punto de partida es gratuita y absurda. Luego, no se prueba la conclusión de la tercera vía.*

Respuesta: La afirmación de que la distinción entre el ser contingente y el ser subsistente es puramente absurda o arbitraria y que, por tanto, Santo Tomás de Aquino comete una *falacia del paralogismo de los metafísicos* se constituye como la principal crítica que hace la *filosofía analítica* a la tercera vía de Santo Tomás de Aquino.

Ahí tenemos por ejemplo al filósofo Bertrand Russell quien nos dice: "la dificultad de este argumento está en que yo no admito la idea de un ser necesario, y no admito que haya ningún significado particular en llamar 'contingentes' a otros seres"[95]. Pero a decir verdad esta idea viene desde Kant. En su *Crítica a la razón pura*, él nos dice: "Necesidad y contingencia no tienen que referirse ni afectar a las cosas mismas (…) ninguno de ambos principios es objetivo, sino que pueden ser acaso principios subjetivos de la razón"[96].

Pero, ¿será verdad que la distinción entre el ser contingente y el ser subsistente es absolutamente arbitraria y carente de sentido como pretenden Russell y Kant, de tal modo que la tercera vía tomista caería en una falacia del paralogismo de los metafísicos? Definitivamente no. Y sostenemos esto por tres razones.

Primero, porque no da lugar a una tercera alternativa. En efecto: un ser existe por sí mismo (con lo cual sería *subsistente*) o en virtud de otro (con lo cual sería *contingente*). No hay término medio entre estas dos formas de existir.

---

[95] Bertrand Russell, *Por Qué No Soy Cristiano*, Ed. Edhasa, Barcelona, 1979, p. 96.
[96] Immanuel Kant, *Crítica de la Razón Pura*, Ed. Taurus, 1993, p. 376.

Segundo, porque está muy bien sustentada por nuestra experiencia sensible del mundo y de las cosas. A cada momento nos encontramos con cosas que existen. Entonces podríamos sin problema preguntarnos "¿Esto existe por sí mismo o depende de otro para existir?", con lo cual encontraremos que los seres de nuestra experiencia son de por sí contingentes pues dependen de la existencia de otros para existir y, lo que es más, podrían no haber existido (evalúe el lector las cosas que tiene a su alrededor para comprobarlo).

Tercero, porque, como ya hemos explicado, está directamente relacionada con la pregunta más profunda y sublime de toda la filosofía: *¿Por qué hay algo en lugar de nada?* Tan fundamental es esta pregunta que, como decía el filósofo argentino José Pablo Feinmann, "bien puede ser el disparador de la filosofía. O su origen"[97]. Por tanto, el negarse a plantear esta pregunta (incluso cuando fuere en nombre de la "muy respetable" filosofía analítica) es *negarse a filosofar*.

Por tanto, la distinción conceptual entre el ser contingente y el ser subsistente no se trata de ninguna cuestión absurda como pretendía Russell. Cualquiera puede legítimamente planteársela. De ahí que Copleston le haya respondido: "Puede decir que no existe tal ser [el Ser Subsistente], pero le va a ser difícil convencerme de que no entiende los términos que uso [al distinguir al ser subsistente del ser contingente]"[98]. O sea, *independientemente de la respuesta*, es perfectamente válido plantear la cuestión (con todo y sus términos).

A su vez, la distinción entre contingente y subsistente no es meramente subjetivo como pretendía Kant. Ahí tenemos, por ejemplo, a la Ley de la entropía que, por el mismo hecho de tratarse de una *ley física*, se cumple *objetivamente* en los seres la realidad sensible.

Por consiguiente, aunque suene irónico, esta objeción de que el punto de partida de la tercera vía tomista carece de sentido, no tiene ningún sentido.

Queda, pues, en pie la tercera vía.

---

[97] José Pablo Feinmann, *La Filosofía y el Barro de la Historia,* Ed. Planeta, Buenos Aires, 2008, p. 66.
[98] Cfr. Bertrand Russell, *Por Qué No Soy Cristiano,* op. cit., p. 97.

Objeción 2: *Es falso que los seres contingentes requieran de un Ser Subsistente para poder existir porque en realidad ellos mismos se dan continuamente la existencia unos a otros por medio de una cadena circular de dependencia ontológica, siendo en su conjunto subsistentes. Incluso más, la ciencia ha demostrado la posibilidad de un universo cíclico que se autogenera constantemente por medio de un proceso continuo de expansión (Big Bang) y contracción (Big Crunch). Luego, no se prueba la conclusión de la tercera vía.*

Respuesta: Es absolutamente erróneo pensar que la existencia de los seres contingentes se puede explicar del todo solo con decir que "se dan continuamente la existencia unos a otros por medio de una cadena circular de dependencia ontológica". Y es que aquí estamos hablando de un problema de *contenido* antes que de un problema de *forma*.

En efecto, no se trata de si la cadena de dependencia ontológica es lineal o circular y tampoco de si es cierta la *teoría A* o la *teoría B* del tiempo[99], sino más bien de que es una *absoluta imposibilidad metafísica* el que los meros seres contingentes puedan darnos el fundamento último del ser. La suma de lo contingente jamás podrá darnos lo subsistente. Multipliquemos ceros hasta el infinito, y no obtendremos nunca una cantidad positiva. Reunamos a todos los ciegos del mundo, y no tendremos ninguno que vea. Las antorchas apagadas nunca darán luz, por numerosas que las supongamos.

Como vemos, los problemas anteriores no se resuelven por el solo hecho de que agrupemos circularmente o de modo cíclico a los seres y digamos luego que "se dan continuamente la existencia unos a otros", ya que el pretendido "círculo de dependencia ontológica" *no es ontológicamente independiente de los seres que lo componen*. En todo caso habría que decir que la analogía del círculo podría a lo más explicar *en parte* la *dinámica* de la dependencia ontológica pero no su *fundamento*.

---

[99] Según explica Craig: "De acuerdo con la Teoría A, las cosas o eventos en el tiempo no son todos igualmente reales: el futuro todavía no existe y el pasado no continúa existiendo; solo las cosas que están en el presente son reales. (…) Por el contrario, en lo que McTaggart llamó Teoría B del tiempo o teoría tensada o estática del tiempo, todos los eventos temporales son igualmente reales y su devenir temporal es una ilusión de la conciencia humana". (William Lane Craig, *Reasonable Faith*, Ed. Crossway Books, Weathon, 2008, p. 121)

Precisamente este es el sustancial aspecto que ignoran muchos anti-teístas cuando oponen al argumento tomista ejemplos hipotéticos como el siguiente del filósofo Graham Oppy: Pensemos en "un mundo en el cual no hay más que dos seres contingentes, A y B: supongamos que la salida de la existencia de A trae a la existencia a B, y la salida de la existencia de B trae a la existencia a A. Por supuesto, no necesitamos suponer que el tiempo pasado es infinito para hacer que esta historia funcione: podríamos ajustar la infinita serie de alternancias entre A y B en una estructura Big Bang estándar, a condición de que los intervalos en los que A y B existen se hacen más cortos y más cortos a medida que se acercan al origen temporal"[100].

El ejemplo está muy bonito pero el punto es que, siendo esos seres *contingentes* A y B los únicos que *existen*, ¡su existencia habría precisamente que explicarla en lugar de presuponerla! Y esto es más grave por cuanto Oppy dice que "no necesitamos suponer que el tiempo pasado es infinito" y que "los intervalos en los que A y B existen se hacen más cortos y más cortos a medida que se acercan al origen temporal". Si eso es así, ¿cómo se explica el origen temporal mismo?, ¿acaso salió de la nada? (téngase en cuenta aquí que A y B no podrían explicarlo porque ellos ya existen *en* el tiempo). Por tanto, se sigue requiriendo un ente distinto y trascendente que dé la fundamentación ontológica de A y B y el esquema temporal en que ellos existen e incluso si el esquema fuera supuestamente "eterno".

Para dejar bien en claro este punto pongamos un ejemplo siguiendo más o menos la tipología usada por Oppy: Imaginemos una ronda circular de personas agarradas de las manos que representan a todos los seres del universo. Todas estas personas son contingentes y su contingencia se manifiesta en que cada cierto tiempo, por turnos, comienzan a desvanecerse. No obstante, cuando esto le comienza a suceder a uno ellos, la persona que está a su lado derecho le aprieta con fuerza la mano, transmitiéndole algo del ser, de modo que la primera deja de desvanecerse. Pero cuando esta segunda persona hace esto comienza también a desvanecerse, es decir, a acercarse hacia el no-ser. Sin embargo, en ese instante una tercera le aprieta fuertemente la mano y así sucesivamente unos con otros a lo largo de la ronda.

---

[100] Graham Oppy, *Arguing About Gods*, Cambridge University Press, New York, 2006, p. 105.

Pues bien, aquí la pregunta pertinente es: ¿Bastará eso para decir que estas personas dan *razón suficiente* de su ser? De ningún modo. Esa dinámica de la ronda circular solo nos explica *cómo* es que se transfieren el ser unas a otras, pero no *por qué* existen. De ahí que el ejemplo *necesariamente* tenga, quiéralo o no, que partir de seres ya existentes *pero sin jamás explicar su existencia*, es decir, sin jamás resolvernos el problema que en verdad nos importa resolver: ¿Por qué hay algo en lugar de nada?. O, para expresarlo con la analogía: ¿sobre qué están paradas esas personas que forman la ronda?, ¿podrían formar la ronda si no hubiera algo subyacente que las sostuviera de tal modo que pudieran formarla?

Abordemos ahora la cuestión de la *teoría del universo ondulatorio o cíclico*. John Gribbin introduce este modelo con las siguientes palabras: "El mayor problema con la teoría del Big Bang del origen del universo es filosófico -quizá incluso teológico-: ¿qué estaba allí antes de la explosión? (…) La mejor forma de darle la vuelta a esta dificultad inicial es provista por un modelo en el cual el universo se expande, se colapsa de regreso nuevamente, y repite el ciclo indefinidamente"[101].

Como puede desprenderse de la cita, frente a la creciente aceptación científica del Big Bang como explicación del origen del universo, la teoría del universo ondulatorio o cíclico se convirtió en una especie de "Gran Esperanza" para los científicos ateos, que deseaban con todas sus fuerzas que fuese cierta a fin de evitar un principio absoluto del universo.

¿Pero en qué consiste exactamente la teoría del universo oscilatorio? El Dr. Hugh Ross nos la explica de la siguiente manera: "En el modelo de universo oscilatorio, se presume que el universo tiene suficiente masa de manera que la gravedad en él pone eventualmente los frenos a su expansión. Y no solo se detiene la expansión, sino que se revierte, provocando un colapso total. Sin embargo, en lugar de encogerse a sí mismo en una singularidad, el universo en implosión de alguna manera rebota de regreso y se expande nuevamente, y así se repite el ciclo, de acuerdo con este modelo. Un número infinito de tales ciclos se piensa que nos alivian de la necesidad de entender el origen de la materia en algún tiempo finito en el pasado"[102].

---

[101] John Gribbin, "Oscillating Universe Bounces Back", *Nature*, nº 259, 1976, p. 15.
[102] Citado por: J. P. Moreland, *The Creation Hypothesis*, Ed. InterVarsity, 1994, p. 149.

Sin embargo, como nos recuerda Craig, existen dos dificultades bien conocidas respecto del modelo oscilatorio. La primera es que *"el modelo oscilatorio es físicamente imposible. (…) Es solo una posibilidad teórica, no una posibilidad real.* Uno puede diseñar tales modelos en papel, pero *no pueden ser descriptivos del universo real, porque contradicen las leyes físicas conocidas.* Como la fallecida profesora Tinsley de Yale explica, en los modelos oscilatorios 'aun cuando las matemáticas *dicen* que el universo oscila, no existe física conocida para revertir el colapso y el rebote de regreso a una nueva expansión. La física parece decir que esos modelos comienzan a partir del Big Bang, se expanden, se colapsan *y luego terminan*'"[103].

La segunda dificultad de este modelo es que la evidencia observacional le es fuertemente contraria. Así, por ejemplo, como señala Craig: "No hay forma de explicar la distribución llana de materia que se observa en el universo sobre la base de un modelo oscilatorio. Esto es porque conforme el universo se contrae, los agujeros negros comienzan a succionar todo, de manera que la materia se torna muy disparejamente distribuida. Pero cuando el universo (supuestamente) rebota de su fase contrayente, no existe mecanismo para 'planchar' estas protuberancias y hacer la distribución lisa. De aquí que los científicos citados confiesen que incluso si hubiere algún mecanismo desconocido que pudiese causar que el universo rebotara a una nueva expansión, no es todavía claro que pudiese prevenir la irregularidad que resultaría de los agujeros negros formados durante la fase de contracción. La actual llaneza de la distribución de la materia simplemente no puede ser explicada usando modelos en los cuales el universo comienza con materia distribuida irregularmente. El modelo oscilatorio por lo tanto no puede explicar satisfactoriamente la llaneza de la distribución de la materia en el universo observada en el presente"[104].

Y por si lo anterior fuera poco, basta con tomar la Ley de la entropía para mostrar la inviabilidad física del modelo oscilatorio. Si es verdad que el universo ha estado oscilando desde siempre, infinitos ciclos habrían precedido a nuestro universo. Pero dado que esos ciclos aumentarían la entropía, actualmente debería haber un estado de máxima entropía y todo sería energía térmica difusa, lo cual no es el caso (si lo fuere ni siquiera podrías estar leyendo este libro, simplemente no existirías).

---

[103] William Lane Craig, *Reasonable Faith*, Ed. Crossway Books, Wheaton, 1994, pp. 103-104.
[104] William Lane Craig, *Reasonable Faith*, op. cit., pp. 103-104.

Vemos, pues, que el modelo del universo oscilatorio no puede ni siquiera resolver los problemas físicos (de hecho, ya ha sido rechazado por el consenso científico actual). Menos podrá todavía con los metafísicos (un modelo de infinitos ciclos consecutivos no es filosóficamente posible pues ya hemos mostrado que la idea de sucesión o cadena infinita lleva a absurdos).

Queda, pues, en pie la tercera vía.

Objeción 3: *El universo no requiere de ningún Creador que lo sostenga porque tiene en sí mismo completitud ontológica. En efecto, como bien ha demostrado el astrofísico británico Stephen Hawking, es universo no tiene ninguna frontera o borde, ni principio ni final: simplemente es. Luego, no se prueba la conclusión de la tercera vía.*

Respuesta: Como puede verse, el único sustento que da esta objeción para afirmar la completitud ontológica del universo es la teoría cosmológica de Hawking de un universo cerrado y sin frontera. Por tanto, sin más preámbulos, comenzaremos a analizarla.

Tal vez podamos entender mejor el planteamiento de Hawking contrastando su modelo con el modelo corriente del Bing Bang. Como ya explicamos en el capítulo anterior, en el modelo estándar, el universo brotó de una singularidad inicial que marcó el origen de toda materia y energía junto con el espacio y tiempo físico mismos. Nada existía antes de este punto.

Sin embargo, como escribía Hawking, "a mucha gente no le gustó la idea de que el tiempo haya tenido un principio, probablemente porque sonaba a intervención divina"[105]. Curiosamente una de esas personas fue él mismo. De ahí que el foco de atención de sus investigaciones haya pasado, como él mismo deja entrever en la mencionada obra, del estudio de la *singularidad espacio-temporal* a la construcción de su famoso *modelo cuántico*.

---

[105] Stephen Hawking, *Historia del Tiempo: Del Big Bang a los Agujeros Negros*, Ed. Crítica, Barcelona, 1988, cap. 8.

Hawking tiene la esperanza de que introduciendo física cuántica en la descripción de la etapa más temprana del universo, es decir, los 10 a la menos 43 segundos después del Big Bang, uno puede eliminar la singularidad. A fin de lograr esto, sin embargo, Hawking debe introducir números *imaginarios* para la variable del tiempo en sus ecuaciones, es decir, números como raíz de -1. "Solamente si pudiésemos hacernos una representación del universo en términos del tiempo imaginario no habría ninguna singularidad", escribe[106].

Así, pues, usando números imaginarios para la variable del tiempo Hawking elimina la singularidad espacio-temporal para el origen del universo, pero también elimina con ello la diferencia entre tiempo y espacio en las ecuaciones que describen el universo. Citemos sus propias palabras: "Para los propósitos del cálculo hay que medir el tiempo utilizando números imaginarios en vez de reales. Esto tiene un efecto interesante sobre el espacio-tiempo: la distinción entre tiempo y espacio desaparece completamente"[107].

A partir de allí Hawking deduce que el tiempo se vuelve imaginario antes de los 10 a la menos 43 segundos del origen del universo y que, por tanto, desaparece la singularidad. De esta manera, el espacio-tiempo en esta región temprana sería geométricamente análogo a un globo terráqueo. Cualquier punto que uno escoja sobre él para que sea el punto "inicial" o "el principio", tal como el Polo Norte, sería realmente igual a cualquier otro punto en la superficie de la esfera. En otras palabras, no constituiría un borde o límite a esa superficie. Así, en el modelo de Hawking, el pasado sería finito, pero sin límite. Y lo mismo valdría para el tiempo puesto que el tiempo imaginario no es distinguible del espacio. De este modo, llega a la conclusión de que "espacio y tiempo pueden formar una superficie cerrada sin frontera"[108] y que, por ende, el universo es autosuficiente y no necesita de un Dios que lo sustente. "Si el Universo es realmente autocontenido, si no tiene ninguna frontera o borde, no tendría ni principio ni final: simplemente sería. ¿Qué lugar queda, entonces, para un Creador?"[109].

---

[106] Stephen Hawking, *Historia del Tiempo: Del Big Bang a los Agujeros Negros,* op. cit., cap. 8.
[107] Stephen Hawking, *Ibídem,* cap. 8.
[108] Stephen Hawking, *Ibíd.*
[109] Stephen Hawking, *Ibíd.*

A continuación, el análisis crítico del modelo cuántico de Hawking:

En primer lugar, hay que señalar que cuando Hawking sostiene que ya "no queda lugar para un Creador" porque el universo es "realmente autocontenido" está cometiendo una *falacia de falso dilema*. En efecto: Hawking establece una falsa oposición entre la acción de Dios sobre el mundo y la acción de las leyes naturales sobre este mundo. Y hace ello justamente porque en su visión la acción divina se limita únicamente a "infringir" las "leyes" del universo -posibilidad que él rechaza- o a darle la "patada inicial" para que funcione, dejándolo después funcionar "solo".

Es evidente que este se trata de un concepto absolutamente antropomórfico e insuficiente de Dios y de su acción sobre el mundo. Se confunde aquí su acción creadora con la acción fabricatriz del hombre. Dios no es un agente más que se entromete o no en el funcionamiento del universo, sino que es el Ser Subsistente que de modo *permanente* sustenta la existencia misma del universo y de las leyes que lo rigen. Usando una analogía podríamos decir que Dios, considerado como Ser Subsistente, se parece más a una persona que imagina una historia que a un mecánico que fabrica un automóvil. En efecto: si el fabricante de un automóvil se muere, el automóvil puede seguir funcionando; en cambio, si la persona que imagina un relato deja por un instante de imaginarlo, todo el "universo" de su relato desaparecería inmediata y totalmente.

Vemos, entonces, que el solo sistema supuestamente "autocontenido" de leyes del universo no da fundamento de su existencia. Por tanto, no hay ninguna razón para decir que "ya no queda espacio para Dios". De ahí que el mismo Hawking se vea obligado a decir: "Incluso si hay solo una teoría unificada posible, se trata únicamente de un conjunto de reglas y de ecuaciones. *¿Qué es lo que insufla fuego en las ecuaciones y crea un universo que puede ser descrito por ellas?* El método usual de la ciencia de construir un modelo matemático no puede responder a las preguntas de por qué debe haber un universo que sea descrito por el modelo. *¿Por qué atraviesa el universo por todas las dificultades de la existencia? ¿Es la teoría unificada tan convincente que ocasiona su propia existencia? ¿O necesita un Creador?*"[110].

---

[110] Stephen Hawking, *Ibíd.*, cap. 12.

Basta con ello para desestimar las desmesuradas (y desatinadas) implicancias filosóficas que pretende darle Hawking a sus planteamientos y, por tanto, para salvar la tercera vía. Sin embargo, nos parece también interesante mostrar algunas de sus inconsistencias epistemológicas y científicas.

Aquí lo primero que salta a la vista es el hecho de que en la propuesta "sin fronteras" de Hawking la noción de que el universo no tiene ni comienzo ni fin es algo que *existe solo en términos matemáticos*. El mismo Hawking admite esto cuando escribe: "En lo que a la mecánica cuántica corriente concierne, podemos considerar nuestro empleo de un tiempo imaginario y de un espacio-tiempo euclídeo *meramente como un montaje (o un truco) matemático*"[111]. Sin embargo, unas líneas más arriba nos dice que "un tiempo imaginario puede sonar a ciencia ficción, pero se trata, de hecho, de un concepto matemático bien definido"[112]. En verdad pareciera como si Hawking ignorara que el criterio definitivo para validar una teoría es su conformidad con los hechos físicos *reales* y no con los símbolos matemáticos *ideales*.

Como consecuencia de lo anterior, otro de los problemas del modelo de Hawking es que al incorporar la noción *puramente matemática* de "tiempo imaginario" logra eliminar el principio del universo *en su modelo* ¡pero no *en la realidad*! Y es que nosotros no vivimos en el tiempo imaginario de Hawking sino en el tiempo real donde el universo *sí* tuvo un principio.

En una de las contradictorias afirmaciones de su *Historia del Tiempo* Hawking concede solapadamente que esto es verdad cuando escribe: "Si el universo estuviese realmente en un estado cuántico como el descrito, no habría singularidades en la historia del universo en el tiempo imaginario. Podría parecer, por lo tanto, que mi trabajo más reciente hubiese anulado completamente los resultados de mi trabajo previo sobre las singularidades. (…) Esto, de hecho, condujo a la idea de que el universo podría ser finito en el tiempo imaginario, pero sin fronteras o singularidades. *El pobre astronauta que cae en un agujero negro sigue acabando mal; solo si viviese en el tiempo imaginario no encontraría ninguna singularidad*"[113].

---

[111] Stephen Hawking, *Ibíd.*, cap. 8.
[112] Stephen Hawking, *Ibíd.*
[113] Stephen Hawking, *Ibíd.*

Las implicancias de este fragmento son en verdad reveladoras. En efecto, implica que las singularidades siguen contando porque son inevitables en el tiempo *real*. En ese tiempo, un astronauta que cae en un agujero negro "sigue acabando mal". De modo que Hawking se habría contestado su propia pregunta: solo si vivimos en el tiempo imaginario no encontraríamos ninguna singularidad, *lo cual no es el caso*.

Incluso así Hawking insiste en el error y escribe: "Todo esto podría sugerir que el llamado tiempo imaginario es realmente el tiempo real, y que lo que nosotros llamamos tiempo real es solamente una quimera. (…) Así que, tal vez, lo que llamamos tiempo imaginario es realmente más básico, y lo que llamamos real es simplemente una idea que inventamos para ayudarnos a describir cómo pensamos que es el universo"[114]. Pero curiosamente sucede que el propio Hawking, al reconocer que un astronauta que cae en un agujero negro terminaría mal, está aceptando en la práctica que el tiempo que llamamos "real" trae *implicancias reales*, así que no puede ser un mero invento arbitrario de la mente. Más bien lo que es un invento arbitrario es su modelo y su artificiosa "ontologización" del tiempo imaginario.

Finalmente, el último de los grandes problemas que presenta el modelo cuántico de Hawking es su identificación (confusión) del espacio con el tiempo en las etapas tempranas del universo (los famosos 10 a la menos 43 segundos). Y es que es imposible, incluso en las etapas tempranas del universo, que el tiempo sea una dimensión del espacio porque ¡son esencialmente distintos! En efecto: el tiempo está ordenado por las relaciones *pasado-futuro* con respecto al presente y no hay algo ni aun remotamente similar a esta relación entre puntos del espacio.

Pero quizá Hawking podría ser interpretado como sosteniendo no que el tiempo, en una etapa más temprana del universo, es una dimensión del espacio sino que conforme uno retrocede en él, cesa de existir y es reemplazado por una dimensión espacial. O sea, para Hawking, en ese contexto de universo temprano, el tiempo devendría en espacio. Pero tal interpretación no tiene sentido. Significaría que la historia temprana del universo es atemporal. Pero ello resulta *contradictorio* con la afirmación de que esta etapa se dio *antes* del inicio del tiempo pues la relación *antes-después* ¡es precisamente la relación *temporal*!

---

[114] Stephen Hawking, *Ibíd*.

A continuación, y a forma de epitafio para la teoría de Hawking, las conclusiones del Dr. William Craig luego de su análisis de los modelos cuánticos (entre los que incluye el de Hawking): "Parece evidente, por lo tanto, que los modelos cuánticos del origen del universo evitan el principio del universo solo a expensas de hacer enormes e injustificadas asunciones metafísicas acerca de la realidad, asunciones que al final niegan la realidad del tiempo y del devenir temporal y por lo tanto vician los modelos basados en ellas como descripciones realistas del universo. Así que, resulta que *ninguna de las alternativas del modelo del Big Bang del origen del universo es plausible. La mejor evidencia científica disponible confirma que el universo comenzó a existir"*[115].

Queda, pues, en pie la tercera vía.

Objeción 4: *De acuerdo con el argumento de la contingencia el universo es contingente porque puede muy bien pensarse en la posibilidad de que no exista. Pero de Dios también puede pensarse en la posibilidad de que no exista (como es que hacen los ateos). Por tanto, también sería contingente. Luego, no se prueba la conclusión de la tercera vía.*

Respuesta: Este argumento comete desde el principio un grave error conceptual acerca de la definición de Dios (esencial para entender cualquiera de las demostraciones de su existencia), lo cual lo lleva inevitablemente a caer en una *contradictio in adjecto*. Veamos por qué[116].

Como habíamos dicho en la primera parte, Dios es *por definición* el Ser Subsistente, es decir, aquel que no depende de otro para existir. Por otra parte, un ser contingente es *por definición* aquel que depende de otro para existir. Así, pues, se sigue que hablar de un Dios contingente sería tanto como hablar de un "Subsistente contingente", de un ser que *no* depende de otro para existir y que, *al mismo tiempo*, depende de otro para existir, lo cual es tan absurdo y contradictorio como hablar de un "soltero casado".

---

[115] William Lane Craig, *Reasonable Faith*, Ed. Crossway Books, Wheaton, 1994, p. 113.

[116] Es importante señalar también que, al tomar como contingente aquello "de lo cual puede pensarse en la posibilidad de que no exista", la objeción se dirige más a la formulación *leibnitziana* del argumento de la contingencia que a la *tomista*.

De esta forma, el solo hecho de que podamos formular la pregunta "¿Podría Dios ser contingente?" no le da validez a su contenido si es que entendemos bien los términos. El solo hecho de que pueda formularse una pregunta por medio del lenguaje no la hace lógicamente válida o metafísicamente consistente. Por ejemplo, puede muy bien preguntarse "¿De qué color son los celos?", pero no por ello decimos que la pregunta es válida

Aun así la objeción pretende probar la contingencia de Dios apelando a que "también puede muy bien pensarse en la posibilidad de que no exista (como es que hacen los ateos)". Pero ello no prueba nada. Un ser contingente no es simplemente un ser del cual podría pensarse que no exista (ya que ello también puede pensarse de seres que no existen) sino más bien un ser que *efectivamente existe pero podría no existir* (como nosotros mismos, por ejemplo). Cuando un ateo piensa en la posibilidad de que Dios no exista no lo está pensando como un ser que efectivamente existe pero podría no existir, sino más bien como un ser que *efectivamente no existe*.

De esta manera, queda claro que del que podamos pensar en la posibilidad de que Dios no exista no se sigue que podamos coherentemente pensar que *existiendo* (como es que supone hipotéticamente la objeción) sea contingente. Sea que se piense en su existencia o su no existencia Dios *debe* ser pensado como Subsistente, nunca como contingente.

Queda, pues, en pie la tercera vía.

Objeción 5: *En rigor, la palabra "necesario" solo se aplica a aquello que se deriva necesariamente de otro principio, como es que sucede con los enunciados analíticos vacíos o tautologías lógicas (como "el triángulo tiene 3 ángulos") en los que el predicado ("tiene 3 ángulos") está contenido necesariamente en el concepto del sujeto ("triángulo"). Por tanto, hablar de un ser "necesario" que no se deriva de ningún otro es una clara contradicción adjetiva. Luego, no se prueba la conclusión de la tercera vía.*

Respuesta: La base de esta objeción es la famosa crítica que hace el filósofo alemán Arthur Schopenhauer a la prueba cosmológica de la existencia de Dios en su obra *La Cuádruple Raíz del Principio de Razón Suficiente* (1847).

Para entender bien el planteamiento de Schopenhauer primero tenemos que ubicarnos un poco en la historia de la filosofía. A finales del siglo XVIII Kant, en su *Crítica a la razón pura,* había postulado que cuando la razón quería sobrepasar los límites de la experiencia y resolver la cuestión de la existencia de un Ser Necesario (Dios) terminaba siempre cayendo en *antinomias,* es decir, dándonos buenas razones para creer y buenas razones para no creer, de modo que, al final de cuentas, no podía resolver la cuestión[117]. Luego, en su *Fenomenología del Espíritu* de 1807, Georg Hegel pretendió sortear esta dificultad diciendo que la estructura de la razón era efectivamente antinómica y que justamente por ello podía llegar al conocimiento de lo Absoluto ascendiendo en el pensamiento a través de un proceso de *evolución dialéctica* en el que progresivamente se iban superando las contradicciones (antinomias).

Pues bien, Schopenhauer rechazó todo el planteamiento de Hegel como "vana y hueca palabrería"[118] (cosa en que le damos la razón) y siendo más fiel al sistema epistemológico kantiano que el mismo Kant (que era creyente), le dio consecuencias ateas: "La crítica de Kant (…) constituye el más formidable ataque contra el teísmo", escribía[119]. En efecto: a partir del *giro epistemológico* introducido por Kant, la filosofía moderna ya no se centrará en la reflexión sobre lo *ontológico,* que es donde se ubica propiamente la cuestión de Dios.

Ahora estamos ya en condiciones de abordar la crítica de Schopenhauer. En el capítulo 8 de *La cuádruple raíz del principio de razón suficiente,* él nos dice: "El principio de razón suficiente, en todas sus formas, es el único origen y el único sustentador de todas y cada una de las necesidades, pues *necesidad no tiene otro sentido verdadero y evidente que la inevitabilidad de la consecuencia, una vez sentado el principio.* Según esto, *toda necesidad es condicionada*; necesidad absoluta, esto es, incondicional, es una *contradictio in adjecto,* pues ser necesario no puede significar otra cosa que ser consecuencia de un determinado principio"[120].

---

[117] Cfr. Immanuel Kant, *Crítica de la Razón Pura,* Ed. Taurus, 1993, p. 304.
[118] Arthur Schopenhauer, *La Cuádruple Raíz del Principio de Razón Suficiente,* Frankfurt, 1847, n. 20.
[119] Arthur Schopenhauer, *La Cuádruple Raíz del Principio de Razón Suficiente,* op. cit., n. 34.
[120] Arthur Schopenhauer, *Ibídem,* n. 49.

Aquí es evidente que Schopenhauer cae en una falacia lógica conocida como *falacia del equívoco*. Introduce el sofisma de la siguiente manera: primero, parte del concepto de *necesidad lógica* para decirnos que todo lo "necesario" está siempre condicionado por otro (a saber, las premisas o principios de los cuales deriva), y luego, en base a ese mismo concepto, nos niega la *necesidad ontológica,* diciendo que el hablar de un "ser necesario incondicionado", es decir, un Ser Subsistente, es una contradicción adjetiva. Se trata de una falacia porque confunde el plano *lógico* (del pensamiento) con el *ontológico* (del ser)[121].

Schopenhauer se da cuenta de ello e inmediatamente comienza a criticar el concepto ontológico. Escribe: "Si, por el contrario, se le quisiera definir (a lo necesario) como 'lo que no puede dejar de ser', tendríamos una simple explicación de palabras, refugiándonos, para evitar la explicación real, en un concepto abstracto"[122]. Sin embargo, no basta con decir que la definición ontológica de "ser necesario" (subsistente) es una "simple explicación de palabras" o "un concepto abstracto" para refutarlo. Es necesario mostrar, en su propio plano, que se trata de un concepto absurdo o lógicamente inconsistente. Pero al no poder hacer esto en el plano metafísico -que es el que le corresponde a este concepto-, Schopenhauer vuelve a recurrir a su falacia de confundir el plano lógico con el ontológico: "Esto [la necesidad de la existencia] solo es posible en cuanto existe un principio, del cual es consecuencia. Ser necesario y ser *consecuencia* de un principio dado son, por tanto, *conceptos equivalentes, y como tales pueden ser usados el uno en vez del otro* [aquí es más que obvio que Schopenhauer cae en la *falacia del equívoco*]. El 'ser absolutamente necesario', concepto favorito de los filosofastros, encierra, por consiguiente, una contradicción: por el predicado 'absolutamente' (es decir, no dependiente de otro alguno) se anula la condición por la cual *únicamente* lo 'necesario' es imaginable y tiene un sentido"[123]. Falso, no hay ninguna contradicción porque *sí* hay una condición bajo la cual lo "necesario" es imaginable y tiene un sentido: *la condición ontológica de subsistencia*.

---

[121] Obviamente detrás de esta falacia está el prejuicio epistemológico kantiano contra la ontología y la metafísica, pero de eso ya hemos hablado en otra parte. Véase la respuesta a la tercera objeción a la segunda vía.

[122] Arthur Schopenhauer, *Ibídem,* n. 49.

[123] Arthur Schopenhauer, *Ibídem,* n. 49. Hemos introducido nuestros comentarios entre corchetes.

Nos damos cuenta, entonces, de que en el fondo la única "base" que tiene Schopenhauer para rechazar, al menos en lo que se refiere a esta objeción, la tercera vía de Santo Tomás de Aquino es su prejuicio anti-metafísico. De ahí que tenga que dar una definición inexacta y sesgada del *principio de razón suficiente* como "que siempre, y en todas partes, cada cosa *solo puede ser mediante otra*"[124] eliminando con esto de forma *a priori* la posibilidad de que exista un Ser Subsistente que se constituya como su propia *razón de ser*. Todo un monumento (también) a la *falacia de petición de principio*.

Queda, pues, en pie la tercera vía.

Objeción 6: *Según se había dicho en la primera parte, aquí se considera al argumento ontológico como inválido para demostrar la existencia de Dios. Ahora bien, si eso es así, habría que decir lo mismo del argumento de la contingencia pues este, en su último paso, termina presuponiendo el ontológico. En efecto: si bien parte de la experiencia para llegar a la noción de un ser necesario, una vez ahí abandona toda referencia empírica y, sirviéndose de meros conceptos, concluye que el ente necesario se identifica con el ente realísimo, es decir, Dios. Luego, no se prueba la conclusión de la tercera vía.*

Respuesta: He aquí la famosa crítica kantiana al argumento de la contingencia. Para Kant, este argumento es el "colmo de la ilusión especulativa" pues "trata de producir la impresión de que parte de la experiencia y no de la idea de Dios" siendo que "no se sirve de esta experiencia más que para un único paso: el requerido para llegar a un ser necesario. Sobre cuáles sean las propiedades de este, el argumento empírico no puede informarnos" de modo que "abandona la razón en este punto para investigar, sirviéndose de meros conceptos, qué propiedades debe poseer un ser absolutamente necesario". Entonces, "la razón cree encontrar tales propiedades únicamente en el concepto de un ser realísimo, concluyendo luego que este es el ser absolutamente necesario". De esta manera "se presupone que el concepto de un ser de realidad suprema satisface plenamente el concepto de necesidad absoluta de existencia, es decir, que se puede inferir lo último de lo primero, lo cual constituye una proposición sostenida por el argumento ontológico" de forma que "toda la fuerza demostrativa contenida en el llamado argumento cosmológico no consiste, pues, en otra cosa que en el argumento ontológico"[125].

---

[124] Arthur Schopenhauer, *Ibídem*, n. 52.
[125] Immanuel Kant, *Crítica de la Razón Pura,* Ed. Taurus, 1993, p. 372.

Vemos, pues, en síntesis, que la estrategia global de Kant en esta argumentación es la siguiente: 1) Sentar la invalidez del llamado argumento ontológico, que intenta probar la existencia de Dios a partir de la sola noción de Dios, es decir, con meros conceptos *a priori*. 2) Hacer depender a todos los demás argumentos de la existencia de Dios -en especial el de la contingencia- del argumento ontológico, de modo que la invalidez de este entrañe ya la invalidez de los otros.

A continuación nuestro análisis crítico de la crítica kantiana:

Lo primero que hay que decir es que en su explicación del argumento de la contingencia Kant comete una tremenda *falacia de blanco móvil*. ¿Dónde? Pues en la parte en que sostiene que el argumento de la contingencia (que él llama "cosmológico") implica el ontológico porque presupone que "el Ser Realísimo es el Ser Necesario". En ninguna parte de la enunciación de nuestro argumento, ni tampoco en la enunciación tomista, existe una premisa que diga eso. Es más, como habíamos señalado en la explicación de la cuarta premisa, la gran ventaja de nuestro argumento, tal como lo hemos formulado, es que nos permite llegar directamente a la existencia del Ser Subsistente (Dios) sin tener la necesidad de seguir pasos adicionales (o de presuponer argumento ontológico alguno).

No obstante, para darle gusto a Kant, explicaremos cómo es que se puede identificar al Ser Necesario con el Ser Realísimo (Dios) sin necesidad de asumirlo *a priori*. El razonamiento que nos permite identificar el Ser Necesario con el Ser Realísimo dice así:

1. *El Ser Necesario es Incausado*: Efectivamente, como vimos en la segunda vía, todo lo contingente es causado y también todo lo causado es contingente, ya que recibe el ser de otro y, por ende, no subsiste de por sí. Luego, el ser Necesario, por no ser contingente, debe ser Incausado.
2. *El Ser Incausado es el Ser Subsistente*: El Ser Incausado, por el mismo hecho de serlo, no puede recibir el ser de otro y, por consiguiente, debe existir pura y plenamente por Sí mismo. Luego, el Ser Incausado debe ser Subsistente.
3. *El Ser Subsistente es el Ser Realísimo*: Si, como es evidente, el Ser Subsistente es la plenitud originaria del ser, debe ser también absolutamente real ya que todo lo que es real lo es por el ser. Luego, el Ser Subsistente es el Ser Realísimo.

Aun así, como ya hemos dicho, esta demostración no resulta en modo alguno necesaria para nuestro argumento. Solo es necesaria para dejar más en evidencia la insubsistencia de la *artificiosa* estratagema crítica kantiana: introducir como sea el argumento ontológico, ya previamente descalificado, dentro del argumento de la contingencia a fin de poder descalificar también a este. Por tanto, ello nos muestra claramente la verdadera intencionalidad de la crítica kantiana: *constituirse como un arma de guerra contra las pruebas de la existencia de Dios a las que hay que destruir sea como sea para (supuestamente) "dar espacio a la fe".*

Pero incluso si concediéramos a Kant su caprichosa deformación del argumento de la contingencia, este no cae, como cree él, en el vicio del argumento ontológico. Es cierto que si deducimos, incluso válidamente, de la noción de Ente Realísimo la noción de Ente Necesario no por ello podemos afirmar su existencia real. Pero en el argumento, *incluso en la forma en que Kant lo presenta, la existencia real del Ente Necesario ya está asegurada por los pasos anteriores*. Luego, si es válida la inferencia que vincula al Ser Necesario con el Ser Realísimo, la existencia *real* ya asegurada del primero implica del segundo *sin argumento ontológico alguno*.

Todavía más, dicha deducción, como hemos visto, no va del Ser Realísimo al Ser Necesario sino más bien al revés. Pero esto cambia totalmente la cuestión porque entonces, en vez de estar partiendo de un concepto de un ente posible para llegar a una existencia real (argumento ontológico), estamos *partiendo* de una existencia *real* (no experimentada, cierto, pero sí demostrada en forma apodíctica como condición *sine qua non* de la existencia de los seres contingentes). De ahí que el filósofo tomista Jacques Maritain diga: "Si he comenzado por establecer que un ser absolutamente necesario *existe*, evidentemente tengo el derecho de concluir que este ser, de cuya existencia estoy enterado, posee una perfección suprema *que también existe*. De este modo procede Santo Tomás. Comenzando *no por un concepto sino con la experiencia*, ha demostrado ante todo que la causa primera o la necesidad primera o el ser primero o la inteligencia primera existe; y es al estar asegurado de esa existencia que concluye que tal ser es un acto puro y una perfección infinita; *de este modo pasa de lo real a lo real, de ningún modo de lo ideal a lo real. Declarar que eso es suponiendo el argumento ontológico y concluyendo en virtud de él, es completamente sofístico*"[126].

---

[126] Jacques Maritain, *El Sueño de Descartes,* Ed. Biblioteca Nueva, Buenos Aires, 1947, p. 131.

Poniéndolo esquemáticamente podríamos decir que si *por un lado* establecemos una relación necesaria entre X e Y, y *por otro lado* establecemos la existencia de X, entonces tenemos asegurada la existencia de Y en virtud del principio de no contradicción: si X es necesariamente Y, e Y es necesariamente X, *no puede suceder que exista X sin que exista Y*.

Ahora bien, en nuestro argumento X es el Ser Necesario e Y el Ser Realísimo. De esta manera tenemos que en nuestra prueba de la existencia de Dios a partir de la contingencia de los seres el razonamiento va primero de la *experiencia* a la existencia *real* de un Ser Necesario, y de la existencia *real* de un Ser Necesario a la existencia *real* del Ser Realísimo (Dios), con la mediación de la noción de la identidad entre la esencia del Ente Necesario y el Ser Subsistente, y de la identidad entre el Ser Subsistente y el Ser Realísimo. *No hay aquí argumento ontológico alguno.*

Queda, pues, en pie la tercera vía.

CAPÍTULO 4
CUARTA VÍA: EL ARGUMENTO DE LOS GRADOS DE PERFECCIÓN

Enunciación

La cuarta vía para demostrar la existencia de Dios se funda en los grados de perfección de los seres y se estructura como sigue:

1. Vemos que existen diversos grados y formas de perfección en los seres.

2. Pues bien, dado que en estos seres encontramos que se da la perfección en algún grado o forma, ello solo nos deja dos posibilidades: que tengan esta perfección por sí mismos o que la reciban de otro ser. Pero es imposible que los seres de nuestra experiencia tengan la perfección por sí mismos porque, si así fuera, ésta se agotaría en ellos, lo cual es evidentemente falso porque -como nos muestran nuestras mismas percepciones- la tienen limitada en grado y forma. Por tanto, reciben su perfección de otro ser.

3. Ahora bien, si este ser del cual reciben sus perfecciones todos los demás recibiera a su vez sus perfecciones de otro, tendríamos que seguir así *ad infinitum* y jamás podríamos encontrar perfección alguna en los seres de nuestra experiencia, cosa falsa a todas luces. Por consiguiente, debe haber un ser que tenga la perfección por sí misma y en grado máximo que sea la causa de las perfecciones de todos los demás seres en sus diferentes grados y formas.

4. Este ser esencial y máximamente Perfecto que se constituye como la causa de las perfecciones de todos los demás seres en sus diferentes grados y formas, es Dios.

5. Luego, Dios existe.

Explicación de premisas

Premisa 1: "Existen diversos grados de perfección en los seres".

Efectivamente, entendida aquí la perfección y sus formas como una cualidad de orden *ontológico* (del ser), es claro que percibimos que existen diversos grados y formas de perfección en los seres.

Así, por ejemplo, en cuanto al *grado* encontramos personas más o menos inteligentes o más o menos buenas que otras; y en cuanto a la *forma* distinguimos, por ejemplo, entre la belleza de una mujer, la de una pieza musical y la de una construcción arquitectónica, siendo todas estas, aun así, "bellezas". Asimismo, entendiéndose la "nobleza" como aquello que denota una cierta superioridad ontológica por poseer alguna capacidad o cualidad más elevada (intelecto, vida, etc.), nadie duda que el hombre es más perfecto o noble que el animal, el animal más que el vegetal, y el vegetal más que el mineral. He ahí, entonces, la *scala naturae* de la que nos hablaba Aristóteles y que nos muestra la continuidad del ser en el orden sensible por medio de una dinámica ascendente de perfecciones.

Para dejar esto claro y evitar confusiones o equívocos, citemos en extenso al Dr. Michael Augros, del Thomas Aquinas College. En su clarificador *paper* "Doce Cuestiones Sobre la Cuarta Vía", él escribe: "Santo Tomás no está hablando aquí sobre la adecuación de las cosas para propósitos o consideraciones humanas, sino sobre su excelencia o nobleza intrínseca. Un animal es más noble que una planta, no solo por ciertos usos humanos, sino porque la vida animal es más completa o perfecta que la vida vegetal (…). Un hombre es más noble que una bestia dado que por su razón es en cierto modo capaz de llegar a ser cualquier cosa. (…) Podría ser verdad que una planta es en cierto aspecto superior a un animal, o un animal es en algún aspecto mejor que un ser humano, pero de todos modos seguirá siendo cierto que el animal es simplemente mejor que la planta, y el hombre que el animal. Un águila, por ejemplo, tiene un poder de visión que es superior a la visión humana, así que el águila es mejor que el hombre en ese aspecto. Sin embargo, desde que el hombre tiene un poder, a saber, la razón, que es superior a cualquier tipo de visión corporal (en testimonio de lo cual tenemos que todo hombre preferiría perder su vista en lugar de perder su mente), él permanece como superior al águila en términos simples. A su vez, una secoya tiene una longevidad mayor a la del hombre, así que es superior en ese aspecto. No obstante, ningún hombre cambiaría todos sus sentidos por la longevidad de una secoya, lo cual muestra la eminente superioridad de la vida sensitiva a la vida meramente vegetativa"[127].

---

[127] Michael Augros, "Twelve Questions About The Fourth Way", *The Aquinas Review*, vol. 12, 2005, pp. 4-5.

Premisa 2: "*Toda perfección limitada, en grado o forma, debe ser causada por otro*".

Una vez que notamos que en los seres de nuestra experiencia se da la perfección en distintos grados y formas, ello solo nos deja dos posibilidades: que tengan esta perfección por sí mismos, es decir, por *esencia*, o que la reciban de otro ser, es decir, por *participación*[128].

El problema es que si tomamos la primera posibilidad nos encontramos inmediatamente con una grave dificultad. En efecto, si los seres de nuestra experiencia tuvieran sus perfecciones por *esencia*, ello implicaría que dichas perfecciones se agotarían en ellos pues no habría ninguna *razón de ser particular* que lo impida. Pero ello contradice evidentemente nuestras percepciones: la persona más inteligente no agota en sí toda la perfección de la inteligencia porque siempre es posible que haya alguien más inteligente o conozca mejor otras cosas, y la mujer bella no agota toda la perfección de la belleza porque no incluye en sí la belleza propia de la pieza musical o de la construcción arquitectónica. En consecuencia, dado que ninguna perfección puede pertenecer por *esencia* a los seres de nuestra experiencia ya que siempre la tienen limitada en grado o forma, es necesario aceptar que la tienen por *participación*, es decir, causada por otro.

Premisa 3: "*No es posible una cadena infinita de transferencia de perfecciones; por tanto, es necesario llegar a un ser esencial y máximamente Perfecto*".

Ahora bien, si todo ser que tiene una determinada perfección, siendo ésta limitada en grado y/o forma, la tiene recibida de otro, podría darse el caso de que este segundo tenga la suya recibida de un tercero y así sucesivamente *ad infinitum*. Pero ello es imposible porque si así fuera, dado que tendría que pasar un proceso infinito de transmisión de perfecciones participadas, jamás podríamos encontrar perfección alguna en los seres de nuestra experiencia, lo cual es evidentemente falso. Por tanto, es necesario llegar a un ser esencial y máximamente Perfecto, es decir, que tenga la perfección por sí mismo y sin ninguna limitación.

---

[128] Para profundizar al respecto, véase: Joseph Koterski, "The Doctrine of Participation in Thomistic Metaphysics", in: Deal Hudson and Dennis Moran eds., *The Future of Thomism*, American Maritain Association, 1992.

Ilustremos lo anterior por medio de una analogía (aunque imperfecta, claro está): imaginemos que nos estamos calentando con un determinado objeto. Entonces nos planteamos la cuestión de si este tiene el calor por esencia, es decir, en sí mismo, o participado, es decir, recibido de otro. Al instante nos damos cuenta de que recibe su calor de un segundo objeto. Y este segundo objeto de un tercero y así sucesivamente. ¿Pensaremos por ello que la cadena de transmisión de calor es infinita? De ningún modo. Si nos estamos calentando es justamente porque el proceso de transmisión de calor es finito. Por tanto, nos vemos compelidos a pensar (incluso si no lo vemos) que existe un objeto que tiene el calor por sí mismo y no recibido por otro que lo transmite a todos los demás, como el fuego (o el movimiento de las partículas subatómicas que lo generan).

Premisa 4: "Este ser esencial y máximamente Perfecto es Dios".

En el paso anterior hemos establecido la *existencia efectiva* de un ser esencial y máximamente Perfecto que es el fundamento de las perfecciones de todos los demás seres en sus distintos grados y formas. Ahora tenemos que demostrar que dicho ser se identifica con Dios.

Pues bien, todo lo que es perfecto lo es en cuanto tiene una plena correspondencia con un modo particular de ser. Así algo es perfectamente cuadrado en cuanto su forma se corresponde plenamente con la "cuadratura". Por tanto, algo será esencial y máximamente Perfecto en cuanto tenga una correspondencia plena con el ser *en general*, sin ninguna limitación de grado o forma, ya que todas estas limitaciones tienen que ver con el ser *en particular*. Pero ello es justamente lo que corresponde exclusivamente y en grado sumo al Ser Subsistente, es decir, a Dios. Luego, el ser esencial y máximamente Perfecto es Dios.

Premisa 5: "Luego, Dios existe".

Partiendo de los grados de perfección de las cosas hemos demostrado la imposibilidad de que éstos puedan ser plenamente explicados por sí mismos tal como aparecen en los seres de nuestra experiencia, siendo necesario que postulemos la *existencia efectiva* de un Ser Perfectísimo. A continuación hemos demostrado que este Ser Perfectísimo se identifica con Dios. Por tanto, dado que en un razonamiento deductivo si las premisas son verdaderas ha de aceptarse necesariamente la conclusión so pena de irracionalidad, debemos aceptar que Dios existe. Luego, Dios existe.

Objeciones y respuestas

Objeción 1: *El presente argumento tomista no tiene valor probatorio desde que cae en el mismo vicio que el argumento ontológico. En efecto, al ser las perfecciones nada más que valoraciones subjetivas de la mente, el deducido "ser máximamente perfecto" existirá solo en la mente pero no necesariamente en la realidad. Luego, no se prueba la conclusión de la cuarta vía.*

Respuesta: Esta es la objeción que salta a primera vista. Pero, si damos una "segunda vista", nos daremos cuenta de que se trata de un simple malentendido ya que, como se dijo al inicio de la explicación de la primera premisa, esta vía conceptúa a la perfección desde la perspectiva *ontológica* (del ser) y no *axiológica* (de las valoraciones). Y es que en la filosofía tomista la palabra "perfección" tiene que ver más con la actualización concreta de los seres en el orden entativo que con una cualidad estética o apelación valorativa. Está bien que estemos acostumbrados a hablar de la perfección en el segundo sentido pero, si se quiere hacer una crítica o análisis riguroso de este argumento para la existencia de Dios, es absolutamente necesario estudiarlo en su correcta terminología y contexto, y más aun teniendo en cuenta que varios de los más prestigiados filósofos tomistas lo consideran como el más complicado de entender e interpretar de entre las cinco vías[129].

Pero tampoco es para asustarse. Una vez que se entiende que la perfección se está tomando en sentido ontológico y que lo que hace esta vía es buscar el sustento último de la misma en los diversos grados y formas en que se presenta en los seres de nuestra experiencia, la tarea no resulta tan difícil. Y es que "en su estructura esta demostración es todavía idéntica a las tres primeras. Comienza con ciertos datos de la experiencia (…) llamados verdad, bondad, belleza (…) y todas las perfecciones puras o trascendentes (…). Como en el caso de las primeras tres pruebas, algo respecto de los datos se muestra como insuficiente, por lo que implica un algo previo de lo cual esto se deriva y depende. *El argumento entonces procede, por la vía del principio de causalidad, hacia una causa autosuficiente adecuada para esos datos*. Finalmente, concluye que solo la perfección absoluta, el Ser Supremo, subsistente en sí mismo, puede dar cuenta de las perfecciones relativas y limitadas que se hallan en el mundo sensible"[130].

---

[129] Cfr. Etienne Gilson, *The Philosophy of St. Thomas Aquinas*, Ed. Dorset, 1929, p. 86.
[130] Brother Benignus, *Nature, Knowledge, and God*, Bruce Publishing Co., 1947, p. 475.

Así que el argumento tomista parte de la estructura de lo real -percibida, por supuesto y como no podría ser de otro modo, desde nuestro intelecto- y no de una mera idea arbitraria sin correlato ontológico. Las diversas perfecciones son parte del ser mismo de los entes y los estructuran como tales, de modo que no son simples ideas heterogéneas a ellos. Luego, dichas perfecciones *reales* requieren de algo *real* que las explique y fundamente, y es por allí que va el argumento tomista. El ya citado filósofo tomista Michael Augros coincide en esto cuando escribe: "Un segundo modo en que uno puede explicar cómo Santo Tomás espera que veamos la necesidad de un máximo es argumentar que las cosas que poseen un grado de perfección menor que el que es posible *deben poseerlo a través de una causa* (…). Si la perfección en cuestión es algo que todas las cosas poseen o que puede ser causado solo por los agentes que la poseen, o que no implica imperfección en su definición, entonces la última causa de la perfección debe también tener tal tipo de perfección, y en el máximo grado posible. Por tanto, *el razonamiento de lo inferior a lo máximo es simplemente un argumento del efecto a la causa*"[131].

En consecuencia, es legítimo deducir que el ser Perfecto existe no solo en la mente sino también en la realidad.

Queda, pues, en pie la cuarta vía.

Objeción 2: *En esta vía Santo Tomás de Aquino cae ridículamente en una falacia non sequitur al suponer que el que algo sea el máximo de una escala u orden hace que sea la causa de todas las cosas de esa escala u orden. La estrella más grande del universo no es causa de que existan las demás. El elefante más grande de África no es el padre de todos los demás elefantes. Luego, no se prueba la conclusión de la cuarta vía.*

Respuesta: Esta objeción demuestra nuevamente una completa ignorancia acerca del *trasfondo metafísico* en que se basa esta vía tomista. Y es que aquí el santo, al examinar los diversos grados de perfección en las cosas, no está partiendo de cualquier "más o menos", sino de las perfecciones "simples" o "puras", que indican cualidades absolutamente perfectas en su misma esencia y noción, sin posibilidad de defecto.

---

[131] Michael Augros, "Twelve Questions About The Fourth Way", *The Aquinas Review*, vol. 12, 2005, pp. 13-14.

De este modo, este tipo perfecciones deben entenderse como opuestas a las "mixtas" o "compuestas", que contienen necesariamente deficiencias en su propio ser y concepto. Clara muestra de que en la presente vía Santo Tomás de Aquino toma como punto de partida el primer tipo de perfecciones y no el segundo es que comienza nombrando *perfecciones puras* tales como la bondad, la verdad y la nobleza (belleza) e inmediatamente luego de decirnos que se presentan en distintos grados en los seres añade que "lo mismo sucede con las demás perfecciones *de este tipo*"[132].

Ahora bien, ¿qué tipo de perfecciones son las propias de la "mole corpórea" (como son las que refiere la objeción con los ejemplos de la "gran estrella" y el "gran elefante africano")? Pues obviamente del segundo tipo. Y es que la cantidad, el tamaño y la vastedad espacial implican necesariamente imperfección, composición y defecto desde su propia definición y concepto pues no pueden darse nunca de modo ilimitado. Así, por ejemplo, es absurdo pensar en un cuerpo infinitamente grande dado que todo cuerpo implica medida y, por tanto, límite. Y no solo eso. Postular tal cosa como un cuerpo infinitamente grande (o, si se quiere, un universo espacialmente infinito) puede llevarnos a varios absurdos lógicos como el sostener que si desapareciera la mitad de dicho cuerpo quedaría todavía una cantidad infinita de este, es decir, ¡tanto como al comienzo!

Por consiguiente, no tiene cabida en el argumento tomista la estrella más grande "mamá" de todas las demás estrellas del universo o el elefante más grande "papá" de todos los elefantes de África.

En cuanto a aquello de que el aquinate comete una *falacia non sequitur* "al suponer que el que algo sea el máximo de una escala u orden hace que sea la causa de todas las cosas de esa escala u orden" hay que decir que no solo se ignora la naturaleza *metafísica* de las perfecciones puras -que son a las que nos estamos refiriendo- sino también los pasos intermedios que hemos seguido en la explicación de la vía para llegar a dicha conclusión.

---

[132] Santo Tomás de Aquino, *Suma Teológica,* Ia, q. 2, art. 3, rpta.

Por tanto, podemos decir que no es Santo Tomás de Aquino quien "cae ridículamente en una *falacia non sequitur*" sino que es la objeción la que comete una grave *falacia ad ridiculum* al ridiculizar el argumento de Aquino -introduciendo a su burlesca estrella "mamá" y a su todavía más burlesco elefante "papá"- para luego descalificarlo sin mayor comprensión o entendimiento de su profundidad filosófica y metafísica.

Adicionalmente hay que considerar que, al llegar a la noción de ser esencial y máximamente Perfecto, la vía no está diciendo simplemente que no hay un ser más perfecto sino más propiamente que *no puede haberlo*, lo cual es exactamente todo lo contrario de lo que ocurriría con la estrella más grande del universo y el elefante más grande de África.

Entonces, el principio metafísico aristotélico-tomista respecto del ser esencial y máximo no hay que tomarlo de modo ciego y burdo sino entenderlo en su *correcto contexto filosófico* conforme a sus condiciones de aplicación. Al respecto, Augros escribe: "El principio de la cuarta vía es (...) que *el máximo en una categoría es la causa de todo en la categoría*. ¿Cuándo esto debe ser verdad? Toda vez que se cumplan dos condiciones: 1) Cuando las cosas en el género necesitan una causa, y 2) cuando no es posible para la causa de las cosas en el género estar fuera de ese género. (...) En el caso de la cuarta vía nosotros estamos hablando de bondad, verdad y nobleza. Estas categorías se aplican a todas las cosas, o al menos no implican ninguna imperfección en su definición, y por tanto es necesario para cualquier causa de estas cosas el tener bondad, veracidad y nobleza, y más que sus efectos. En otras palabras, la segunda condición es satisfecha en el caso de las perfecciones nombradas en la cuarta vía, y por tanto *el máximo en la categoría deber ser la causa de todas las otras cosas en la categoría*"[133].

Así que no se ve tal cosa como una aplicación irrestricta del principio como es que pretende la objeción con sus ridículos ejemplos. Es más, el propio Santo Tomás de Aquino cita casos en que este no aplica como cuando dice que "el hombre, que es la más perfecta especie de animal, no es la causa activa de las otras especies"[134].

---

[133] Michael Augros, "Twelve Questions About The Fourth Way", *The Aquinas Review*, vol. 12, 2005, p. 24.
[134] Santo Tomás de Aquino, *Quaestiones Quodlibetales*, IIIa, q. 3, art. I.

Y es que el hombre no calificaría como causa al tratarse de un ser posterior o deviniente. Dios, en cambio, por su condición de tal, siempre sería ontológicamente precedente a todos los seres y sus perfecciones estructurantes y, por tanto, constituye un candidato pertinente de causa conforme a las condiciones que menciona Augros permaneciendo dentro de la categoría de los trascendentales de bondad, verdad y nobleza pero de modo absolutamente eminente como Bondad Suprema, Verdad Absoluta y Nobleza Máxima.

Queda, pues, en pie la cuarta vía.

Objeción 3: *Al postular la existencia de perfecciones universales por separado de los seres particulares que poseen dichas perfecciones, la vía asume una posición universalista de tendencia idealista y en específico platónica, pues implícitamente concibe a los "universales ideales" como los únicos verdaderamente existentes y a los "seres particulares reales" como solo aparentes. Pero muy bien puede tomarse una posición nominalista de tendencia materialista y afirmar que únicamente existen los particulares de nuestra experiencia y que los llamados "universales" no son más que meros "nombres" que inventamos para agrupar sus características. Luego, no se prueba la conclusión de la cuarta vía.*

Respuesta: Esta objeción consta de dos partes, a saber: una crítica al "universalismo" y una defensa del "nominalismo". Por tanto, nuestra respuesta habrá de abordar estas dos cuestiones. Pero antes es necesario aclarar algunos términos.

Indudablemente los términos "universalismo" y "nominalismo" nos llevan a considerar el famoso *problema de los universales*. El centro de este debate -desarrollado principalmente hacia fines de la Edad Media (aunque en realidad venía desde los griegos)- era si existían o no los llamados "universales" y cuál era su relación con los "particulares". Se suscitaron dos posturas extremas. Por un lado, estaban los *nominalistas,* para quienes lo único que realmente existía eran los "particulares", siendo que los "universales" no eran más que meros "nombres" (*nóminas*) que utilizábamos para designar a éstos. Y, por otra parte, estaban los *universalistas,* para quienes lo único que realmente existía eran los "universales", siendo que los "particulares" no eran más que meras "participaciones" de éstos. Así, para los nominalistas lo único que realmente existiría serían "los hombres" (particulares) y la llamada "naturaleza humana" (universal) no sería más que un concepto que hemos inventado para agrupar las características comunes de los hombres y, en cambio, para los universalistas lo único que realmente existiría sería la "naturaleza humana" (universal) y los "los hombres" (particulares) no serían más que meras participaciones de ésta.

Ya estamos, entonces, en condiciones de examinar la objeción. Lo primero que hace ésta es acusar a la vía tomista de caer en un "universalismo idealista" al "postular la existencia de perfecciones universales por separado de los seres particulares" diciendo que en ello se deja entrever claramente una "tendencia platonista", en obvia alusión a la famosa *teoría de las Ideas* de Platón según la cual lo único que en verdad existe son las "Ideas" del mundo suprasensible y las cosas materiales del mundo sensible no son más que meras "participaciones" imperfectas de éstas y, por tanto, existen solo en apariencia[135].

Pues bien, con respecto a esto hay que decir que la objeción comete una grave *falacia de blanco móvil*. En efecto, aquí -como el lector atento ya se habrá dado cuenta- no estamos en ningún momento asumiendo (y menos defendiendo) una postura "universalista idealista" de tendencia "platónica" como es que pretende la objeción sino más bien una postura *ontológica realista* de corte *aristotélico-tomista*. ¿Qué quiere decir esto? Que no creemos que los "universales" existan por sí mismos de forma separada de los particulares, y menos todavía que existan como "ideas" (platónicas) de las cuales los particulares son meras apariencias. Al contrario, siguiendo a Santo Tomás de Aquino y a Aristóteles, postulamos que el pretendido "problema de los universales" se trata en realidad de un *falso dilema*. Particulares y universales tienen una unidad intrínseca y se implican mutuamente. Es clara, pues, nuestra postura ontológica realista: no es el "ser" un puro "general indeterminado" (universalismo) ni un mero "particular determinado" (nominalismo) sino más bien *todo lo determinado en cuanto está determinado*. De este modo, el "ser" no es propiamente ni un "particular" ni un "universal". Es más bien un *trascendental* implicado en todas las cosas existentes; pero no de modo "unívoco", es decir, aplicándose a todas del mismo modo, ya que así no incluiría sus diferencias que son también *realmente* existentes, sino más bien de modo "análogo", es decir, diciéndose de cada una de las cosas

---

[135] Para una excelente ilustración de esto véase la famosa "alegoría de la Caverna" en: Platón, *La República*, Lib. VII.

existentes en un sentido en parte igual y en parte diferente, con lo cual incluye en sí *todas las perfecciones particulares*.

Resulta todavía más claro que este es el enfoque que estamos utilizando porque, para derivar la perfección *trascendental*, *no excluimos la diferencia de la perfección particular* sino que, considerándola *realmente existente*, mostramos su limitación al momento de explicar la *totalidad de la perfección* al compararla con otra perfección particular realmente existente en otro ser. Así, por ejemplo, tenemos que si bien una mujer es bella, una pieza musical también lo es, siendo que -justamente por causa de sus diferencias- ninguno de los dos agota de por sí toda la perfección de la belleza que de todos modos les es común. Por tanto, dado que "lo diverso no puede ser razón de lo uno", es necesario remontarnos a una *belleza trascendental* que incluya en sí todos los grados y formas de belleza particular. Y es que, como bien dice Aquino: "Es necesario que, si algo que es *uno*, se encuentra comunitariamente en *muchos*, sea causado en ellos por *una causa única*; pues no es posible que lo que es poseído en común, le convenga a cada uno por sí mismo, dado que uno y otro (y todos) se distinguen entre sí, *según lo que cada uno es*"[136].

Ya bien establecida nuestra posición podemos ahora criticar la de la objeción. En específico, como la misma objeción dice, se defiende una "posición nominalista de tendencia materialista" de acuerdo con la cual "únicamente existen los particulares de nuestra experiencia y los llamados 'universales' no son más que meros 'nombres' que inventamos para agrupar sus características comunes".

Evidentemente el gran problema de esta postura es que no solo no logra dar una solución satisfactoria al problema que pretendía resolver -el problema de los universales- sino que termina eludiéndolo. En efecto, al decir que únicamente existen los particulares y los universales son meros nombres que utilizamos para agrupar sus características comunes, el nominalismo no nos da ninguna explicación metafísica de por qué un grupo de cosas pueden ser similares o estar de acuerdo en un atributo. Decir que no existe ninguna "naturaleza humana" sino únicamente "hombres" no nos da ninguna explicación de por qué los "hombres" son "hombres".

---

[136] Santo Tomás de Aquino, *De Potentia*, q. 3, art. 5.

Y no solo eso. Al asumir un enfoque materialista en el que solo se puede aceptar la existencia diversa de lo sensible y cambiante, este tipo de nominalismo termina destruyendo la noción misma de *esencia* y *ser* y, en consecuencia, hace imposible cualquier filosofía (incluida la nominalista).

Queda, pues, en pie la cuarta vía.

Objeción 4: *Santo Tomás de Aquino comete una falacia de petición de principio al suponer que la máxima verdad se identifica con el máximo ser (Dios), ya que no solo no se demuestra, sino que esa es una evidente confusión entre el plano epistémico (verdad) y el plano ontológico (ser). Luego, no se prueba la conclusión de la cuarta vía.*

Respuesta: Falso. Santo Tomás de Aquino no está cayendo en ninguna *falacia de petición de principio* porque, al contrario de lo que dice esta objeción, sí demuestra que la verdad se identifica con el ser y, a su vez, que la máxima verdad se identifica con el máximo ser (Dios). El detalle es que dicha demostración no la realiza en la misma vía, que se ubica en la cuestión 2 de la *Suma Teológica,* sino más adelante, al tratar el problema de la verdad en la cuestión 16. Pero ello obviamente no representará ninguna dificultad para la persona intelectualmente honesta que para criticar a un determinado pensador primero se adentra en su pensamiento y obra (cosa que no parece haber sucedido para el caso de la presente objeción).

Ahora bien, ¿cómo demuestra Santo Tomás de Aquino que Dios es la máxima verdad? Simple: analizando el concepto mismo de *verda*d. De acuerdo con él "lo verdadero está en las cosas y en el entendimiento"[137]. En otras palabras, el problema de la verdad tiene tanto un aspecto *ontológico* como *epistemológico.* Analicemos estos dos aspectos.

En cuanto al aspecto ontológico (énfasis en el *objeto*) tenemos que "lo verdadero que hay en las cosas se identifica con el ser sustancialmente"[138] y que, por tanto, resulta obvio que el ser se identifica con la verdad y el máximo ser con la máxima verdad.

---

[137] Santo Tomás de Aquino, *Suma Teológica,* Ia, q. 16, art. 3, sol. 1.
[138] Santo Tomás de Aquino, *Suma Teológica,* Ia, q. 16, art. 3, sol. 1.

Y no solo eso. Dado que, de acuerdo con este enfoque, "el ser entra en la razón de lo verdadero"[139] tendremos que, como dice Aristóteles, "un ser es verdadero por excelencia cuando los demás seres toman de él lo que tienen de verdad (...). En igual forma, el ser primero, que es la causa de la verdad en los seres que se derivan de él, es igualmente la verdad por excelencia. (...) De manera que *tal como es la dignidad de cada cosa en el orden del ser, es su dignidad en el orden de la verdad*"[140]. Resulta, pues, evidente a partir de aquí que Dios es la máxima y esencial Verdad.

Analicemos ahora el aspecto epistemológico (énfasis en el *sujeto*). De acuerdo con este "la verdad se encuentra en el entendimiento en cuanto que aprehende las cosas como son; y en las cosas en cuanto que son adecuables al entendimiento", siendo que "todo esto es así en Dios en grado sumo. Pues su ser no solo se conforma a su entendimiento, sino que también es su mismo entendimiento (por causa de su simplicidad metafísica). Y su conocer es la medida y causa de cualquier otro ser y entendimiento. Y Él mismo es su ser y su conocer. Por lo tanto, en Él no solo está la verdad, sino que Él mismo es la primera y suma verdad"[141].

No se encuentra, pues, ninguna petición de principio en la vía tomista sino más bien, como ya es costumbre, una falta de entendimiento de la misma puesto que, como explica bien Wippel, Santo Tomás de Aquino "tiene aquí en mente aquella *cualidad presente en cualquier ser* en virtud de la cual puede ser comprendido por el intelecto o lo que se llamaría la inteligibilidad del ser"[142]. En otras palabras, el argumento tomista no está apelando al valor de verdad en términos de *validez formal* de una proposición sino en términos del *contenido ontológico* de aquello de lo que trata la proposición. Así, en este contexto, ya no tiene que causar extrañeza que Santo Tomás hable de cosas "más o menos verdaderas" al inicio de la vía pues si bien es cierto que en el plano lógico una cosa real es tan "verdad" como otra, en el plano ontológico no todas las cosas tienen la misma importancia. Así, por ejemplo, se puede decir en este segundo sentido que la causa es "más verdadera" que el efecto por cuanto todo lo que el efecto tiene de "verdad" lo es por cuanto fue causado. Por tanto, "la ´máxima verdad´, es decir, la

---

[139] Santo Tomás de Aquino, *Suma Teológica*, Ia, q. 16, a. 1, sol. 3.
[140] Aristóteles, *Metafísica*, Libr. II, cap. 1, 993b.
[141] Santo Tomás de Aquino, *Suma Teológica*, Ia, q. 16, art. 5, rpta.
[142] John Wippel, *Thomas Aquinas: Contemporary Philosophical Perspectives*, Oxford University Press, 2002, p. 180.

Verdad en sí misma es y debe ser aquello sin lo cual no habría ni ser ni verdad, la Verdad Necesaria respecto de la cual todas la otras verdades son contingentes"[143]. Y evidentemente esta Verdad se trata de Dios.

Queda, pues, en pie la cuarta vía.

Objeción 5: *De acuerdo con esta vía, dado que existen diversos grados de bondad, verdad y belleza en los seres, debe haber un ser Óptimo, Verdaderísimo y Bellísimo que sea el fundamento de estas cualidades y que es Dios. Sin embargo, si seguimos esa línea de razonamiento también podríamos decir que, dado que observamos diversos grados de maldad, falsedad y fealdad en los seres, debe haber un ser Malísimo, Falsísimo y Feísimo que sea el fundamento de todas estas características. Y lo mismo puede decirse respecto de la hediondez o alguna otra propiedad extraña o indeseable. Luego, no se prueba la conclusión de la cuarta vía.*

Respuesta: Esta objeción ha sido varias veces propuesta por muchos ateos para burlarse de la cuarta vía tomista. Ahí tenemos por el ejemplo al científico ateo (más conocido por ateo que por científico) Richard Dawkins quien en su libro *El Espejismo de Dios*, refiriéndose a esta vía, escribe: "¿Es eso un argumento? Usted podría decir también que la gente varía en hediondez pero que nosotros podemos hacer la comparación solo en referencia a un máximo perfecto de hediondez concebible. En consecuencia obligatoriamente debe existir un ser prominentemente hediondo sin par, y nosotros lo llamamos Dios. O sustituir cualquier otra dimensión de comparación que a usted le guste, y derivar una equivalentemente conclusión fatua"[144].

Sin embargo, dicha objeción no tiene ni pies ni cabeza, de modo que cuando Dawkins dice -refiriéndose a la presente vía- "¿Es esto un argumento?" podemos responderle diciendo: "¿Es esto una objeción?". Y es que incluso si le aplicamos a Dawkins el *principio de caridad* y asumimos que no tiene mala intención lo mejor que podemos decir de él es que tiene una *grandísima ignorancia* acerca de la naturaleza metafísica del punto de partida de la presente vía tomista.

---

[143] Brother Benignus, *Nature, Knowledge, and God*, Bruce Publishing Co., 1947, pp. 476–477.
[144] Richard Dawkins, *El Espejismo de Dios*, Ed. Bantam Press, 2006, cap. 3.

En efecto, aquí el aquinate no está tomando cualquier cualidad sino solo aquellas que se constituyen como *perfecciones puras*. ¿Cumplen estas características la maldad, falsedad y fealdad de la objeción o la "fatua hediondez" de Dawkins (de su argumento, claro está)? No, porque ¡no son perfecciones! En efecto, como bien dice Aristóteles -que es a quien sigue Santo Tomás de Aquino en este punto- una perfección se constituye como la plena adecuación de un ser a una determinada *forma* (metafísicamente entendida). Pues, bien, dada esta definición, es evidente que la maldad, la falsedad y la fealdad no se constituyen de ningún modo como perfecciones sino como *imperfecciones* ya que en lugar de darse en los seres como una adecuación a una determinada *forma* se dan del modo contrario, es decir, como *deformaciones* (falta de forma). De esta manera, la fealdad no es una *forma* en sí misma sino más bien la *ausencia* de esta. Y lo mismo se puede decir de la falsedad: no existe por sí misma, solo como ausencia de verdad.

Por tanto, en sentido estricto, únicamente las perfecciones "son". En cambio, las imperfecciones -al constituirse como "ausencia de perfección"- consideradas por sí mismas "no-son" y, en consecuencia, no pueden de ningún modo darse en el Ser Subsistente que es Dios. Luego, Dios no puede ser malísimo ni falsísimo ni feísimo (y menos aun hediondísimo) sino solamente Óptimo, Verdaderísimo y Bellísimo.

Ahora bien, un ateo con más preparación filosófica que Dawkins (cosa que no es nada difícil) pero que quiera defender sus "argumentos" (cosa que, lamentablemente, se da en algunos casos) podría "buscarle tres pies al gato" y decir que si bien la hediondez puede representar imperfección en algunos seres cuando se da por causa de, digamos, la putrefacción, puede también constituirse como "perfección ontológica" en aquellos otros que tienen de forma natural la hediondez como mecanismo de defensa o algo por el estilo. Pero esa objeción no es procedente ya que versa sobre una "perfección mixta" (o de la "mole corpórea") y, en cambio, como ya hemos aclarado, la vía versa sobre las "perfecciones puras".

No obstante, se podría replicar que es el mismo aquinate quien introduce "perfecciones mixtas" en el argumento por cuanto, citando a Aristóteles, menciona allí que "el fuego, que es el máximo calor, es causa de todos los calores"[145]. Pero ello solo se trata de una *analogía* respecto de los trascendentales y nada más que eso.

---

[145] Santo Tomás de Aquino, *Suma Teológica,* Ia, q. 2, art. 3, rpta.

Alguien podría criticar lo anterior diciendo que simplemente estamos recurriendo a un "jugada" arbitraria para "salvarle el cuello" a Santo Tomás de Aquino. Pero tal crítica no procede. Santo Tomás cita el ejemplo entre paréntesis y *en ninguna parte* concluye que "aquella cosa más caliente es a la que todos llamamos Dios" sino que solo se refiere de modo específico a la bondad, la verdad y la belleza. Así que queda patente que lo del fuego es solo una analogía. Por tanto, como ha señalado el gran tomista Etienne Gilson, a pesar de que "su significado ha sido oscurecido por la infortunada elección de ejemplos tomados de la doctrina aristotélica de los elementos físicos (…) en cierto sentido, esta cuarta vía puede considerarse como la más profunda desde el punto de vista del conocimiento metafísico"[146]. Ya que otros no quieran abrirse a conocer es su problema…

Queda, pues, en pie la cuarta vía.

---

[146] Etienne Gilson, *The Elements of Christian Philosophy*, Doubleday, 1960, p. 81.

CAPÍTULO 5
QUINTA VÍA: EL ARGUMENTO DEL ORDEN EN EL COSMOS

Enunciación

La quinta y última vía para demostrar la existencia de Dios se funda en el orden del universo y se estructura como sigue:

1. Vemos constantemente que existe un orden en nuestro universo, es decir, que los entes que lo componen operan o acontecen como tendiendo hacia un fin.

2. Ahora bien, dado que estos entes carecen de inteligencia y voluntad, no pueden tender hacia sus respectivos fines única y primariamente por sí mismos ya que ello implicaría desearlos y, además, concebirlos.

3. En consecuencia, es necesario que exista un Ser inteligente y libre que, en orden de su misma inteligencia y voluntad, los dirija hacia sus respectivos fines.

4. Este Ser inteligente y libre que dirige a todos los entes del universo hacia sus respectivos fines es Dios.

5. Luego, Dios existe.

Explicación

Premisa 1: "Existe un orden en el universo, siendo que los entes que lo componen operan o acontecen como tendiendo hacia un fin".

En este argumento Santo Tomás de Aquino parte de la famosa noción griega del *telos*, es decir, de la existencia de "orden" en el universo. Tal es la fuerza de este principio que, de hecho, *toda* la ciencia humana descansa sobre él. En efecto: *todos* los científicos (explícita o implícitamente) suponen que vivimos en un mundo racional y ordenado sujeto a leyes precisas que pueden ser descubiertas por el razonamiento humano, y de ahí que el gran Albert Einstein, en extremo reconocimiento de ello, diga que "lo más incomprensible en el mundo es ¡que sea comprensible!"[147]

---

[147] Citado por: P. H. Simon, *Questions Aux Savants*, Ed. Seuil, París, 1969, pp. 90-91.

Una de las evidencias más claras y sugestivas de esto se encuentra en lo que el físico Eugene Wigner ha elocuentemente llamado "la irrazonable efectividad de las matemáticas". Tomamos como dado que las matemáticas puedan aplicarse tan directamente para comprender la estructura y funcionamiento del mundo natural pero la verdad es que ello debería llevarnos a reflexión. ¿Por qué funcionan tan bien las matemáticas?, ¿cómo es posible que un físico pueda simplemente sentarse en su escritorio, escribir un modelo matemático y que este eventualmente prediga con exactitud ciertos fenómenos de la realidad posteriores o no conocidos en ese momento?, ¿por qué realidades muy complejas pueden captarse en ecuaciones simples? Pareciera que las matemáticas son parte de la *estructura misma de la realidad*. Y, mucha atención en esto, no cualquier tipo de matemáticas sino unas que, en gran parte, evidencian propiedades de "simplicidad", "belleza" y "simetría"[148].

De ahí que Wigner concluya su famoso *paper* diciendo: "El milagro de la adecuación del lenguaje matemático para la formulación de las leyes de la física es un regalo maravilloso que no entendemos ni tampoco merecemos. Debemos estar agradecidos por ello y espero que seguirá siendo válido en futuras investigaciones y que se extenderá, para bien o para mal, a nuestro gusto, aunque quizás también a nuestro desconcierto, a amplias ramas del saber"[149].

Aparte de eso existe, de acuerdo a nuestros conocimientos científicos actuales, otra muy interesante evidencia de la racionalidad y orden especial del Cosmos: el llamado *ajuste fino*. Pero ¿en qué consiste exactamente el "ajuste fino"? En algo sumamente intrigante y sencillo: que las condiciones iniciales del Big Bang, que pudieron haber sido de muchísimas formas en términos de constantes y variables (piénsese, por ejemplo, en el valor de la constante cosmológica o el nivel inicial de entropía o la velocidad de expansión del universo), estaban sin embargo finamente ajustadas para que exista vida inteligente, *con una precisión y delicadeza tales que desafían toda comprensión humana*.

---

[148] Véase: Teodora Tsijli, "La Belleza en las Matemáticas y las Matemáticas en la Belleza", 8avo Festival Internacional de Matemáticas, Costa Rica, junio del 2012.
[149] Eugene Wigner, "The Unreasonable Effectiveness of Mathematics in the Natural Sciences", *Communications on Pure and Applied Mathematics*, vol. 13, 1960, p. 14.

Así, por ejemplo, el reputadísimo astrofísico británico Roger Penrose en su libro *La Mente Nueva del Emperador* nos dice que, considerando el nivel de baja entropía, para que pudiera existir vida inteligente como la nuestra, las condiciones iniciales del Big Bang tuvieron que ser ajustadas con "una precisión 'divina' de una parte en 10 elevado a 10 elevado a la 123. ¡Una cifra extraordinaria! Ni siquiera podríamos escribir el número completo en la notación decimal ordinaria: sería un 1 seguido de 10 a la 123 ceros. *Incluso si escribiéramos un 0 en cada protón y en cada neutrón del universo entero -y añadiéramos también todas las demás partículas , todavía nos quedaríamos muy cortos*"[150].

Veamos otra evidencia. Una evidencia a nivel subatómico. Se sabe que el neutrón tiene 0,138% más masa que el protón. Debido a esta masa adicional los neutrones requieren más de energía que los protones para formarse de modo tal que, al enfriarse el universo luego del Big Bang, se produjeron más protones que neutrones en una proporción aproximada de 7 a 1. Ahora bien, si el neutrón hubiera sido solo un 0,1% más masivo que el protón, quedarían tan pocos neutrones del enfriamiento del Big Bang que no habría suficiente cantidad como para formar los núcleos de todos los elementos pesados esenciales para la vida. Por otra parte, si el neutrón hubiese sido 0,1% menos masivo, dado que su masa adicional con respecto al protón también determina la velocidad a la que los neutrones se descomponen en protones y los protones en neutrones, se acumularían tantos protones para formar neutrones que todas las estrellas del universo se habrían colapsado rápidamente formando ya sea estrellas neutrónicas o agujeros negros[151]. En consecuencia, para que la vida fuera posible en el universo la masa del neutrón debió tener un ajuste fino ¡menor al 0,1%!

Pero eso no es todo. De acuerdo con lo que nos dice Stephen Hawking, "si la velocidad de expansión un segundo después del Big Bang hubiese sido menor, incluso en una parte en 100 mil billones, el universo se habría colapsado de nuevo antes de que hubiese alcanzado nunca su tamaño actual"[152].

---

[150] Roger Penrose, *La Mente Nueva del Emperador,* Fondo de Cultura Económica, México, 1996, p. 310.

[151] Cfr. John Barrow and Frank Tipler, *The Anthropic Cosmological Principle,* Oxford University Press, New York, 1986, p. 400.

[152] Stephen Hawking, *Historia del Tiempo: Del Big Bang a los Agujeros Negros,* Ed. Crítica, Barcelona, 1988, cap. 8.

A su vez, el astrofísico Paul Davies ha calculado que las probabilidades en contra de que las condiciones iniciales fueran apropiadas para la formación de estrellas (sin las cuales los planetas no podrían existir) son de un 1 seguido, por lo menos, de ¡mil trillones de ceros![153]

Y podríamos seguir multiplicando las evidencias. Pero resulta innecesario. Basta y sobra con los ejemplos dados como para darnos cuenta de que el grado de ajuste fino para la vida que exhibe nuestro universo es realmente impresionante. Y es que no solo se trata de que las cantidades o constantes individuales estén finamente ajustadas, sino que las proporciones entre ellas también deben estar finamente ajustadas. De este modo, una enorme improbabilidad es multiplicada por otra enorme improbabilidad, y de nuevo por otra enorme improbabilidad *repetidamente* hasta que las cantidades simple y llanamente escapan de la comprensión humana.

Pero de todas maneras, incompresible o no, la evidencia está allí. Como ha dicho Martin Rees, Astrónomo Real de Gran Bretaña, "las leyes que rigen nuestro universo parecen estar finamente ajustadas para nuestra existencia. (…) *Dondequiera que los físicos miren ellos ven ejemplos del ajuste fino*"[154]. Por tanto, sostener que no hay un "orden" en nuestro Cosmos, al menos a un nivel básico, es simplemente anticientífico.

Premisa 2: "Los entes que componen el universo no pueden tender hacia sus respectivos fines única y primariamente por sí mismos".

La prueba de esta premisa es bastante sencilla: dado que para tender de modo autónomo hacia un determinado fin es necesario desearlo y, además, concebirlo, tendremos que los seres que componen el Cosmos, al no tener inteligencia ni voluntad, no podrán tender hacia sus respectivos fines única y primariamente por sí mismos (aquí entendemos por "Cosmos" a la totalidad del mundo *puramente físico*, es decir, con exclusión del hombre, que sí tiene inteligencia y voluntad pero surge posteriormente *como consecuencia de este mismo orden* y, por tanto, no puede ser el sustento ontológico del mismo).

---

[153] Paul Davies, *Other Worlds,* Ed. Dent, London, 1980, pp. 168, 169.
[154] Citado por: William Lane Craig, "La existencia de Dios", debate contra Christopher Hitchens, Universidad de Biola el 4 de abril del 2009, primera refutación.

Ahora, yendo a la evidencia del ajuste fino ¿pudo el universo ajustarse a sí mismo? Definitivamente creemos que no. Y es que el ajuste fino está ya presente desde las condiciones *iniciales* del Big Bang y, por tanto, el universo, al venir a la existencia justamente con el Big Bang, *no pudo* haber determinado sus propias condiciones iniciales.

Aun así hubo algunos que propusieron que el ajuste fino se debía a la *necesidad física*. Pero dicho argumento es extraordinariamente implausible. Primero, porque requeriría que creamos que los universos prohibitivos para la vida son físicamente imposibles, lo cual ya está descartado de antemano por los mismos científicos (varios trabajan simulando consistentemente universos sin vida); y, segundo, porque los valores de las constantes y demás cantidades arbitrarias a las que se refiere el "ajuste fino" son *independientes* de las leyes físicas. De hecho, la teoría-M o teoría de súper-cuerdas "permite alrededor de 10 a la 500 universos posibles *gobernados por las actuales leyes de la naturaleza*"[155].

Premisa 3: "Por tanto, debe existir un ser distinto, inteligente y libre, que los dirija hacia sus respectivos fines".

La prueba de esta premisa es también bastante sencilla. Y es que, como decía Santo Tomás de Aquino, "lo que carece de conocimiento no tiende a un fin (por sí mismo) si no lo dirige alguien que lo entienda y lo conozca, tal como el arquero dirige la flecha"[156]; de este modo, los seres puramente materiales que componen el universo, al carecer de inteligencia y voluntad, no podrán tender por sí mismos hacia sus respectivos fines y, por tanto, deberán ser dirigidos hacia ellos por un ser distinto, que posea inteligencia y voluntad, y conciba y desee los fines hacia los cuales los dirigirá. En otras palabras, su orden vendrá dado por un ser personal[157].

---

[155] William Lane Craig, *Reasonable Faith,* Ed. Crossway Books, Weathon, 2008, p. 163.
[156] Santo Tomás de Aquino, *Suma Teológica,* Ia, q. 2, art. 3, rpta.
[157] Se entiende por "persona" a todo ser con las potencias de intelecto y voluntad.

Ilustremos esto con un ejemplo. Supongamos que un día un amigo nuestro nos invita a conocer la fábrica de robots en la que trabaja. Una vez ahí constatamos sorprendidos que los robots son fabricados por otros robots. Obviamente no creeríamos que lo hacen por sí mismos ya que carecen de inteligencia *autónoma* y, sobre todo, de voluntad. Al instante preguntamos a nuestro amigo quién dirige a esos robots. Entonces nos lleva a un cuarto en el que hay una gran computadora y nos dice: "Todo es dirigido por esta computadora". Absortos y no pudiendo resistir más la curiosidad preguntamos a nuestro amigo: "¿Pero cómo es posible que una computadora, que también carece de inteligencia *autónoma* y de voluntad, pueda dirigir a todo lo demás?". Riendo, nuestro amigo nos contesta: "No seas tonto, ¡la computadora la programé yo!". Ésa sí es una respuesta satisfactoria. Él tiene inteligencia autónoma y voluntad y, por tanto, puede dirigir a todas las demás máquinas, que carecen de estas cualidades.

Con respecto al ajuste fino la cuestión es todavía más clara: si el universo no pudo ajustarse finamente a sí mismo es obvio que fue ajustado por otro. Así, por ejemplo, el gran astrónomo inglés Fred Hoyle, quien durante años había sido un acérrimo ateo, al ver el cuádruple ajuste fino que se requería en los estados de energías de base de los núcleos del helio, el berilio, el carbono y el oxígeno para que se pueda sustentar la vida se vio obligado a reconocer que "un *Súper-intelecto* ha estado 'jugando' con la física, además de la química y la biología"[158].

Premisa 4: "Este Ser inteligente y libre es Dios".

Según acabamos de ver, este ser que dirige a todos los demás hacia sus respectivos fines debe tener inteligencia y voluntad. Pero no los puede tener de cualquier modo sino que es necesario que los tenga de un modo tal que se constituyan como el *principio causal* mismo de los seres, ya que el orden y finalidad se manifiesta no solo en el obrar de estos, sino también, y sobre todo, en el modo en que están hechos. Pero esto implica que el Intelecto y Voluntad de este ser deben constituirse necesariamente como el *fundamento ontológico último* de todos los demás seres, cosa que solo sucede con el Ser Subsistente, es decir, Dios.

---

[158] Fred Hoyle, "The Universe: Past and Present Reflection", *Annual Reviews of Astronomy and Astrophysics,* nº 20, 1982, p. 16.

Los científicos no son para nada ajenos a esta inferencia. Por ejemplo, el astrofísico Tony Rothman en un popular artículo sobre el *principio antrópico* (la idea de que el universo posee características estrechamente definidas que permiten la existencia de seres inteligentes como los humanos) concluyó su ensayo con las siguientes palabras: "El teólogo medieval que contemplaba el cielo nocturno a través de los ojos de Aristóteles y veía ángeles que movían esferas armoniosamente se ha convertido en el cosmólogo moderno que contempla el mismo cielo a través de los ojos de Einstein y ve la mano de Dios, no en los ángeles sino en las constantes de la naturaleza. (…) Cuando nos vemos confrontados con el orden y la belleza del universo y las extrañas coincidencias de la naturaleza, es muy tentador tomar el salto de fe desde la ciencia a la religión. *Estoy seguro de que muchos físicos lo quieren hacer. Solo quisiera que lo admitieran*"[159].

Pero tal vez el testimonio más elocuente nos lo haya dado el astrofísico Robert Jastrow quien escribía que: "Para el científico que ha vivido por su fe en el poder de la razón, la historia termina como una pesadilla. Ha escalado las montañas de la ignorancia, está a punto de conquistar el pico más alto, y cuando se está incorporando sobre la última roca lo saluda una banda de teólogos que han estado sentados allí por siglos"[160].

Premisa 5: "Luego, Dios existe".

Partiendo del orden que observamos en los seres del universo hemos demostrado la imposibilidad de que este pueda venir primariamente de ellos mismos siendo necesario que postulemos la *existencia efectiva* de un Ser inteligente y libre que los dirija hacia sus respectivos fines. A continuación hemos demostrado que este Ser inteligente y libre se identifica con Dios. Por tanto, dado que en un razonamiento deductivo si las premisas son verdaderas ha de aceptarse necesariamente la conclusión so pena de irracionalidad, debemos aceptar que Dios existe. Luego, Dios existe.

---

[159] Tony Rothman, "A 'What You See Is What You Beget' Theory", *Discover*, May 1987, p. 99.
[160] Robert Jastrow, *God and the Astronomers*, Ed. W. W. Norton, New York, 1978, p. 116.

Objeciones y respuestas

Objeción 1: *El "orden" que observamos es algo puramente subjetivo, una proyección que hacemos con nuestras mentes hacia las cosas. En realidad no existe orden en el universo sino más bien desorden: hay estrellas que explotan, planetas que chocan y, lo que es más, nos dirigimos hacia la nada, hacia la muerte térmica del universo. Y eso solo para hablar a nivel del macrocosmos, porque a nivel del microcosmos la física cuántica ha demostrado que no hay orden ni regularidad sino más bien indeterminismo. Luego, no se prueba la conclusión de la quinta vía.*

Respuesta: Lo primero que hay que decir con respecto a esta objeción es que es *epistémicamente autoinconsistente* pues ¿cómo se percibe que algo se "des-ordena" sino comparándolo con el debido "orden"?, ¿cómo podría hallarse el "des-perfecto" sin el parámetro de lo bien regulado?

En cuanto aquello de que el "orden" que observamos es algo "puramente subjetivo" hay que responder que en la práctica nadie lo cree así. A ciertos ateos que desdeñan el argumento teleológico les gusta decir que no existe orden ni propiamente leyes en el universo, pero cuando se trata de arrancar sus automóviles, leer las indicaciones de un frasco de veneno para ratas o calentar su comida en el microondas ¡simplemente se olvidan de todo ello! Y es que, acostumbrados a observar los grandes logros de la ciencia nos olvidamos del mayor milagro de todos: *¡que la ciencia funciona!* Por tanto, como decía el destacado astrofísico Paul Davies, "es importante entender que *las regularidades de la naturaleza son reales*. A veces se argumenta que las leyes de la naturaleza, las cuales son intentos de capturar esas regularidades sistemáticamente, están impuestas al mundo por nuestras mentes para darle sentido. Es ciertamente verdadero que la mente humana tiene tendencia a concentrarse en los patrones, e incluso a imaginarlos donde no existen. Nuestros ancestros vieron animales y dioses entre las estrellas, e inventaron las constelaciones. Y todos nosotros hemos encontrados caras en las nubes, rocas y llamas. No obstante, *creo que cualquier sugerencia de que las leyes de la naturaleza son proyecciones similares es absurda. La existencia de regularidades en la naturaleza es un hecho objetivo y matemático.* Por otro lado las afirmaciones llamadas leyes que se encuentran en los libros de texto claramente *son* invenciones humanas, pero invenciones diseñadas para reflejar, aunque imperfectamente, propiedades de la naturaleza *realmente existentes*"[161].

---

[161] Paul Davies, *La Mente de Dios*, Ed. Simon & Shuster, New York, 1992, p. 51.

Ahora, yendo a los ejemplos que cita la objeción: ¿consiste el "orden" en que nada se destruya? No. Sin ir muy lejos tenemos la "destrucción" de un vacuno para gustar de un asado o la trituración de tomates y el cortado de lechugas para una ensalada. Nadie llama "desorden" a eso. Unas cosas están sometidas a otras. De este modo, considerado *dinámicamente*, el pretendido "desorden" no es nunca absoluto sino más bien relativo. He ahí la esencia de la famosa *teoría del caos*: *las estructuras del desorden siempre están ordenadas* y, por tanto, el "caos" ya no es un "intruso" para la ciencia sino que más bien se ha convertido en un "socio del determinismo"[162].

Pasemos ahora a la cuestión de la "muerte térmica" del universo: ¿consiste el orden en que nada se acabe? Obviamente que no. Poseemos muchos bienes que tienen vida útil limitada pero no por ello decimos que no han sido diseñados de acuerdo a un orden. En ese sentido la futura "muerte térmica" del universo de la que tanto nos hablan los científicos de ningún modo implica que no está diseñado, sino más bien que *no es subsistente* y, por tanto, *que no puede ser Dios*. Es claro, entonces, que *la Segunda Ley de la Termodinámica se constituye como la refutación del panteísmo*[163].

Finalmente, para resolver del todo esta objeción, abordemos el mencionado problema del indeterminismo cuántico. Quien conozca un poco sobre el tema ya sabrá que esto hace alusión al famoso *principio de incertidumbre* formulado en 1927 por el físico alemán Werner Heisenberg. De acuerdo con este principio uno no puede conocer con certeza la velocidad y posición de una determinada partícula subatómica al mismo tiempo porque el medir una cosa inevitablemente afectará a la otra. Por tanto, siempre estaremos en situación de *incertidumbre* con respecto al estado real de la partícula.

---

[162] Para más detalles sobre la teoría del caos, véanse: R. Solé y S. Manrubia, *Orden y Caos en Sistema Complejos*, Universidad Politécnica de Cataluña, 2001; James Gleick, *Chaos: Making a New Science*, Ed. Penguin, New York, 1988; e Ilya Prigogine and Isabelle Stengers, *Order Out of Chaos*, Ed. Bantam, 1984.

[163] *Panteísmo*: Concepción filosófica que identifica al universo en su conjunto con Dios o lo divino. Entre los representantes más destacados del panteísmo se encuentran el griego Heráclito, el holandés Baruch Spinoza y el francés Pierre Theilhard de Chardin.

¿Significa esto que hay "indeterminismo" en el mundo cuántico? De ningún modo. Simplemente significa que hay indeterminismo en *nuestro conocimiento* del mundo cuántico y eso era justamente lo que quería dar a entender Heisenberg cuando escribía que: "las leyes naturales formuladas matemáticamente en la teoría cuántica *ya no tratan de las partículas elementales mismas, sino de nuestro conocimiento de ellas*"[164].

Y la misma perspectiva tenían Rutherford, Schrödinger, Dirac, Bell y Einstein, siendo este último el que la expresó con mayor elocuencia al decir que "Dios no jugaba a los dados" y que "la mecánica cuántica es una disciplina *para representar nuestra ignorancia*, no una presentación de la situación en su verdadera realidad"[165]. Por tanto, no hay que confundir *indeterminismo epistémico* con *indeterminismo ontológico*. Una cosa es que no podamos conocer con certeza el estado de las partículas subatómicas y otra muy distinta que éstas no tengan un estado definido[166].

Y no solo eso. Es mucho más racional creer que el indeterminismo cuántico es puramente epistemológico porque solo así podemos conciliarlo con el orden y regularidad que observamos en el macrocosmos. Por el contrario, si creemos que este indeterminismo es ontológico sería imposible conciliarlo con lo otro ya que, como decía Bertrand Russell, "si el átomo individual es anárquico, ¿por qué habría de darse esta regularidad en los grandes números? (…) *no creo que haya ninguna alquimia mediante la cual se pueda producir una regularidad en grandes números en base a un puro capricho en cada caso individual*"[167].

---

[164] Werner Heisenberg, "The Idea of Nature in Contemporary Physics", in: Franklin Le Van Baumer ed., *Main Currents of Western Thought,* Yale University Press, New Haven, 1978, pp. 706-707.

[165] Cfr. Jeeves Malcolm, *The Scientific Enterprise and Christian Faith,* InterVarsity Press, 1969, p. 145.

[166] El no comprender esto ha hecho que muchas personas -e incluso científicos- crean cosas tales como que es nuestra mente la que crea la realidad, que las partículas subatómicas tienen "libertad" o que los gatos pueden estar vivos y muertos al mismo tiempo -esto último en obvia alusión al famoso ejemplo que puso en 1935 el físico alemán Erwin Schrödinger aunque no para apoyar sino para demostrar, por la vía de reducción al absurdo, la incoherencia de la *interpretación de Copenhague* de la física cuántica, de acuerdo con la cual el indeterminismo está no en nuestro conocimiento, sino en las cosas mismas.

[167] Bertrand Russell, *Religion and Science,* Oxford University Press, New York, 1980, pp. 160-161.

Es hora, entonces, de que la física cuántica deje de jugar al avestruz y asuma el compromiso de encontrar una interpretación razonable, es decir *causal*, de la naturaleza microfísica. Decir que la realidad misma es indeterminada porque no podemos determinarla con certeza es pura arrogancia pues supone que somos omniscientes. Pero no lo somos. Por tanto, hay que seguir investigando para acercarnos a la "mente de Dios". Él no juega a los dados…

Queda, pues, en pie la quinta vía.

Objeción 2: *El "problema del ajuste fino" ya está resuelto desde que, como se ha comprobado, fue el proceso de inflación cósmica en el inicio del universo el que determinó la actual distribución y "orden" de los entes que componen el mismo. De otro lado, el físico Victor Stenger ha demostrado por medio de un programa de computadora -al que llama el "Dios mono"- que selecciones aleatorias de constantes físicas bien pueden generar estrellas que permitan vida, de modo que no se requeriría de un Diseñador inteligente. Luego, no se prueba la conclusión de la quinta vía.*

Respuesta: Este es el tipo de objeción que plantean quienes piensan que el problema del ajuste fino puede eliminarse apelando a la *inflación cosmológica* ocurrida durante los primeros instantes de existencia del universo (el llamado "tiempo de Planck"). Básicamente se sostiene que la aceleración impulsada por la energía oscura durante el período inflacionario uniformiza la distribución de la materia dejándonos con un universo temprano liso, caliente y denso independientemente de la distribución inicial de la materia y la energía.

Sin embargo, lo anterior es una mera pseudo-solución ya que solo patea el problema un paso atrás. Las condiciones necesarias para que la inflación empiece son extremadamente especiales y, desde allí, se describe una configuración de muy baja entropía (o sea, de muy poco "desorden"). Si las condiciones simplemente se dieran por azar sería extremadamente difícil acertar con aquellas adecuadas para iniciar la inflación, de modo que esta última también requeriría de un ajuste fino que, de hecho, tiene que ser todavía "más fino".

El ya citado astrofísico Roger Penrose explica esto de modo bastante claro: "Hay algo fundamentalmente equivocado en tratar de explicar la uniformidad del universo temprano como resultado de un proceso de termalización. (…) Si la termalización realmente hizo algo (…) entonces representa un incremento definido de entropía. Así, *el universo debería haber sido incluso más especial antes de la termalización que después*"[168].

Y no se piense que ésta es una mera opinión particular de Penrose. El mismo Paul Steinhardt, *uno de los padres del modelo inflacionario*, lo refrenda al escribir que: "Roger Penrose consideró todas las posibles configuraciones del inflatón y los campos gravitacionales. Algunas de esas configuraciones conducían a la inflación… Otras configuraciones conducían a universos uniformes y planos directamente -sin inflación. (…) *La chocante conclusión de Penrose fue que obtener un universo plano sin inflación es mucho más probable que con inflación ¡por un factor de 10 a la potencia gúgol (10 a la 100)!*"[169]. Entonces, aunque suene irónico, se ve claramente que esta "explicación" del ajuste fino también requiere de un impresionante nivel de ajuste fino.

Por otra parte, en cuanto al programa del "Dios mono" de Stenger, tenemos que este concluye al respecto que: "No existe base para asumir que un universo al azar no tendría algún tipo de vida. Los cálculos de las propiedades de universos con constantes físicas distintas a las nuestras indican que las estrellas de larga vida no son inusuales, así que la mayoría de universos tendrían tiempo para que evolucionen sistemas complejos de algún tipo"[170].

A esto debemos responder: "No tan rápido Sr. Stenger, su argumento, aparentemente contundente, es en realidad bastante deficiente y hasta artificioso".

---

[168] Roger Penrose, *The Road to Reality: A Complete Guide to the Laws of the Universe*, Vintage Books, London, 2004, p. 755.
[169] Paul Steinhardt, "The Inflation Debate: Is the Theory at the Heart of Modern Cosmology Deeply Flawed?", *Scientific American*, April 2011. Precisamente el nombre del mayor buscador de Internet del mundo, "Google", se deriva de la palabra *gúgol* como en alusión a la gran cantidad de resultados que proporciona.
[170] Victor Stenger, "Natural Explanations For the Anthropic Coincidences", *Philo*, vol. 3, nº 2, 2000, p. 50.

Primero, porque confunde condición necesaria con condición suficiente y, por tanto, cae en una *falacia de conclusión desmesurada*: no basta simplemente con que hayan estrellas de larga vida para la existencia estable de vida inteligente e interactiva como la nuestra, muchas otras condiciones también se requieren.

Segundo, porque, en línea con lo anterior, al solo basarse en una ecuación del tiempo de vida de las estrellas, no se tienen en cuenta varios otros factores que inhibirían la aparición y/o desarrollo de vida como, por ejemplo, los cambios de intensidad en la fuerza nuclear fuerte que condicionan la formación de átomos y, por ende, de cualquier tipo complejo de vida[171].

Finalmente, porque, por si fuera poco, la ecuación de vida de las estrellas que usa Stenger se basa en un esquema demasiado simplista. En efecto, como ha señalado Robin Collins en su artículo en *The Blackwell Companion To Natural Theology*: "La ecuación no toma en cuenta las complejidades de la evolución estelar, tales como si el transporte de energía del centro de la estrella hacia la superficie es por convección o difusión radioactiva. Más importantemente, asume que la estrella está hecha principalmente de hidrógeno, lo cual no sería el caso si la fuerza nuclear fuerte fuera aumentada más allá de una pequeña cantidad; adicionalmente no toma en cuenta los efectos de la degeneración cuántica sobre la estrella"[172].

Queda, pues, en pie la quinta vía.

Objeción 3: *No existe tal cosa como el "ajuste fino" del universo. Si estamos vivos es simple y llanamente porque las constantes se ajustaron por azar. No estaríamos aquí para observar el universo si lo extremadamente improbable no hubiera ocurrido. Por tanto, no hay de qué sorprenderse y el argumento del ajuste fino no es más que una tautología. Y no solo eso, también es inválido porque únicamente toma en cuenta nuestro tipo de vida sin considerar otras posibilidades (como una vida basada en el silicio en lugar del carbono, por ejemplo). Luego, no se prueba la conclusión de la quinta vía.*

---

[171] John Barrow and Frank Tipler, *The Antropic Cosmological Principle*, Oxford University Press, New York, 1986, pp. 326-327.
[172] Robin Collins, "The Teleological Argument: An Exploration of the Fine-Tunning of the Universe", in: William Lane Craig and J. P. Moreland eds., *The Blackwell Companion To Natural Theology*, Blackwell Publishing, 2009, p. 223.

Respuesta: Creer que nuestro universo se ha ajustado a sí mismo por azar es simplemente absurdo. Es tanto como creer que un huracán puede ensamblar de por sí un Boeing 747 al pasar por un depósito de chatarra o que un mono puede escribir un libro por casualidad al jugar con las teclas del computador. Absurdo a todas luces. Los matemáticos concuerdan en que los eventos que tienen una probabilidad de ocurrencia de 1 contra 10 a la 50 (un 1 seguido de 50 ceros) simplemente no pueden ocurrir por azar, y tanto el Boeing 747 ensamblado por el huracán como el libro escrito por el mono exceden dicho parámetro. Y la situación es la misma con las constantes y cantidades del ajuste fino (piénsese solamente en el cálculo de Penrose).

Ahora, yendo a la cuestión de la "tautología": ¿es correcto decir que el ajuste fino solo se constituye como la constatación *a posteriori* del hecho de que estamos vivos y que, por tanto, no hay de qué sorprenderse? Creemos que no. ¿Por qué? Porque la existencia de vida no es la única posibilidad sino que existen otras posibilidades ¡muchísimo más probables! *No es una exigencia de las leyes físicas que exista vida, y menos aun vida inteligente.* Es más, la cantidad de universos posibles prohibitivos para la vida es muchísimo más grande que la cantidad de universos posibles que permiten vida[173]. Por tanto, *sí hay motivo para sorprenderse.*

Los filósofos William Lane Craig[174] y Richard Swinburne[175] han desarrollado un ejemplo muy sugestivo para ilustrar esto: Supóngase que cien tiradores expertos son enviados para ejecutar a un prisionero en un escuadrón de fusilamiento, y el prisionero sobrevive. El prisionero no debería asombrarse de que no ve que está muerto. Después de todo, si estuviera muerto no podría observar su muerte. No obstante, *¡tendría que asombrarse de que esté vivo!*

---

[173] Para un análisis de cómo se determinan los rangos de comparación al respecto, véase: Robin Collins, "The Teleological Argument: An Exploration of the Fine-Tunning of the Universe", in: William Lane Craig and J. P. Moreland eds., *The Blackwell Companion To Natural Theology*, op. cit., pp. 239-252.
[174] William Lane Craig, "Barrow and Tipler on the Anthropic Principle Versus Divine Design", *British Journal of Philosophy and Science*, nº 38, 1988, p. 392.
[175] Richard Swinburne, "Argument For the Fine-Tuning of the Universe", in: John Leslie ed., *Physical Cosmology and Philosophy*, Ed. Macmillan, New York, 1991, p. 165.

Extendiendo el argumento de Craig y Swinburne, el prisionero debería concluir, dado que está vivo, que todos los tiradores expertos erraron por algún azar extremadamente improbable. Él podría querer atribuir su supervivencia a una increíble buena suerte, pero sería *mucho más racional* que él concluyera que los tiradores erraron *por decisión de alguien que debe haber tenido el propósito de que sobreviva…*

En este sentido, si el ateo sigue insistiendo en que el ajuste fino ocurrió por azar podríamos responder a su posición haciendo una *reducción al absurdo* y diciéndole que si un tren entero le pasara por encima y él sobreviviera, en su necedad no se preguntaría por qué está vivo sino que simplemente diría "Estoy vivo, por tanto no tengo de qué sorprenderme". Obviamente absurdo. Las probabilidades de que hubiera muerto son tremendamente superiores a las probabilidades de que esté vivo. Por tanto, si dijera "¡Sobreviví porque no morí!" y no se preguntara por qué sobrevivió, sería simple y llanamente porque es un necio. ¿O qué pensaría de un biólogo que le dijera que no hay que estudiar el origen de la vida "¡porque el hecho es que sí estamos vivos!"?

A este respecto, resulta pertinente referir también la llamada *paradoja de los cerebros de Boltzmann* la cual problematiza la cuestión de cómo pueden haber *seres corpóreos conscientes e interactivos* como nosotros que observan un ambiente claramente ordenado (de baja entropía) si ello es tremendamente improbable bajo la hipótesis de que hayamos surgido por accidente. Una solución que se podría dar es apelar al *sesgo de selección*: si observamos este universo sumamente improbable es simplemente porque se dieron las condiciones sumamente improbables para que estemos aquí observándolas. Pero el punto es que, aparte de las dificultades filosóficas que ya hemos señalado, este tipo de "solución" tiene un gran problema: si meramente hubiéramos surgido por accidente como consecuencia de una fluctuación aleatoria ¡es *muchísimo más probable* que hubiera surgido un *único* observador consciente tipo "cerebro de Boltzmann" (entidad de corporeidad vacua) con un universo (o región observable de universo) relativamente pequeño a que hubieran surgido *varios* observadores *interactivos* en un universo relativamente grande! Como, más allá de cualquier especulación, es evidente que estamos en el segundo caso, ello va fuertemente en contra de la idea de que el ajuste fino que observamos solo se explique *a posteriori* por mero "sesgo de selección" pues si así fuera deberíamos ser simples y solitarios "cerebros de Boltzmann" en vez de ser lo que somos. Así que sigue requiriéndose una explicación…

Ahora, con respecto a aquello de que el argumento del ajuste fino es inválido porque se basa únicamente en el tipo de vida que conocemos, hay que responder que, a decir verdad, no es el caso. Por ejemplo, en lo que respecta al ajuste fino de la fuerza nuclear fuerte (aquella que gobierna el grado en que los protones y neutrones se unen entre sí en los núcleos atómicos) tenemos que si ésta fuera tan solo un 0,3% mayor o un 2% menor *sería imposible todo tipo de vida en cualquier parte del universo*[176]. En efecto: si esta fuerza fuera un poco mayor los protones y los neutrones tendrían tal afinidad los unos por los otros que ninguno quedaría solo y *no habría nada de hidrógeno* sino únicamente elementos pesados. Por otra parte, si esta fuerza fuera un poco más débil *"el único elemento estable sería el hidrógeno"* y *"no podría existir ningún otro átomo"*[177]. Pero dado que -considerando lo *biológicamente racional*- la vida *de cualquier tipo* es prácticamente imposible si el hidrógeno es el único elemento que existe, resulta evidente que es necesario un ajuste fino para que ésta pueda surgir. De ahí que el ya citado astrónomo Hugh Ross, refiriéndose al ajuste fino de la fuerza nuclear fuerte, escriba: "¿Estamos considerando solamente la vida como la conocemos? *No, estamos hablando de cualquier tipo de química de la vida concebible en toda la extensión del Cosmos. Esta condición delicada debe ser cumplida universalmente*"[178].

Y no solo eso. El argumento del ajuste fino en su *versión antrópica* no se refiere a cualquier tipo de vida sino específicamente a la vida *compleja* e *inteligente*. Pero es justamente a ese respecto que las formas de vida *hipotéticas* no basadas en el carbono tienen una gran desventaja con respecto a las basadas en el carbono. Por ejemplo el silicio -que es el elemento químico básico que se ha propuesto como *alternativa bioquímica* al carbono por tener propiedades muy similares a este- presenta muy fuertes limitaciones cuando se trata de producir formas de vida compleja ya que tiene dificultades para formar dobles o triples enlaces covalentes, sumamente importantes para todo sistema bioquímico (y eso por no mencionar que resulta energéticamente menos eficiente que el carbono).

---

[176] Cfr. Richard Swinburne, "Argument For the Fine-Tuning of the Universe", en: John Leslie ed., *Physical Cosmology and Philosophy*, Ed. Macmillan, New York, 1991, p. 160.
[177] Michael Denton, *Nature's Destiny: How the Laws of Biology Reveal Purpose in the Universe*, Ed. The Free Press, New York, 1998, p. 13.
[178] Hugh Ross, *The Creator and the Cosmos*, Ed. NavPress, Colorado, 2001, chap. 14.

Adicionalmente, la química del silicio está dominada por el enlace Si-O frente a la mayor estabilidad del enlace de carbono C-C que permite la formación de largas y complejas cadenas, de forma contraria a sus contrapartes de sílice, las cuales generalmente se van haciendo cada vez más inestables mientras más complejas y largas se vuelven. Y dificultades similares pueden hallarse en otras de *bioquímicas hipotéticas* tales como las del boro, el nitrógeno, el fósforo y el arsénico.

No obstante, hay que decir que la posibilidad de que existan otras formas de vida en nada afecta a la argumentación tomista basada en el orden y finalidad de las cosas. Y es que sea esta disposición armónica la conocida por nosotros o sea cualquier otra posible, de todas formas habrá una relación de *medios* a *fines* y, por tanto, *con igual rigor metafísico* se podrá inferir la existencia de un Ordenador inteligente.

Queda, pues, en pie la quinta vía.

Objeción 4: *En todo caso no es necesario retroceder hasta las condiciones iniciales del Big Bang para explicar el orden y complejidad que observamos en los seres vivos. Basta y sobra con la teoría de la evolución. Es la selección natural la que explica la complejidad de la vida. Pero se trata de un mecanismo ciego, no diseñado; la existencia del ADN "basura" es una clara muestra de ello. Luego, no se prueba la conclusión de la quinta vía.*

Respuesta: Esta objeción es planteada por el biólogo ateo Richard Dawkins en su libro *El Relojero Ciego*. Según sostiene Dawkins "aunque parezca lo contrario, el único relojero que existe en la naturaleza es la fuerza ciega de la física, aunque desplegada de manera especial" por medio de "la selección natural, aquel proceso automático, ciego e inconsciente que descubrió Darwin, y que ahora sabemos que es la explicación de la existencia y forma de todo tipo de vida"[179]. De este modo, "la selección acumulativa, mediante un proceso lento y gradual, es la explicación, la única sobre la que se puede trabajar (…) para explicar la existencia de vida con un diseño complejo"[180].

---

[179] Richard Dawkins, *El Relojero Ciego*, Ed. RBA, Barcelona, 1993, p. 26.
[180] Richard Dawkins, *El Relojero Ciego*, op. cit., p. 358.

Antes de empezar con nuestro análisis de los argumentos de Dawkins es necesario hacer una importante aclaración: que *la teoría de la evolución no compromete para nada la veracidad del teísmo*. En efecto, como bien explica Francisco Ayala[181], "creación" y "evolución" no se contraponen: el concepto científico de *evolución* no niega la noción metafísica y teológica de *creación*, y viceversa. Es más, es perfectamente posible hablar de una "creación evolutiva" o de una "evolución creativa" -como es que hace el filósofo Henri Bergson- sin caer en ninguna contradicción.

En todo caso, la teoría de la evolución es comprometedora para el *creacionismo*, aquella posición teológica fundamentalista de varias iglesias protestantes que, en base a una interpretación demasiado literal de la Biblia, infieren que la creación se dio en 6 días. Pero el teísmo no tiene por qué ser necesariamente creacionista. Y ni siquiera el teísmo cristiano. Génesis 1 admite varios tipos de interpretaciones diferentes y uno no tiene por qué necesariamente atarse a la de 6 días de creacionismo de exactamente 24 horas cada uno. Y no se crea que esta es una mera "sofisticación de los teólogos modernos" frente a la "aplastante evidencia" de la evolución, como pretendía Dawkins[182]. Se trata en realidad de una interpretación que viene desde mucho antes. Ya en su *Comentario sobre el Génesis*, San Agustín había dicho que los días del relato de la creación no tenían que ser tomados literalmente y que tampoco era necesario pensar que el inicio había sido unos pocos miles de años atrás; y ello ¡1500 años antes de que Darwin publicara *El Origen de las Especies* (1859)!

Ahora, yendo más directamente al planteamiento evolucionista lo primero que hay que decir es que no afecta *en nada* a nuestro argumento teleológico en base al ajuste fino del universo sino que más bien ¡lo presupone! En efecto: para que se de *toda* la evolución *biológica* de la que nos habla Darwin *es primero necesario que exista vida* y para que exista vida *es absolutamente necesario que se den las condiciones cosmológicas del ajuste fino del universo*. De este modo, "si hay un ajustador fino y creador del universo, entonces *ya en las condiciones iniciales del Big Bang tendríamos un universo de elaborado diseño que permite la evolución y la existencia de vida inteligente*"[183].

---

[181] Francisco Ayala, *Darwin y el Diseño Inteligente: Creacionismo, Cristianismo y Evolución*, Alianza Editorial, 2007.
[182] Cfr. Richard Dawkins, *El Relojero Ciego*, Ed. RBA, Barcelona, 1993, p. 357.
[183] William Lane Craig, "La existencia de Dios", debate contra Christopher Hitchens, Universidad de Biola, 4 de abril del 2009, primera refutación.

Por tanto, no es que los teístas "se han dado por vencidos en el mundo vivo y están siendo obligados a retroceder hasta el origen del Cosmos" como pretende Dawkins[184], sino más bien que los ateos evolucionistas no quieren "retroceder" hasta ese punto *fundamental* porque ello significaría la destrucción de sus presupuestos anti-metafísicos y naturalistas. Y es que la teoría de la evolución *tal vez* puede explicarnos el mecanismo de cómo es que evoluciona *biológicamente* el ser, pero *nunca podrá* explicarnos cómo es que surge *cosmológicamente* este a partir de la nada. Es evidente, entonces, que desde un punto de vista *ontológico* el "relojero ciego" de la evolución nunca podrá reemplazar al "Relojero del ser", es decir, Dios.

Pasemos ahora a examinar la *dinámica* de la evolución: ¿Puede la sola *selección natural* en base a *mutaciones aleatorias* explicar plenamente la complejidad de las formas de vida que observamos? Creemos que no. Y es que si bien es cierto que la serie de gradaciones intermedias entre las diferentes etapas evolutivas pueden ayudar a "domesticar el azar" descomponiendo "lo muy improbable en componentes menos improbables"[185], *el gran problema de la teoría de la evolución es que no hay suficiente tiempo*. Por ejemplo, John Barrow y Frank Tipler en su libro *El Principio Cosmológico Antrópico*[186] listan 10 pasos en el curso de la evolución humana extremadamente improbables y tomando en cuenta el tiempo calcularon que la probabilidad de la evolución del genoma humano estaba en un lugar entre 4 a la menos 180 a la 110 000 y 4 a la menos 360 a la 110 000. ¡Una probabilidad pequeñísima! De ahí que William Lane Craig diga que "si la evolución ocurrió en este planeta fue literalmente un milagro, y por tanto, evidencia de la existencia de Dios", ya que "realmente ofrece buenas razones para pensar que Dios supervisó el proceso de desarrollo biológico"[187]. En consecuencia, es más racional hablar de una *evolución inteligente dinámica* que de un *diseño inteligente estático* -como hacen los creacionistas- o una *evolución ciega gradual* -como es que hacen los ateos evolucionistas con Dawkins a la cabeza.

---

[184] Richard Dawkins, "¿Tiene propósito el universo?", debate entre Matt Ridley, Richard Dawkins y Michael Shemer vs. William Lane Craig, David Wolpe y Douglas Geivett, *La Ciudad de las Ideas*, Puebla - México, 2010, primer "round".
[185] Richard Dawkins, *El Relojero Ciego*, Ed. RBA, Barcelona, 1993, p. 358.
[186] Véase: John Barrow and Frank Tipler, *The Anthropic Cosmological Principle*, Oxford University Press, New York, 1986.
[187] William Lane Craig, "¿Dios existe?", debate contra Christopher Hitchens, Universidad de Biola, 4 de abril del 2009, primera refutación.

Y no solo eso. Como bien ha observado el filósofo Ángel Barahona "lo que realmente hace el evolucionismo no es explicar sino limitarse a conjuntar piezas, a hacer *collage* sobre cosas que ya están hechas, pero dejando inexplicado el principio creador". A continuación pone un muy sugestivo ejemplo: nos vamos a África y filmamos leones. Luego, le pasamos la película a unos amigos. En ningún momento los leones son conscientes de que los estamos grabando. *Pero esa es la condición para que nuestros amigos puedan ver la película.* ¿Estaría justificado entonces que nieguen la existencia de la cámara y el camarógrafo? Obvio que no. Por consiguiente, hay que decir que la gran limitación de la teoría de la evolución *ciega* (que es la que sostiene Dawkins) no es tanto que no pueda explicar la *complejidad* sino más bien que no puede explicar la *interioridad* "porque luego, además, hay (en los organismos) códigos de interpretación, subcódigos, metacódigos y juegos de lenguaje que tienen su semántica, su sintáctica, su gramática y que hablan con sentido de las cosas que hablan"[188].

Para terminar abordemos el "problema" del ADN "basura". Dado que no se le conocía ninguna función, los evolucionistas ateos lo vieron como la refutación final a la idea de que la evolución había estado "diseñada". Dawkins nos lo explica de la siguiente manera: "El genoma está plagado de pseudogenes no funcionales, duplicados defectuosos de genes funcionales que no hacen nada, mientras que sus primos (la palabra no necesita ni siquiera comillas) funcionales siguen adelante con sus negocios en una parte diferente del genoma. Y hay mucho más ADN que ni siquiera merece el nombre de pseudogenes. Este ADN también se deriva de la duplicación, pero no la duplicación de genes funcionales. Se compone de varias copias de basura, 'repeticiones en tándem', y otras tonterías que pueden ser útiles para los detectives forenses, pero que no parecen ser utilizados en el cuerpo. Una vez más, los creacionistas podrían pasar algún tiempo valioso especulando sobre por qué el Creador ha llenado el genoma de basura con pseudogenes sin traducir y repeticiones en tándem de ADN basura"[189].

---

[188] Cfr. Ángel Barahona, "Dios: ¿alguien, algo o nada?", debate entre Carlos Castrodeza y Javier Alberdi vs. Tomás Alfaro y Ángel Barahona, Universidad Complutense de Madrid, 23 de febrero del 2011, segunda intervención.
[189] Richard Dawkins, *El Capellán del Diablo*, Ed. Houghton Mifflin, 2003, p. 99.

Sin embargo, pronto se descubrió que la "basura" no era tan basura. Contrariamente a las afirmaciones darwinianas, recientes descubrimientos científicos han mostrado que las regiones no codificadoras de proteínas del genoma dirigen la producción de moléculas de ARN, las cuales regulan el uso de las regiones codificadoras de proteínas del ADN.

Asimismo, biólogos especializados en célula y genoma han descubierto que estas regiones supuestamente no codificadoras de proteínas del genoma realizan funciones tales como regular la réplica del ADN, regular la transcripción, marcar lugares para reorganizaciones programadas de material genético, influenciar el plegamiento y mantenimiento apropiado de cromosomas, controlar las interacciones de los cromosomas con la membrana nuclear, regular el desarrollo embriológico, reparar ADN y ayudar a combatir enfermedades. A su vez, se encontraron varios roles genéticos y epigenéticos para los elementos repetitivos[190].

Resulta claro, entonces, que el ADN "basura" en vez de refutar la argumentación teleológica tomista en base al orden y finalidad de las cosas, la confirma. Y, en todo caso, señalar tal o cual deficiencia o imperfección de alguna parte del cuerpo humano no basta para refutar el argumento teleológico pues, como bien señala Craig, "uno no puede negar el diseño de un reloj simplemente porque podría haber sido diseñado mejor o de modo más complejo"[191].

Queda, pues, en pie la quinta vía.

Objeción 5: *Decir que la existencia de un Diseñador es la que explica el orden y complejidad que observamos en los seres vivos es simple y llanamente no resolver el problema porque todavía quedaría sin explicar quién diseñó al Diseñador, que obviamente sería mucho más complejo. Por tanto, si vamos a permitirnos el lujo de postular la existencia de una entidad compleja organizada sin ofrecer una explicación, podríamos también reducirlo a un solo trabajo y postular la existencia de la vida tal y como la conocemos. En consecuencia, ya no es necesario un Diseñador. Luego, no se prueba la conclusión de la quinta vía.*

---

[190] Véase: Richard Sternberg and James Shapiro, "How Repeated Retroelements Format Genome Function", *Cytogenetic and Genome Research*, n° 110, 2005, pp. 108-116.
[191] William Lane Craig, "¿Dios existe?", debate contra Douglas Jesseph, Universidad de Carolina del Norte, 1998, discurso de apertura.

Respuesta: Esta objeción también es planteada por el biólogo ateo Richard Dawkins. De acuerdo con Dawkins "cualquier Dios capaz de diseñar algo tan complejo como la maquinaria duplicadora del DNA/proteína, de una forma tan inteligente, debe de haber sido al menos tan complejo y organizado como la propia máquina"; por tanto, "explicar el origen de la máquina del DNA/proteína invocando un Diseñador sobrenatural es no explicar nada, ya que deja sin explicación el origen del Diseñador"[192]. De esta forma, "el diseño inteligente resulta en un redoblamiento del problema (...) porque el mismo diseñador hace surgir inmediatamente el mayor problema de su propio origen (¿quién diseñó al Diseñador?)"[193].

Lo primero que hay que decir con respecto a esta objeción es que comete una *falacia de blanco móvil*. El teísmo no plantea que Dios no tiene explicación, sino solamente que no tiene causa. Se trata de cuestiones distintas. Obviamente un ser contingente requiere de una causa distinta a él porque, en virtud de su misma contingencia, no puede explicarse plenamente a sí mismo; en cambio, un Ser Subsistente no requiere de tal cosa porque, al existir por sí mismo en virtud de su propia Esencia, no requiere de otro ser para existir.

¿Significa esto que queda inexplicado? De ningún modo. El hecho de que el Ser Subsistente no tenga una causa distinta de Él no implica para nada que no tenga razón de ser. Él se constituye como la razón de ser de Sí mismo. Al ser *ontológicamente autosuficiente* no requiere de ningún referente externo para ser explicado. No sucede lo mismo con los seres de nuestra experiencia. Como hemos explicado con detalle en la tercera vía, éstos son *esencialmente* contingentes y, por tanto, para explicar su existencia, requieren *necesariamente* de un ser distinto de ellos. En consecuencia, dada su *insuficiencia ontológica*, no podemos –al menos filosóficamente- reducir la explicación a su sola existencia. La imposibilidad ontológica se impone y el hecho de que Dawkins diga que las cuestiones ontológicas no son más que "preguntas tontas"[194] no hace que lo sean sino que más bien hace pensar que la tontería puede estar por su propio lado…

---

[192] Richard Dawkins, *El Relojero Ciego*, Ed. RBA, Barcelona, 1993, p. 170.
[193] Richard Dawkins, *El Espejismo de Dios*, Ed. Bantam Press, 2006, cap. 4.
[194] Richard Dawkins, "¿Tiene propósito el universo?", debate entre Matt Ridley, Richard Dawkins y Michael Shemer vs. William Lane Craig, David Wolpe y Douglas Geivett, *La Ciudad de las Ideas*, Puebla - México, 2010, primer "round".

Pero ese no es el principal error de Dawkins. Su mayor error es postular un concepto demasiado *biologista* de Dios. Cuando Dawkins dice que "cualquier Dios capaz de diseñar algo tan complejo como la maquinaria duplicadora del DNA/proteína, de una forma tan inteligente, debe de haber sido al menos tan complejo y organizado como la propia máquina"[195] es más que evidente que está conceptuando su complejidad como una complejidad compuesta por partes. *Pero el teísmo sostiene todo lo contrario*. Como bien explica Santo Tomás de Aquino en la *Suma Teológica*, en Dios no hay ninguna composición ni de partes, ni de materia, ni de forma, ni de sustancia, sino que Él es absolutamente simple[196]. Por tanto, *considerado en sí mismo, Dios es simple* y no complejo como pretende Dawkins. Está bien que él sea biólogo pero eso no le da derecho a reducir todos los aspectos de la existencia a la biología -como es que en realidad hace.

Queda, pues, en pie la quinta vía.

Objeción 6: *El universo no fue diseñado por nadie. Se diseñó a sí mismo. De acuerdo con la teoría M, es la pluralidad de universos la que explica el orden y regularidad que observamos. Por tanto, ya no es necesario apelar a Dios. Luego, no se prueba la conclusión de la quinta vía.*

Respuesta: Como la totalidad de este razonamiento descansa sobre la llamada "teoría M", para responderlo primero debemos explicar (aunque sea brevemente) en qué consiste ésta.

Para entender la teoría M es necesario entender algo sobre la *teoría de las cuerdas*. De acuerdo con esta teoría desarrollada a inicios de los setenta, los componentes fundamentales de la materia no son como puntos matemáticos cero-dimensionales sino más bien como entidades unidimensionales (líneas) llamadas "cuerdas". Estas cuerdas serían tan pequeñas que incluso en la diminuta escala de las partículas parecerían como puntos, siendo que cada partícula es creada de algún modo por los diferentes patrones de vibración de las cuerdas.

---

[195] Richard Dawkins, *El Relojero Ciego*, Ed. RBA, Barcelona, 1993, p. 170.
[196] Cfr. Santo Tomás de Aquino, *Suma Teológica*, Ia, q. 3.

Pronto comenzó a crecer el entusiasmo por la teoría de las cuerdas entre los físicos teóricos. En 1983, se publicaron 16 artículos sobre cuerdas; en 1984, 51; en 1985, 316 y en 1986, 639[197]. La razón de ello era que, como comenta Smolin, "la promesa de la teoría de las cuerdas excedía con mucho a cualquier otra teoría unificada propuesta hasta este momento"[198] al punto que "rápidamente se generó una atmósfera casi como de secta religiosa: o eras un teórico de las cuerdas, o no lo eras"[199].

Pero la teoría de las cuerdas se encontró con un problema: tras una versión inicial de ecuaciones que la sustentaba, fueron descubiertas otras ecuaciones, igualmente coherentes. Había alrededor de cinco grandes teorías de las cuerdas -basadas en un universo de diez dimensiones- y todas ellas parecían ser correctas. Los científicos no sabían qué hacer con la contradicción de cinco conjuntos de ecuaciones para describir el mismo fenómeno. Y fue justamente allí donde llegó al recate la teoría M.

Propuesta por Edward Witten en 1995, la *teoría M* combina las cinco diferentes teorías de cuerdas en una única teoría. Para lograr esta unificación Witten conjeturaba que debía existir un total de once dimensiones, con lo cual la teoría de las cuerdas se hacía potencialmente unificable con una teoría supersimétrica de la gravedad que también contaba con once dimensiones[200].

Pasemos ahora a introducir la *hipótesis multiverso*. La idea central aquí es que la función de onda que se da a partir del estado de "vacío cuántico" inicial del Cosmos genera de por sí muchos universos que realmente existen. Así, en ese esquema, "hay muchos estados posibles del vacío y cada uno de ellos puede constituir un universo con sus propias leyes, constantes y condiciones iniciales"[201]. De este modo, el "ajuste fino" que observamos en nuestro universo deja de ser sorprendente ya que en realidad existe un número increíblemente grande de universos y por "suerte" nos ha tocado vivir en uno con las condiciones necesarias.

---

[197] Peter Woit, *Not Even Wrong*, Ed. Basic Books, 2006, p. 158.
[198] Lee Smolin, *The Trouble with Physics*, Ed. Houghton Mifflin, 2006, p. 116.
[199] Peter Woit, *Not Even Wrong*, Ed. Basic Books, 2006, p. 215.
[200] Cfr. John Auping Birch, *Una Revisión de las Teorías Sobre el Origen y la Evolución del Universo*, Universidad Iberoamericana, México, 2009, p. 389.
[201] Enrique Romerales, "Universos Múltiples versus Creación Inteligente", *Bajo Palabra*, Época II, nº 5, 2010, p. 471.

Pues bien, la primera crítica que se puede hacer a la teoría M -al menos en su variante multiverso tal como la sostienen Kaku[202], Susskind[203] y Hawking[204]- es que *no es científica*. En efecto, tal como explica el epistemólogo Karl Popper en su obra *La Lógica de la Investigación Científica* (1934), toda teoría científica debe poder ser contrastada con la realidad para constituirse como tal y la teoría M, al plantear la existencia de otros universos inaccesibles a nuestra experiencia, no cumple con dicha condición[205]. Por tanto, debe ser rechazada como teoría científica.

No es raro, entonces, que el gran cosmólogo George Ellis, criticando el planteamiento multiverso de Susskind, diga: "Un grupo de físicos y cosmólogos de peso pretenden hoy en día comprobar la existencia de otros dominios de universos en expansión, aunque no hay manera de observarlos, ni existe posibilidad alguna de poner a prueba su supuesta naturaleza, a no ser de la manera más tenue e indirecta. *¿Cómo puede esto ser una propuesta científica, si el núcleo de la ciencia es contrastar teorías con la evidencia empírica?*"[206].

Por su parte, el profesor John Auping es incluso más duro. En su libro *Una Revisión de las Teorías Sobre el Origen y la Evolución del Universo*, refiriéndose a la hipótesis multiverso de Susskind y Kaku, dice: "*No voy a detenerme en un análisis de esta teoría-ficción, porque en mi libro evalúo hipótesis científicas, no teorías ficción*"[207].

---

[202] Michio Kaku, *Parallel Worlds: The Science of Alternative Universes and our Future in the Cosmos*, Ed. Penguin Books, 2005.

[203] Leonard Susskind, *The Cosmic Landscape: String Theory and the Illusion of Intelligent Design*, Ed. Little Brown, New York, 2006.

[204] Stephen Hawking and Leonard Mlodinow, *The Great Design*, Ed. Bantam Books, 2010.

[205] Consciente de ello Susskind, en lugar de ajustar (o *descartar*) su teoría, ha comenzado a ridiculizar la epistemología popperiana, a la que llama "popperismo" (Leonard Susskind, *The Cosmic Landscape: String Theory and the Illusion of Intelligent Design*, Ed. Little Brown, New York, 2006, pp. 192, 195). Es como un niño que no estudió para el examen y después le dice a sus padres que desaprobó porque el profesor es un inepto.

[206] George Ellis, "Physics Ain't What It Used To Be", *Nature*, nº 438, 2005, pp. 739-740.

[207] John Auping Birch, *Una Revisión de las Teorías Sobre el Origen y la Evolución del Universo*, Universidad Iberoamericana, México, 2009, p. 395.

A decir verdad este es un problema que viene arrastrándose desde la teoría de las cuerdas. Y es que esta teoría, si bien es matemáticamente consistente, al tener que postular la existencia de otras dimensiones inobservables para poder funcionar, se convierte en incontrastable con la realidad empírica y, por tanto, en no científica. De ahí que Peter Woit diga que la teoría de las cuerdas es "matemática, no física"[208], y que John Horgan, en su libro *Misticismo Racional* (2003), la defina como "ciencia ficción en forma de matemática"[209].

No menos duro será Daniel Friedan, fundador de uno de los grupos más conocidos de teóricos de cuerdas: "*La confiabilidad de la teoría de las cuerdas no puede ser evaluada, mucho menos establecida. La teoría de las cuerdas no tiene credibilidad como teoría de física*"[210].

Igualmente claro es el reconocido físico estadounidense Richard Feynman cuando, en una entrevista que le hicieron en 1987 (un año antes de su muerte), declaró: "*Yo pienso que todo esto de las cuerdas es un disparate y va en la dirección equivocada*. (...) No me gusta que los teóricos de las cuerdas no verifiquen sus ideas. No me parece que *cada vez que algo es refutado por un experimento, ellos cocinan una explicación, para arreglar el problema*. (..) Por ejemplo, la teoría requiere diez dimensiones. Tal vez exista una manera de enrollar seis de las diez dimensiones. *Esto es matemáticamente posible, pero ¿por qué no siete?* Cuando escriben sus ecuaciones, éstas deberían de decidir cuántas dimensiones queden enrolladas, no el deseo de estar de acuerdo con experimentos. (...) *La teoría de las cuerdas no produce nada, debe ser excusada la mayor parte del tiempo, no parece correcta*"[211]. Así, a decir verdad, con esto de la teoría de las cuerdas varios físicos terminan pareciendo perros persiguiendo su (imaginaria y matemática) cola.

El otro gran problema de la teoría M es que se basa en una interpretación sumamente arbitraria (por no decir evidentemente errónea) del indeterminismo cuántico. Para demostrarlo examinaremos la propuesta multiverso de Susskind y también la de Hawking y Mlodinow.

---

[208] Peter Woit, *Not Even Wrong*, Basic Books, 2006, p. 192.
[209] Citado por Peter Woit, *Not Even Wrong*, op. cit., p. 260.
[210] Citado por Peter Woit, *Ibídem*, p. 192.
[211] Citado por: John Auping Birch, *Una Revisión de las Teorías Sobre el Origen y la Evolución del Universo*, Universidad Iberoamericana, México, 2009, p. 391.

Comencemos por la de Susskind. En su libro *El Paisaje Cósmico* (2006) parte del ejemplo del decaimiento del neutrón. La desviación estándar alrededor del tiempo promedio de decaimiento del neutrón permite generar una función probabilística, en este caso una curva normal que tiene, precisamente, la forma de una onda; siendo que esta "función de onda es un conjunto de probabilidades de todos los posibles resultados de todas las posibles observaciones en el sistema en consideración"[212]. Dicha definición es acertada. Pero a partir de allí Susskind se desliza hacia la confusión de la *escuela de Copenhague* sobre el indeterminismo cuántico y la lleva a niveles nunca antes imaginados. Critica a Bohr por afirmar, "conservadoramente", que una vez "colapsada" la onda, todas las demás probabilidades o "ramificaciones" se desvanecen y dejan de ser posibilidades reales; y propone, más "progresistamente", que "rescatemos" estas otras probabilidades, no tanto como posibilidades de una situación experimental repetible, sino más bien como ya realizadas en alguna parte del escenario de "muchos mundos" de Everett. De este modo, aplicando dicha interpretación a su teoría sobre el inicio del Cosmos, deriva los famosos multiversos: "Según los partidarios de la interpretación de "muchos mundos", todas las ramificaciones de la función de onda son igualmente reales. En cada cruce el mundo se escinde en dos o más universos, que viven para siempre, uno al lado del otro… de tal manera que las diferentes ramas nunca interactúan una con la otra después de haberse escindido"[213].

Obviamente se trata de una interpretación arbitraria. Susskind simplemente dice que la función de onda genera "muchos mundos" *realmente existentes* a partir de sus probabilidades pero no especifica cuál es el mecanismo *físico* que los genera. Es más, al decir que "las diferentes ramas (de universos) nunca interactúan una con la otra después de haberse escindido" convierte a su teoría en *pseudocientífica* ya que la existencia de sus pretendidos universos paralelos jamás podría ser contrastada. De ahí que el destacado cosmólogo Lawrence Kraus llame a la teoría de Susskind "Teoría de Nada"[214] y que el premio Nobel David Gross señale que "dado que no podemos refutarla, *no es ciencia*"[215].

---

[212] Leonard Susskind, *The Cosmic Landscape*, Ed. Little Brown, New York, 2006, p. 317.
[213] Leonard Susskind, *The Cosmic Landscape*, op. cit., p. 320.
[214] Citado por: Peter Woit, *Not Even Wrong*, Ed. Basic Books, 2006, p. 192.
[215] Citado por: Geoff Brumfiel, "Our Universe: Outrageous Fortune", *Nature*, nº 439, 2006, pp. 10-12.

Pasemos ahora a examinar la propuesta de Hawking y Mlodinow. En su obra *El Gran Diseño* (2010) estos autores se basan en el teorema matemático de "suma de historias" propuesto por Richard Feynman para derivar su hipótesis multiverso. Según explican Hawking y Mlodinow "el universo no tiene una sola historia sino todas las historias posibles"[216] de modo que "nuestro universo no es el único, sino que muchísimos otros universos fueron creados de la nada"[217].

La arbitrariedad de la tesis de Hawking y Mlodinow es mucho más evidente que la de Susskind. Y es que el teorema de "suma de historias" de Feynman no es un teorema *físico* sino solamente un teorema *matemático* que utilizan los físicos para calcular la trayectoria más probable de una determinada partícula subatómica sacando el promedio estadístico de todos sus caminos posibles. El hecho de que Hawking y Mlodinow interpreten este artificio *matemático* de modo *ontológico* y postulen que todos esos caminos son igualmente reales, no implica que también tengamos que hacerlo. Dicha interpretación es gratuita y no hay motivo para aceptarla. Incluso más, se trata de una interpretación completamente caprichosa y anticientífica. En efecto, es como si Hawking y Mlodinow nos dijeran que para poder predecir el camino por el que irá una determinada persona de un punto A a un punto B debemos sacar el promedio estadístico de todos los caminos posibles y luego nos dijeran que esta persona *realmente* ha ido por todos los caminos posibles, solo que en otros universos paralelos que no podemos observar. Absurdo a todas luces.

Así, pues, pareciera que el recurso al multiverso como explicación del orden y regularidad que observamos en el universo no es más que una salida desesperada con tal de rechazar el planteamiento teísta sobre la existencia de un Diseñador Cósmico. Es como si nos encontráramos con un majestuoso castillo de arena en la playa y en lugar de pensar que fue hecho por alguien, dijéramos que en realidad existe una cantidad inmensa de playas (inobservables, claro está) en las que el viento da diferentes formas a la arena, siendo que por casualidad le dio forma de castillo a la arena de la playa en la que estamos. Una total necedad…

---

[216] Stephen Hawking and Leonard Mlodinow, *The Great Design*, Ed. Bantam Books, 2010, p. 7.
[217] Stephen Hawking and Leonard Mlodinow, *The Great Design*, op. cit., p. 10.

Es obvio, por tanto, que lo que tiene más sentido, más poder explicativo, más plausibilidad y más coherencia es la existencia de un Diseñador Cósmico. En cambio la tesis multiverso en base a la Teoría M, al tener que multiplicar *innecesariamente* los entes para explicar *lo mismo*, viola el principio epistémico conocido como *navaja de Ockham*.

Más todavía: en la actualidad no existe consenso entre los científicos sobre si la teoría M implica necesariamente una multitud de universos. Por ejemplo, el físico teórico Michael Duff, del Imperial College de Londres, dice: "Mi opinión personal es que no entendemos la teoría lo suficientemente bien como para poder decir si hay un único universo o una multitud de universos". Y luego, refiriéndose a la obra de Hawking y Mlodinow, agrega: "Si Stephen (Hawking) quiere meter su cuello, le deseo buena suerte"[218].

Adicionalmente, tenemos que la ya mencionada *paradoja de los cerebros de Boltzmann* pone directamente en jaque a la hipótesis multiverso. En efecto, como explica William Lane Craig en su análisis de la propuesta de "multiversos inflacionarios" (con la que ahora especulan Andrei Linde y Alan Guth), si fuera por puro azar "el estado más probable para sustentar nuestras observaciones ordenadas es un incluso más pequeño 'universo' compuesto de un solo cerebro el cual surge del desorden vía fluctuación térmica. Con toda probabilidad, entonces, existirías solo, y todo lo que observas a tu alrededor, incluso tu cuerpo físico, ¡es ilusorio! (…) Los cerebros de Boltzmann son mucho más abundantes en una colección de universos que los observadores ordinarios, y, por tanto, cada uno de nosotros debería pensar que es un cerebro de Boltzmann si cree que el universo es solo un miembro de una colección de mundos. *Dado que esto parece una locura, este hecho desconfirma fuertemente la hipótesis de que hay un multiverso*"[219].

Queda, pues, en pie la quinta vía.

---

[218] "M-theory: Doubts Linger Over Godless Multiverse", *New Scientist,* September 14, 2010.
[219] William Lane Craig, *Reasonable Faith,* Ed. Crossway Books, Weathon, 2008, pp. 148-149.

Objeción 7: *Pero además de la teoría M hay otras propuestas de multiverso y esta u otra teoría puede ser eventualmente confirmada en el futuro, de modo que sería el conjunto de universos lo que explicaría, por la vía del azar, el orden que observamos en el nuestro. Luego, no se prueba la conclusión de la quinta vía.*

Respuesta: Lo primero que hay que señalar aquí es que resulta bastante complicado hablar propiamente de una "confirmación" contundente y clara de alguna hipótesis multiverso por cuanto, como acertadamente señala el físico James Hartle, "nosotros construimos nuestras teorías como parte del universo, no fuera de él, *y este hecho debe limitar inevitablemente las teorías que construimos*"[220]. Por tanto, cualquier "confirmación" de multiverso solo podrá ser, al menos en principio, *parcial o indirecta* y, por ende, siempre discutible. Es más, el que ciertos datos u observaciones puedan eventualmente interpretarse como implicando la existencia de otros universos es precisamente eso: *cuestión de interpretación* (y, por ende, *falible*). En efecto, son varios los casos de propuestas multiverso en que exactamente las mismas observaciones a que apelan pueden interpretarse *en términos de un solo universo*, así que esto último debería ser preferido en principio como explicación científica dada la *navaja de Ockham*.

Ahora bien, dicho esto, tenemos que *ni siquiera en el caso de que haya una confirmación de la hipótesis multiverso quedaría refutado nuestro argumento teológico*. Y eso no por una sino por *cinco* razones:

Primero, porque apelar a los multiversos para explicar cualquier evento con *complejidad específica* implicaría simple y llanamente la destrucción de todo el pensamiento y acción racional. Para dilucidar correctamente esto debemos comenzar por entender qué significa "complejidad específica". Un ejemplo del mismo autor de este concepto, el filósofo y matemático William Dembski, puede ser muy instructivo al respecto: "Una sola letra de un alfabeto es específica sin ser compleja. Una larga frase de letras escogidas de forma aleatoria es compleja pero no específica. Un soneto de Shakespeare es complejo y específico"[221]. Entonces, la complejidad específica se refiere a aquella que tiene información organizada de modo significativo.

---

[220] James Hartle, "Excess Baggage", in: John H. Schawarz ed., *Elementary Particles and the Universe*, Cambridge University Press, Cambridge, 1991.
[221] William Dembski, *Intelligent Design: The Bridge Between Science and Theology*, InterVarsity Press, Downers Grove, 1999, p. 47.

Pues bien, imaginemos que explicamos cualquier evento del universo (como el ajuste fino) apelando a la hipótesis multiverso. En ese caso si estuviéramos jugando póker con un amigo y este nos venciera 100 veces consecutivas sacando siempre a la primera una "escalera real" (la mejor combinación de ese juego), nosotros *no* podríamos decirle de modo coherente que hace trampa porque él bien podría respondernos: "No, amigo, lo que sucede es que en este multiverso en que vivimos se dan todos los eventos posibles y evidentemente va a haber uno en el que yo voy a sacar una 'escalera real' 100 veces seguidas". Pero en el fondo sabemos que hay algo incoherente ahí. Es cierto que en cada mano debe haber una combinación de 5 cartas cualesquiera ¡pero la combinación de "escalera real" tiene evidentemente *complejidad específica*! Y lo mismo vale para el ajuste fino pues la vida *consciente* e *interactiva* también exhibe ese tipo de complejidad: no es un acontecimiento común e insignificante el que hayan seres que comúnmente se pregunten sobre el significado.

Segundo, porque ni siquiera es seguro que la multitud de universos elimine necesariamente y del todo la *extrema improbabilidad* del ajuste fino. En efecto, cualquiera que piense que el ajuste fino se puede eliminar simplemente porque hay tal o cual evidencia de multiverso evidentemente no está entendiendo cuán incomprensibles y numerosas son las magnitudes y restricciones implicadas en este problema. Para citar un ejemplo, cuando uno escucha que la teoría M permite alrededor unos 10 a la 500 universos posibles, puede tender a pensar que con ello se va a poder afrontar sin problemas cualquier improbabilidad de ajuste fino. Sin embargo, considerando solamente el cálculo de Penrose respecto de la condición de baja entropía[222], tenemos que la probabilidad de que el ajuste fino se dé por azar en un escenario con 10 a la 500 universos es igual a:

$$\frac{1}{10^{10^{123}}} \times 10^{500} = \frac{10^{500}}{10^{10^{123}}} = \frac{1}{10^{10^{123}-500}}$$

---

[222] Penrose ha reiterado esta cifra en otra obras más recientes; véanse: Roger Penrose, *The Road to Reality*, Ed. Random House, London, 2004, pp. 729-730, y también: Roger Penrose, *Cycles of Time*, The Bodley Head, London, 2010, p. 127 (en este caso Penrose toma el último exponente como 124 en lugar de 123 para incluir la contribución de la materia oscura).

¡Una cifra inconmensurablemente pequeña! Para darnos una idea solo pensemos esto: un 10 elevado a la 123 es igual a un 1 seguido por 123 ceros. Si le restamos un 500 (que solo tiene dos ceros) a esta cifra, dicha sustracción ¿significará realmente *algo*? Pues bien, *¡la cifra resultante no es la de la probabilidad de que el ajuste fino se dé por azar en la hipótesis multiverso sino únicamente el exponente al cual elevaremos el 10 inicial que hay en el denominador!* Por tanto, la probabilidad del ajuste fino sigue siendo extremadamente baja incluso en este escenario multiverso. De hecho, es *muchísimo* más probable que un tornado ensamble por azar un Boeing 747 al pasar por un depósito de chatarra (probabilidad que el astrofísico Fred Hoyle calculó en 1 sobre 10 a la 40000[223]). En consecuencia, en ese escenario, si el ateo quiere seguir rechazando nuestro argumento tiene que aceptar, para ser coherente consigo mismo, que es *perfectamente posible* que un Boeing 747 sea ensamblado al azar por un tornado. O sea, tiene que aceptar un total disparate…

Tercero, porque, más allá de los cálculos anteriores, *incluso si hubiera una cantidad infinita de universos* -como plantea *extremadamente* Tegmark[224]- resulta filosóficamente viable hacer una *inferencia coherente* de diseño inteligente. Esto fue demostrado por el ya citado William Dembski en su *paper* del 2003 titulado "¿Universo Infinito o Diseño Inteligente?". Siguiendo la misma línea de lo que hemos expuesto en el primer punto, Dembski apela al ejemplo del famoso pianista Arthur Rubinstein para ilustrar su argumento. Él escribe: "Considere la siguiente posibilidad: ¿Fue Arthur Rubinstein un gran pianista o solo sucedió que cada vez que él estaba sentado frente al piano, él ponía por azar sus dedos en las teclas correctas para producir bella música? Esto podría suceder por azar, y hay algún rincón del infinito universo donde todo es exactamente como en el planeta tierra excepto que la contraparte de Arthur Rubinstein no puede leer ni apreciar la música y se da la increíble coincidencia cada vez que él se sienta frente al piano. (…) ¿Pero puede la inducción realmente decirnos eso? *¿Cómo sabemos que no estamos en una de esas bizarras partes del infinito universo donde las cosas que ordinariamente atribuimos al diseño suceden por azar?*".

---

[223] Véase: Fred Hoyle, *El Universo Inteligente*, Ed. Grijalbo, Barcelona, 1984.
[224] Cfr. Max Tegmark, "The Multiverse Strikes Back", *Scientific American,* July 2011.

Frente a esa interesante cuestión, Dembski continúa diciendo: "Considere nuevamente el caso de Arthur Rubinstein. Imagine que es enero de 1971 y usted está en el Salón de Orquesta de Chicago escuchando a Rubinstein. Usted lo escucha tocando Hungarian Rhapsody Nº 2 de Liszt en C menor. (…) ¿Qué lo lleva a pensar que el hombre llamado Rubinstein que está tocando en el Salón de Orquesta es un músico consumado? Reputación, vestimenta formal, que el famoso salón de conciertos ha sido ciertamente cedido… pero esto no es necesario ni suficiente. Incluso así, una condición necesaria para reconocer la habilidad musical de Rubinstein (y por tanto el diseño de su performance) es que él está tocando una colección complicada de notas musicales y que esto también tiene especificidad (por ejemplo, el programa del concierto especificó que se iba a tocar Hungarian Rhapsody Nº 2 de Liszt en C menor). En otras palabras, usted reconoce que la performance de Rubinstein exhibe complejidad específica".

Por tanto, Dembski concluye: "Así, se sigue que *el reto de un infinito universo al diseño inteligente falla. (…) Independientemente de si el universo es finito o infinito, es posible para la evidencia empírica confirmar un diseño inteligente en la naturaleza*"[225]. Ergo, podemos hacer inferencia de diseño incluso en el caso de un multiverso irrestricto.

Cuarto, porque la hipótesis multiverso solo empuja un paso atrás el problema del *ajuste fino de las condiciones iniciales*. En efecto, toda teoría sobre el multiverso tiene que partir de un mecanismo generador de universos cuyas condiciones tienen a su vez que estar ajustadas de modo exógeno al modelo. Por ejemplo, en la Teoría M se requieren once dimensiones para que el mecanismo generador de multiversos pueda funcionar y no hay nada dentro de esta teoría que explique por qué han de haber necesariamente once dimensiones. Bien podrían haberse dado otras posibilidades. Por tanto, la pretendida "Teoría del Todo" no lo explica realmente *todo* ya que todavía se requeriría de un "ajustador fino de las dimensiones" para explicar el multiverso[226].

---

[225] William Dembski, "Infinite Universe or Intelligent Design?", Accelerating Change Conference, Stanford University, September 2003.
[226] Resulta perfectamente pertinente aquí, en referencia a la "Teoría del Todo", la siguiente cita de C. S. Lewis: "Todo el universo puede ser explicado por un conjunto de leyes, excepto esas leyes y el universo mismo, *lo cual constituye una notable excepción*". (Citado por: Mario Arroyo, "¿Existe o no Dios?", debate contra

Asimismo, otra de las propuestas de multiverso más famosas, a saber, la del *multiverso inflacionario* (o de *inflación caótica*), enfrenta también este problema de las condiciones iniciales. ¿Por qué? Porque más allá de los equívocos terminológicos de Linde hablando de una inflación "eterna" ya ha sido *acabadamente demostrado* por el *teorema Borde-Guth-Vilenkin* que tal tipo de pretendido multiverso tendría necesariamente un *inicio absoluto* el cual, por supuesto, tendrá a su vez ciertas condiciones específicas no explicables por un estado físico previo. Así que esos multiversos no solo no escapan del argumento cosmológico (segunda vía), por tener un inicio absoluto, sino que tampoco logran hacerlo respecto del teleológico (quinta vía), por implicar condiciones iniciales específicas.

Quinto, porque, además de lo anterior, también quedaría en pie para los multiversos el problema de las *leyes maestras*: siempre nos encontraremos con unas leyes fundamentales y matemáticamente configurables que condicionan el conjunto y que deben ser no de cualquier modo posible sino de cierto modo particular para poder funcionar. Hawking mismo reconoce la necesidad de leyes maestras en un multiverso: "En la teoría M las dimensiones espaciales adicionales que forman el espacio interno *no pueden ser curvadas de manera arbitraria, ya que las matemáticas de la teoría restringen las maneras posibles de hacerlo.* La forma exacta del espacio interno determina los valores de las constantes físicas, como la carga del electrón, y la naturaleza de las interacciones entre las partículas elementales; en otras palabras, determina las leyes aparentes de la naturaleza. Decimos 'aparentes' porque nos referimos a las leyes que observamos en nuestro universo -las leyes de las cuatro fuerzas y los parámetros como las masas y las cargas que caracterizan las partículas elementales-, *pero las leyes más fundamentales son las de la teoría M*"[227].

Entonces, lo que se necesita ahora es un escenario en que puedan discurrir las "leyes maestras" para generar el multiverso. Para ello algunos apelan a los trabajos del matemático John Conway de acuerdo con los cuales se demuestra, dadas las simulaciones del llamado "Juego de la vida", que pueden surgir entidades complejas a partir de leyes simples.

Manuel Paz y Miño, Universidad Nacional Mayor de San Marcos, 24 de noviembre del 2015, segunda intervención.
[227] Stephen Hawking and Leonard Mlodinow, *The Great Design,* Ed. Bantam Books, 2010, p. 117.

Sin embargo, el gran problema de ello es que, contrariamente a lo que quieren interpretar los ateos, ¡el "juego de la vida" en realidad demuestra la *necesidad* de un Diseñador! Si dejamos de lado los prejuicios naturalistas, en realidad esto es muy fácil de entender: lo que hace Conway es crear un escenario virtual mediante un programa informático que requiere de un sistema de cómputo creado con software y hardware que son fruto de la inteligencia, crea en dicho escenario unos actores y luego elige *inteligente* y *conscientemente* en dicho escenario, no cualquier regla, sino ¡justo aquella que funciona para su propósito! Es en verdad curioso: tiene que hacer *necesariamente* las veces de creador en su computadora ¡para luego negar la necesidad de un Creador del universo! El propio Hawking es en el fondo consciente de esta incoherencia, y por ello escribe: "El ejemplo del Juego de la vida de Conway demuestra que incluso un conjunto simple de leyes puede producir características complejas análogas a las de la vida inteligente. Debe haber muchos conjuntos de leyes con dicha propiedad. *¿Qué selecciona las leyes que rigen nuestro universo?* (…) En el mundo de Conway, *nosotros somos los creadores, escogemos el estado inicial al especificar los objetos y sus posiciones al inicio del juego*"[228]. Ergo, no es nada descabellado pensar en un Diseñador incluso del multiverso.

Y es que, como ha demostrado Robin Collins, el multiverso requeriría un ajuste fino de sus leyes: "*Se trate de la variedad inflacionaria o de otro tipo*, (…) las leyes del multiverso generador deben ser *justo las correctas* (…). Para dar una analogía, incluso en un aparato mundano tal como una máquina de pan (…) debe haber la correcta estructura, programas e ingredientes (harina, agua, levadura y gluten) para producir piezas de pan decentes. Ahora, considere el generador de multiversos tipo inflacionario. Para que ello explique el ajuste fino de las constantes, debe conjeturarse uno o más mecanismos o leyes que hagan lo siguiente (…): i) causar la expansión de una pequeña región de espacio en una muy grande región; ii) generar la muy grande cantidad de masa-energía para que esa región contenga materia en lugar de meramente espacio vacío; iii) convertir la masa-energía del espacio inflado al tipo de masa-energía que observamos en nuestro universo; y iv) causar suficientes variaciones entre las constantes de la física como para explicar su ajuste fino"[229].

---

[228] Stephen Hawking and Leonard Mlodinow, *The Great Design*, op. cit., p. 181.
[229] Robin Collins, "The Teleological Argument: An Exploration of the Fine-Tunning of the Universe", in: William Lane Craig and J. P. Moreland eds., *The Blackwell Companion To Natural Theology*, Blackwell Publishing, 2009, pp. 263-264.

Y por si lo anterior fuera poco, agrega: "Adicionalmente (...) las leyes físicas fundamentales subyacentes al generador de multiversos -sean de tipo inflacionario o algún otro- *deben ser justo la correctas para producir universos que permitan vida* (...). Por ejemplo, (...) sin el Principio de Cuantización, todos los electrones serían chupados en el núcleo atómico, y, por ende, los átomos serían imposibles; sin el Principio de Exclusión de Pauli, los electrones ocuparían la órbita atómica más baja, y los átomos complejos y variados serían imposibles (...). En consecuencia, *a lo más*, este escenario altamente especulativo explicaría el ajuste fine de las constantes de la física, *pero al costo de postular un ajuste fino adicional de las leyes de la naturaleza*"[230].

De hecho, considerando este punto y el anterior, puede volver a formularse, *con la misma rigurosidad metafísica,* el argumento de la quinta vía para la existencia de Dios *incluso para el caso multiverso y prescindiendo del ejemplo particular del ajuste fino.* Y es que nada impide que el propio multiverso exhiba un orden especial. Es más, los propios modelos de multiverso disponibles muestran claramente eso sobre todo en términos de estructura y orden matemático siendo elocuente muestra de ello que *varias de las propuestas de multiverso se han dado precisamente en virtud de que "las matemáticas funcionen bien".* Por tanto, como bien ha dicho el astrónomo Martin Rees: "Habiendo levantado la posibilidad de otros universos, los cosmólogos comenzaron a pensar sobre cómo serían y mientras pensaron, descubrieron que la lógica había armado una nueva trampa: la idea del multiverso los había puesto en un camino que los llevó de nuevo hacia un Creador"[231].

Y es que aquí hay que mantener en mente que no estamos propiamente defendiendo un "argumento del ajuste fino", como hacen varios apologistas actuales (remarcablemente William Lane Craig, de cuya metodología discrepamos en ese aspecto), sino más bien un argumento teleológico cuya fundamentación metafísica es *mucho más general y profunda.*

---

[230] Robin Collins, "The Teleological Argument: An Exploration of the Fine-Tunning of the Universe", in: William Lane Craig and J. P. Moreland eds., *The Blackwell Companion To Natural Theology*, op. cit., p. 265.
[231] Martin Rees, "What We Still Don't Know" (documental), 2004.

Por tanto, no hay que confundir las cosas: el ejemplo del ajuste fino es solo eso, un ejemplo. El argumento tomista, en cambio, va más hacia la *forma de ordenamiento racional del mundo*. Así, sin comprometerse necesariamente con el ejemplo particular del ajuste fino, sino solamente reflexionando sobre de las impresionantes simetrías, el orden y la belleza matemática de la estructura del universo o posible multiverso, uno puede inferir razonablemente la existencia de Dios.

Queda, pues, en pie la quinta vía.

Parte III

REFUTACIÓN DE LOS PRINCIPALES ARGUMENTOS ATEOS

CAPÍTULO 1
REFUTACIÓN A LAS "DEMOSTRACIONES" DE LA INEXISTENCIA DE DIOS

En este capítulo analizaremos los principales argumentos esgrimidos para demostrar la *inexistencia* de Dios. De seguro muchos ateos objetarán aquí que ello (el demostrar la *inexistencia* de Dios) es imposible y, además, innecesario porque, como decía la filósofa atea Ayn Rand, "no se pide ni se le puede pedir a nadie que pruebe un negativo"[232] sino que es solo el creyente el que tiene la "carga de la prueba" respecto de su afirmación de que "Dios existe". Sin embargo, dicha objeción no es válida.

En primer lugar, porque *sí es lógicamente posible probar un negativo*. ¿Cómo? Pues por el *método de reducción al absurdo*, es decir, probando que la definición misma de algo es absurda o contradictoria (así, por ejemplo, se puede demostrar que no existen "solteros casados" o "círculos cuadrados"). Es más, como veremos en un momento, este método *ha sido* utilizado por varios ateos[233].

En segundo lugar, porque *no basta con refutar los argumentos teístas para justificar el ateísmo*. En efecto: a falta de argumentos positivos en contra de la existencia de Dios, eso solo nos dejaría con el agnosticismo, es decir, con la postura de "no sé si hay Dios o no" pues ausencia de evidencia no es necesariamente evidencia de ausencia. Por consiguiente, cuando Rand conviene en que "dado que no hay prueba de que (Dios) exista, por tanto no existe"[234] es obvio que está cayendo en una *falacia ad ignorantiam* pues la existencia o inexistencia de las cosas es independiente de nuestro conocimiento y nuestra capacidad para hacer demostraciones. Así, por ejemplo, el hecho de que alguien que crea en la existencia de extraterrestres no pueda presentar evidencia suficientemente concluyente de su postura, de ningún modo legitima para inferir en términos lógicos que "Los extraterrestres no existen". Se trata de cuestiones distintas.

---

[232] Ayn Rand, Entrevista con Phill Donhaue, New York, 1980.
[233] Ponemos con énfasis "ha sido" porque en la actualidad casi no hay ateos que lo utilicen. Así, los famosos "4 jinetes" del movimiento ateo actual (Richard Dawkins, Sam Harris, Christopher Hitchens y Daniel Dennett), en lugar de construir sólidos y sofisticados argumentos filosóficos *en contra* de la existencia de Dios, se limitan únicamente a burlarse de la religión y los argumentos teístas.
[234] Ayn Rand, entrevista con Phill Donhaue, New York, 1979.

Finalmente, porque el ateísmo propiamente dicho *sí está comprometido con una afirmación muy concreta*: la afirmación de que "Dios no existe". Esta afirmación implica un juicio concreto sobre la realidad y, por tanto, *también le corresponde "carga de la prueba"*.

Es fácil entender este último punto si seguimos con la analogía anterior (y nos deshacemos de ciertos prejuicios, claro está). En efecto, independientemente de si creemos en la existencia de extraterrestres o no, si estuviéramos con un grupo de amigos y alguno de ellos afirmara sin más ni más que "Los extraterrestres no existen" o que "Es imposible que los extraterrestres existan" varios de nosotros nos veríamos compelidos a preguntarle en qué se basa para realizar una *afirmación* tan radical. En otras palabras ¡le estaríamos poniendo la carga de la prueba! Y nadie, o al menos muy pocos, considerarían irracional pedirle algún tipo de sustento a nuestro amigo que tan firmemente cree en la no existencia de los extraterrestres. Más bien consideraríamos irracional que nos respondiera algo así como "No, ninguno de ustedes me ha demostrado de modo absolutamente seguro que los extraterrestres existen y, por tanto, ¡los extraterrestres no existen y punto!". Simplemente cambiemos la palabra "extraterrestres" por "Dios" y al instante nos daremos cuenta de cuán irracional es el discurso de ciertos ateos que consideran irracional a todo aquel que no cree lo que ellos creen (es decir, que Dios no existe) pero que, curiosamente, no dan ni les interesa dar razones para sustentar su propia postura.

Pues bien, conscientes de lo anterior, ciertos filósofos ateos han buscado construir demostraciones de que Dios no existe. Examinemos sus "argumentos":

1. El acto de creación es inadmisible

Argumento: *Crear es sacar algo de la nada. Pero ello es imposible porque de la nada, nada sale. Por tanto, no puede haber un Ser creador. Luego, Dios no existe.*

Refutación: Este es el primero de los "argumentos" planteados por el filósofo francés Sebastián Faure para intentar demostrar la inexistencia de Dios.

Con el fin de procurar la pertinencia de nuestra refutación, citemos sus propias palabras: "Crear, es sacar algo de nada. Es hacer con nada alguna cosa. Es llamar la nada a ser. Eso supuesto, imagino que no se encuentra ni una sola persona dotada de razón que pueda concebir y admitir que de nada se pueda sacar algo, que con la nada sea posible hacer alguna cosa. Imaginad a un matemático, elegid el calculador más eminente, colocad detrás de él una enorme pizarra negra. Rogadle que trace sobre ella ceros y más ceros: podrá esforzarse en sumar, en multiplicar, en librarse todas las operaciones de las matemáticas, y no alcanzará jamás a extraer de la acumulación de esos ceros una unidad. Con nada, no se hace nada; con nada no se puede hacer nada. (…) En consecuencia, la hipótesis de un ser verdaderamente Creador es una hipótesis que la razón rechaza. El ser Creador no existe, no puede existir"[235].

Para quien esté entrenado en cuestiones de lógica y conozca bien los fundamentos del teísmo no le será difícil ubicar las dos grandes falacias que comete Faure en su razonamiento.

En primer lugar comete una *falacia de petición de principio*. En efecto, al excluir de inicio la posibilidad de que pueda crearse algo a partir de la nada desde ya está excluyendo la posibilidad de que exista un ser Creador y, por tanto, está presuponiendo en sus premisas la conclusión a alcanzar. Pero no hay razón para excluir tal posibilidad. Obviamente es imposible hacer algo de la nada *naturalmente*, y ése es justamente el sentido del famoso aforismo de Lucrecio de que "de la nada, nada sale" (*ex nihilo nihil*) y también el sentido en que sería pertinente el ejemplo del matemático que nos propone Faure. Pero ello de ningún modo implica que sea imposible hacer algo de la nada *sobrenaturalmente*, que es justamente el sentido en que los teístas creen que Dios hace algo de la nada. Es de esperarse que el ateo no quiera aceptar la posibilidad de lo sobrenatural, pero haciéndolo así cae nuevamente en una *falacia de petición de principio* ya que si rechaza *a priori* la posibilidad de lo sobrenatural estaría también rechazando *a priori* la posibilidad de la existencia de Dios[236].

---

[235] Sebastián Faure, *Doce Pruebas de la Inexistencia de Dios*, París, 1926, 1er argumento.
[236] Aquí el ateo podría acusar al teísta de "querer meterlo en su terreno". Pero ese no es el caso. No se le está pidiendo al ateo que acepte sin más lo sobrenatural sino simplemente que acepte la *posibilidad* de lo sobrenatural. El ateo está en todo su derecho de *demostrar* que dicha posibilidad es incoherente, pero no puede

En segundo lugar Faure comete una *falacia de blanco móvil*. Y es que, contrariamente a lo que parece atribuir Faure a los teístas cuando dice que "no se encuentra ni una sola persona dotada de razón que pueda concebir y admitir (…) que *con la nada* sea posible hacer alguna cosa", no existe ningún creyente con dos dedos de frente que afirme que Dios creó las cosas *con* la nada, ya que con la nada no se puede hacer nada simplemente porque la nada *no es*.

Y es justamente ahí donde radica el problema de Faure porque él, en lugar de entender la "nada" como aquello que *no es*, la conceptúa (erróneamente) como un "algo" realmente existente y piensa en la creación como un "formar" algo con esa "nada" (baste con recordar su analogía del matemático que luchaba con los ceros para obtener una cantidad positiva). *Pero eso no es lo que postula el teísmo*. Así, por ejemplo, Santo Tomás de Aquino nos dice que "al decir que se hace algo de la nada, la preposición 'de' *no designa una causa material, sino solamente un orden*"[237]. Por tanto, el teísmo *no* dice propiamente que Dios hace las cosas *con* la nada sino más bien *desde* la nada, es decir, sin partir de algo pre-existente. En otras palabras, no da el ser al no-ser (lo cual sería absurdo y contradictorio) sino simple y llanamente *da el ser*.

Finalmente, para acabar con este "argumento" hay que decir que, si quiere ser coherente consigo mismo, termina poniendo al ateo en graves aprietos. Y es que al postular como premisa central que "de la nada, nada sale", frente al *hecho* de la existencia del universo solo le deja al ateo dos posibilidades: 1) que haya existido siempre, y 2) que haya sido creado. En caso de que tome la primera, tendrá que resolver *todas* las objeciones que hemos planteado a la tesis de eternidad del universo en el segundo capítulo de la parte anterior. Y en caso de que tome la segunda, dado que "de la nada, nada sale" -como él mismo habría admitido-, tendrá que descartar la posibilidad de que el universo se haya creado a sí mismo a partir de la nada y, por tanto, será necesario que acepte la existencia de un ser distinto y *ontológicamente* anterior al universo que le haya dado el ser. En otras palabras, el ateo ¡tendría que aceptar la existencia de Dios!

Queda, pues, refutado el "argumento".

---

rechazarla *a priori* (a menos, claro está, de que quiera tener un ateísmo *dogmático* e *irracional* en lugar de uno *sustentado* y *racional*).
[237] Santo Tomás de Aquino, *Suma Teológica*, Ia, q. 45, art. 1, sol. 3.

2. El Espíritu Puro no pudo haber creado la materia

Argumento: *Si Dios, el Espíritu Puro, ha creado la materia, con respecto a su principio esta nos deja dos posibilidades: o estar fuera de Dios o estar dentro de Él. En el primer caso Dios no podría ser el Creador de la materia porque ésta ya hubiera existido desde siempre y coeternamente con Él. Y en el segundo caso, Dios no podría ser el Espíritu Puro pues tendría algo de materia dentro de sí. Pero Dios ha de ser necesariamente Creador y Espíritu Puro. Luego, Dios no existe.*

Refutación: Este es el segundo "argumento" que presenta Faure. Citémoslo: "Si, a pesar de todo, vosotros os obstináis en afirmar que es vuestro Dios quien ha creado el universo, ha llegado la hora de pediros dónde, en la hipótesis de Dios, se encuentra la materia en un principio. (…) Y bien. De dos cosas una: o la materia estaba fuera de Dios o estaba dentro de Dios (no le podríais asignar un tercer lugar). En el primer caso, si ella se hallaba fuera de Dios, Dios no ha tenido necesidad de crearla, puesto que ya existía (…) y, entonces, vuestro Dios no es creador. En el segundo caso, es decir, si ella (…) estaba dentro Dios, tenemos que: 1) Dios no es el Espíritu Puro puesto que él tenía en sí una partícula de materia (…), y 2) que Dios, conteniendo la materia en Él, no ha tenido que crearla, puesto que ella existía; no ha tenido más que hacerla salir, y en este caso, la creación cesa de ser un acto de creación verdadero y se reduce a un acto de exteriorización. En los dos casos, no hay creación"[238].

Sin más preámbulos, pasemos a desnudar los sofismas de Faure:

Lo primero que hay que decir con respecto a este "argumento" es que descansa *en su totalidad* sobre una premisa falaz, en específico sobre una *falacia de falso dilema*. Efectivamente, cuando Faure plantea que en su principio la materia estaba o bien fuera de Dios o bien dentro de Él sin que exista una tercera posibilidad, simple y llanamente está planteando un problema *absurdo*. Las distinciones dentro-fuera solo tienen sentido cuando se trata de entes materiales ¡no cuando se habla del Espíritu Puro! Por tanto, plantear tal cosa es tan absurdo y sofístico como el pedirnos dilucidar si es que los triángulos son alemanes o estadounidenses (!).

---

[238] Sebastián Faure, *Doce Pruebas de la Inexistencia de Dios,* París, 1926, 2do argumento.

Pero no solo eso. El "argumento" de Faure, además de sofístico y falaz, es también *contradictorio*. Y es que si, como hace Faure, se asume provisionalmente que la materia ha sido creada por Dios, ello implica aceptar que ha sido creada de la nada (*ex nihilo*) y, en consecuencia, no cabría hablar de un "antes" *material* en que podría haber existido dentro de Dios como "una partícula". Es más, el *teorema de singularidad espacio-temporal* establecido por Hawking y Penrose lo impide porque de acuerdo con él no solo la materia y la energía sino *el espacio y tiempo mismos* tuvieron un inicio absoluto con el Big Bang[239].

En todo caso se hace de nuevo evidente que el gran problema de Faure es que solo puede concebir lo espiritual de modo material, lo cual lo lleva a caer en extremos tan absurdos como el querer establecer una relación *material* entre el Espíritu Puro y la materia. Y es que cuando se trata del Espíritu Puro hablar de "lugar" -como hace Faure- está completamente fuera de lugar.

Queda, pues, refutado el "argumento".

3. Un ser Perfecto no puede crear algo imperfecto

Argumento: *Si Dios existe, entonces debe ser Perfecto y, además, el Creador del universo. Pero es evidente que el universo es imperfecto. Por tanto, no puede haber sido hecho por un ser Perfecto. Luego, Dios no existe.*

Refutación: He aquí el tercer "argumento" presentado por Faure para demostrar la inexistencia de Dios. En específico, él nos dice: "Hay siempre entre la obra y el autor de ella una relación rigurosa, estrecha, matemática; así, siendo el universo una obra imperfecta tenemos que el autor de esta obra no puede ser sino imperfecto. Este silogismo conduce a poner en evidencia la imperfección del Dios de los creyentes y, por consiguiente, a negarlo"[240].

---

[239] Stephen Hawking and Roger Penrose, "The Singularities of Gravitational Collapse and Cosmology", *Proceedings of the Royal Society of London*, Series A, Mathematical and Physical Sciences, vol. 314, nº 1519, 1970, pp. 529-548.

[240] Sebastián Faure, *Doce Pruebas de la Inexistencia de Dios*, París, 1926, 3er argumento.

Sin embargo este argumento no se inicia con Faure sino que viene desde mucho antes. Así, por ejemplo, el pensador anarquista ruso Mijail Bakunin escribe a finales del siglo XIX, en su obra *Dios y el Estado,* que "una creación imperfecta supondría necesariamente un creador imperfecto" con lo cual "se ve de todas maneras, que la existencia de Dios es incompatible con la del mundo. Si existe el mundo, Dios no puede existir"[241].

Para responder a este argumento lo primero que hay que comprender es que -al contrario de lo que pretende el argumento- el universo no es propiamente *imperfecto* sino más bien *perfectible*. Y es que, como bien decía Santo Tomás de Aquino, "algo es perfecto en cuanto que está en acto"[242] y el universo ni está completamente en potencia (con lo cual sería *en sí* imperfecto) ni está completamente en acto (con lo cual sería plenamente perfecto), sino más bien en *movimiento*, es decir, en un paso continuo de la potencia al acto en cada una de sus formas y partes, siendo que la actualización de estas potencias no la tiene primariamente por sí mismo sino más bien en virtud de otro "ya que un ser en potencia no pasa a ser en acto si no es por otro ser en acto"[243]. Ahora bien, este ser que está en *acto puro* y que actualiza las potencias y perfecciones de todas las cosas del universo teniendo en sí la Perfección Suma y Completa es el que todos conocemos con el nombre de Dios. Por consiguiente, si bien es imposible pensar en la existencia de una creación *intrínsecamente imperfecta* salida de las manos de un creador Perfecto, *no hay ningún problema* con pensar en una creación *dinámicamente perfectible* cuyas potencias y perfecciones se van desplegando de acuerdo a lo pre-establecido por un creador Perfecto.

Pero, si ese creador es Perfecto, ¿no debería *necesariamente* desplegar *del todo* las potencias y perfecciones del universo? No necesariamente. Y es que entre Dios y la creación no existe "una relación rigurosa, estrecha y matemática" como pretende Faure. La creación no se deriva *necesariamente* del ser de Dios como si se tratase de una emanación de su Esencia, sino que más bien es consecuencia de una decisión *libre* de su Voluntad y de ahí su contingencia, dado que podría haber no existido. ¿Significa esto que la Voluntad de Dios es contingente? De ningún modo. Escribe Santo Tomás de Aquino: "Como la bondad de Dios es perfecta y puede existir sin los demás seres, que ninguna perfección pueden añadirle, no es

---

[241] Mijail Bakunin, *Dios y el Estado,* Proyecto Espartaco 2000-2001, pp. 85-86.
[242] Santo Tomás de Aquino, *Suma Teológica,* Ia, q. 4, art. 1, rpta.
[243] Santo Tomás de Aquino, *Suma Teológica,* Ia, q. 4, art. 1, sol. 2.

absolutamente necesario que quiera cosas distintas de Él; y sin embargo, lo es por hipótesis o suposición, pues supuesto que las quiere, no puede no quererlas, porque su voluntad no puede cambiar"[244]. En otras palabras, Dios puede querer *necesariamente* que hayan cosas *contingentes*. Por tanto, *no es propiamente la Perfección de Dios la que depende del grado de perfección de las cosas- sino más bien es el grado de perfección de las cosas el que depende de la Perfección de Dios* puesto que en el orden de la perfección, si bien puede decirse de algún modo que la criatura es semejante a Dios, no puede decirse, sin embargo, que Dios sea semejante a la criatura.

Así pues, resumiendo, podríamos decir que la *falta de perfección* de las cosas demuestra que ellas no son Dios y su *perfectibilidad* demuestra que proceden de Dios, de manera que la existencia de Dios se hace compatible con la del mundo. En consecuencia, invirtiendo lo dicho por Bakunin, considerada su perfectibilidad, *si existe el mundo, Dios tiene que existir*.

Queda, pues, refutado el "argumento".

4. Un ser Activo y Necesario no puede haber estado inactivo e inútil

Argumento: *Si Dios existe es un ser intrínsecamente Activo y Necesario. Pero Dios demuestra que es Activo y Necesario por medio de la creación. Por tanto, antes de la creación había estado inactivo e inútil. Pero eso no puede corresponder a un ser intrínsecamente Activo y Necesario. Luego, Dios no existe.*

Refutación: Como era de esperarse, este es el cuarto "argumento" de Faure. Él nos dice: "Si Dios existe, es eterno, activo y necesario. (…) Decir que Dios no es eternamente activo, es admitir que no siempre lo ha sido (…) y puesto que es por la creación que se ha manifestado su actividad, eso es admitir, al mismo tiempo que, durante los millones y millones de siglos que, quizá, han precedido la acción creadora, Dios estaba inactivo. Por otra parte, decir que Dios no es eternamente necesario, es admitir que no lo ha sido siempre (…) y puesto que es la creación que proclama y atestigua la necesidad de Dios, eso es admitir a la vez que, durante millones y millones de siglos que han precedido quizá a la acción creadora, Dios era inútil. ¡Dios inactivo y perezoso! ¡Dios inútil y superfluo!"[245].

---

[244] Santo Tomás de Aquino, *Suma Teológica,* Ia, q. 19, art. 3, rpta.
[245] Sebastián Faure, *Doce Pruebas de la Inexistencia de Dios,* París, 1926, 4to argumento.

Pues bien, con respecto a este argumento hay que decir que comete tres grandes errores.

El primero es suponer que Dios es Activo y Necesario *única y primariamente* con respecto a la creación. Falso. Dios es eternamente Activo y Necesario *por Sí mismo,* independientemente de la creación. En efecto: es *eternamente activo* porque al constituirse como un ser Personal y existir en la forma de Acto Puro, conociéndose y amándose eternamente a Sí mismo desde su Intelecto y Voluntad. Y también es *eternamente necesario* ya que, al constituirse como el ser Subsistente mismo, simplemente no puede no existir.

El segundo error se deriva del primero. Y es que al suponer que Dios es Activo y Necesario *única y primariamente* con respecto a la creación, Faure sostendrá que dado "que es por la creación que se ha manifestado su actividad" y se "proclama y atestigua su necesidad", antes de ella Dios no puede ser más que inactivo e inútil. La premisa implícita allí es que la actividad y necesidad de Dios solo es real si es que puede ser verificada por el hombre vía su manifestación en la creación. Obviamente se trata de una *falacia non sequitur*: del hecho de que alguien no pueda verificar la actuación de un determinado ser *no se sigue* que este ser no haya actuado. ¡Señor Faure, usted no es el centro del universo ni menos un ser omnisciente: del hecho de que usted no pueda verificar la actividad de Dios no se sigue que Él no haya actuado! Se ve claro, entonces, que la pretendida inutilidad de Dios solo se basa en la inutilidad de Faure para comprender que ni la actividad y ni la necesidad de Dios dependen del mundo para existir sino que más bien son *subsistentes*.

Finalmente, el tercer error del razonamiento de Faure consiste en querer delimitar a Dios en un marco temporal, aplicándole un "antes de" y un "después de" la creación. Simplemente se trata de una *falacia de blanco móvil* porque eso no es lo que postulamos los teístas. Sostenemos más bien que Dios existe no en el tiempo sino más bien en la eternidad, donde simplemente no hay tiempo porque no hay sucesión y, en consecuencia, no cabría hablar de un "antes de" o "después de".

Queda, pues, refutado el "argumento".

5. Un ser Inmutable no puede haber creado

Argumento: *Si Dios existe, debe ser Inmutable y, además, el Creador del universo. Pero ello no es posible ya que si en realidad hubiera creado habría cambiado dos veces: cuando decidió crear y cuando efectivamente lo hizo. Por tanto, un ser Inmutable no puede haber creado. Luego, Dios no existe.*

Refutación: Llegamos al quinto "argumento" de Faure. Él escribe: "Dios es inmutable. Pero yo considero que, si Él ha creado, no es inmutable, porque en este caso, ha cambiado dos veces: (…) la primera, cuando ha tomado la determinación de crear; la segunda, cuando poniendo en ejecución su determinación, ha cumplido el gesto creador. Si ha cambiado dos veces no es inmutable. Y si no es inmutable, no es Dios. No existe. El ser inmutable no puede haber creado"[246].

El lector perspicaz ya se habrá dado cuenta de que aquí también Faure comete el error de hacer depender el ser mismo de Dios de la creación como si fuera un ser *contingente* en vez de *Subsistente*. Pero eso no es lo que postula el teísmo. *Falacia de blanco móvil,* por tanto. Y es que en la postulación teísta la creación no quita ni añade nada al ser de Dios. Dios es ante todo *ontológicamente* inmutable y sus operaciones -incluso aquellas libres y extraordinarias como la de crear- no alteran para nada su ser.

Pero ese no es el principal error que comete Faure. Más bien es el tener una concepción demasiado *antropomorfista* del ser y operación de Dios. Dios no es alguien que está sentado y aburrido en el cielo hasta que un día, de buenas a primeras, se le ocurre crear. Él existe *en la eternidad* y la idea y deseo de la creación ya existen en su Intelecto y Voluntad *desde toda la eternidad*. En consecuencia, y contrariamente a lo que pretende Faure, con la creación no se da ninguna mutación cognitiva ni volitiva en Él. Y es que, siendo Eterno y Omnisciente, Dios lo conoce todo, incluso su propio conocimiento[247]. En consecuencia, sabía lo que haría incluso antes de que fuera manifiesto y, por ende, sería ridículo hablar de lo que era o pensaba antes de determinar tal o cual cosa.

---

[246] Sebastián Faure, *Doce Pruebas de la Inexistencia de Dios,* París, 1926, 5to argumento.
[247] Cfr. Santo Tomás de Aquino, *Suma Teológica,* Ia, q. 14, art. 2, 3.

Pero cuando decimos que Dios "creó" -en tiempo pasado-, ¿no lo estamos implicando en la temporalidad y el cambio? No necesariamente. La creación de lo temporal simplemente está *incluida* en el acto puro *eterno* de Dios y, en ese contexto, como decía Santo Tomás de Aquino, "si a Dios se aplican verbos en distintos tiempos, es porque la eternidad incluye todos los tiempos, *y no porque Dios sufra mudanzas de presente, pasado o futuro*"[248]. Por consiguiente, sí es posible que un ser Inmutable haya creado.

Finalmente, para terminar con el "argumento" de Faure dejaremos que el mismísimo San Agustín le señale su último problema. A continuación sus palabras: "Me plantaré y me solidificaré en Ti, Señor, y tu verdad será mi molde. No voy a soportar más las cuestiones de esas gentes que como afligidas por una sed morbosa en la cual encuentran su miseria, beben más de lo que pueden digerir y dicen: '¿Qué hacía Dios antes de crear el mundo? Y, ¿cómo un día le vino a la mente hacer algo que nunca antes había hecho?'. Concédeles, Señor, reflexionar sobre lo que dicen, y acabar de entender que la palabra 'nunca' carece totalmente de sentido donde no existe el tiempo. Pues cuando dicen que 'nunca antes' habías hecho algo, ¿qué es lo que en realidad quieren decir sino que nunca hubo tiempo antes de que lo hubiera? Que acaben finalmente por entender que no existió el tiempo antes de que Tú crearas el mundo, y renuncien a persistir en tales aberraciones. Pongan una real atención en lo que tienen adelante y comprendan que Tú existes más allá del tiempo como eterno creador de todos los tiempos; y que ningún tiempo ni criatura alguna es coetánea contigo"[249].

Queda, pues, refutado el "argumento".

6. Un ser Subsistente no puede haber creado, pues ello sería irracional

<u>Argumento</u>: *Dios, si existe, es un ser Subsistente y, además, el Creador del universo. Pero ello no es posible porque un ser Subsistente no tiene necesidades y, en cambio, un ser Creador debe crear por alguna necesidad, ya que de lo contrario sería irracional. Por tanto, un ser Subsistente no puede haber creado. Luego, Dios no existe.*

---

[248] Santo Tomás de Aquino, *Suma Teológica*, Ia, q. 10, art. 2, sol. 4.
[249] San Agustín, *Confesiones*, Lib. XI, cap. 30.

Refutación: He aquí el sexto "argumento" de Faure[250]. Él nos dice: "Examinemos a Dios antes de la creación. Tomémoslo en su sentido absoluto. Está solo. Se basta a sí mismo. Es perfectamente sabio, perfectamente feliz, perfectamente poderoso. Nada puede acrecentar su sabiduría; nada puede acrecentar su felicidad; nada puede fortificar su Potencia. Este Dios no puede experimentar ningún deseo, puesto que su felicidad es infinita; no puede perseguir ningún objeto, puesto que nada le falta a su perfección; no puede formar ningún propósito, puesto que nada puede disminuir su potencia; no puede determinarse a querer, puesto que no experimenta necesidad alguna. (...) La conclusión se impone, lógica implacable: Dios, si ha creado, ha creado sin motivo, sin saber por qué, sin objetivo. (...) Y bien: si Dios ha creado, sin objeto, sin motivo, ha obrado a la manera de un loco y la creación aparece como un acto de demencia"[251].

Un argumento similar es referido por el filósofo Keith Ward: "Si Dios es realmente autosuficiente (...) ¿cómo puede ser que Él crease el mundo? Parece ser un ejercicio arbitrario y sin sentido"[252].

Pues bien, por lo que respecta a este tipo de "argumento" hay que decir en primer lugar que –para variar- parte de una concepción demasiado antropomorfista de Dios al considerarlo sin más como un ser esencialmente interesado y egoísta que todo lo que hace lo hace para satisfacer alguna necesidad o para obtener una ganancia. Falso. Dios no tiene ninguna *necesidad* de la creación pues, como hemos dicho, ésta no añade ni quita nada ni a su Ser ni a su Perfección. Si Dios creó, entonces, no fue por *egoísmo* o *necesidad* sino más bien por un acto *libre* y *bondadoso* de su Voluntad. De este modo, si Dios creó no fue para aumentar su Felicidad *sino para comunicar su Felicidad*, de modo tal que todos los seres puedan participar de ella cada uno de acuerdo a su naturaleza y, en el caso de los seres racionales, de acuerdo a su voluntad.

---

[250] También será el último del que nos ocuparemos aquí porque los demás -a excepción de aquel referido al "problema del mal", sobre el cual hablaremos en el siguiente capítulo- o bien son irrelevantes para nuestro planteamiento o bien tienen que ver con características *específicas* del teísmo *cristiano* de las cuales no se ocupa el presente trabajo ya que su objeto es analizar el teísmo filosófico *en general*.
[251] Sebastián Faure, *Doce Pruebas de la Inexistencia de Dios*, París, 1926, 5to argumento.
[252] Keith Ward, *Rational Theology and the Creativity of God*, Ed. Pilgrim, Princeston, 1988, p. 588.

Por otra parte, cuando Faure sostiene que Dios "ha obrado a la manera de un loco" porque "ha creado, sin objeto y sin motivo" es evidente que dicha afirmación se basa implícitamente en la premisa de que si un determinado sujeto (en este caso Faure) no puede entender el motivo o razón de la actuación de otro sujeto (Dios) entonces este está loco. Obviamente se trata -también para variar- de una *falacia non sequitur* pues del hecho de que un sujeto X no pueda entender el motivo o razón de la actuación de un sujeto Y no se sigue que Y está loco.

Es más, como clara muestra de lo anterior tenemos que Sócrates, Galileo y Einstein fueron hombres incomprendidos ¡pero ello de ningún modo implica que estaban locos! Por tanto, el que Faure categorice de "loco" a Dios simplemente porque no puede entenderlo, *es una total locura*.

Queda, pues, refutado el "argumento".

7. No puede haber un Creador anterior al tiempo

Argumento: *Si Dios existe, ha existido incluso desde antes que el universo exista. Pero, como ha demostrado la física actual, con el inicio del universo también se inicia el tiempo. Por tanto, decir que Dios existe desde antes del universo implica también postular que existe desde antes del tiempo, lo cual es evidentemente absurdo pues no puede haber un tiempo antes del tiempo. En consecuencia, no puede haber un Creador anterior al tiempo. Luego, Dios no existe.*

Refutación: Este tipo de "argumento", insinuado por Stephen Hawking[253], se ha popularizado en varios foros ateos. Pues bien, pese a su aparente consistencia, podemos descartarlo sin más como falaz por la simple y llana razón de que se sostiene *en su totalidad* sobre una *falacia de blanco móvil* pues el teísmo en ningún momento postula que Dios existe en el tiempo sino más bien que existe *en la eternidad*. Así, por ejemplo, San Agustín nos dice que, en lugar de ser parte del tiempo, Dios es el *"eterno* creador de todos los tiempos"[254] al cual "ningún tiempo le puede ser coeterno" porque Él es permanente y el tiempo, en cambio, "si permaneciese, no sería tiempo"[255].

---

[253] Stephen Hawking, *Curiosity* (serie de televisión), Temp. 1, cap. 1, Discovery Channel, 7 de agosto del 2011.
[254] San Agustín, *Confesiones*, Lib. XI, cap. 30.
[255] San Agustín, *Confesiones*, Lib. XI, cap. 14, n. 1.

Pero ¿no es acaso lo mismo la eternidad que un tiempo indefinido? No, porque -como decía Santo Tomás de Aquino- "la eternidad existe simultáneamente, y, en cambio, en el tiempo hay un antes y un después" de modo que "aun en la hipótesis de que el tiempo no haya tenido principio ni vaya a tener fin (…) todavía quedaría en pie la diferencia entre tiempo y eternidad (…) ya que la eternidad es la medida del ser permanente, y el tiempo lo es del movimiento"[256]. Luego, al ser Dios el Primer motor *inmóvil* que sostiene el conjunto del movimiento tendremos que *su eternidad precederá al tiempo*.

De seguro en este punto el ateo objetará que la afirmación anterior es absurda porque el hablar de una eternidad *anterior* al tiempo implica necesariamente una distinción temporal. Sin embargo, no lo implica *necesariamente*. ¿Por qué? Porque cuando el teísta dice que Dios es anterior al universo y, por ende, al tiempo, no lo está diciendo en el sentido de *anterioridad temporal* (lo cual lo llevaría al absurdo de postular un tiempo antes del tiempo) sino más bien en el sentido de *anterioridad ontológica*, siendo que en este sentido sí es posible hablar de un "antes" del universo pues muy bien puede suceder que un ser atemporal (Dios) sea la causa del conjunto de seres temporales (el universo). Es más: es *absolutamente necesario* hablar de un "antes" del universo en *sentido ontológico* porque el aceptar por un lado que el universo ha tenido un principio y rechazar por el otro la existencia de cualquier ser *ontológicamente* anterior a él implicaría decir ¡que surgió de la nada y por nada!, lo cual es evidentemente absurdo ya que "de la nada, nada sale".

Adicionalmente, es importante anotar que cuando la física actual demuestra que "con el inicio del universo se da también el inicio del tiempo", *lo hace en el marco de referencia de lo físico*. Así, lo que se está demostrando es que la totalidad de la realidad física tiene una cota temporal precisamente porque ¡el tiempo es una dimensión física! No tiene sentido, por tanto, aplicar sin más la noción de tiempo a un ser metafísico (Dios), como es que hace la objeción.

Queda, pues, refutado el "argumento".

---

[256] Santo Tomás de Aquino, *Suma Teológica*, Ia, q. 10, art. 4, rpta.

8. No puede haber un ser Infinito

Argumento: *Dios, si existe, debe ser Infinito. Pero dado que "lo que es esto y no aquello" es finito en razón del ser, tendremos que Dios, al distinguirse de los demás seres, también deberá ser finito en razón del ser. Por tanto, no puede ser Infinito. Luego, Dios no existe.*

Refutación: Este "argumento" fue sostenido por el filósofo Leonard Peikoff en su conferencia *La Filosofía del Objetivismo*. De acuerdo con Peikoff el atributo divino de *infinitud* "descansa en una premisa metafísica falsa" y "no puede sobrevivir a un minuto de metafísica correcta" simple y llanamente porque "nada puede ser infinito de acuerdo con la Ley de Identidad" ya que ésta implica que un ser es lo que es y no puede ser lo que no es[257].

Ahora bien, este argumento puede responderse de dos maneras:

La primera es considerando la *trascendencia* divina. Bajo esta perspectiva se hace evidente que Dios es Infinito en Sí mismo porque al constituirse como el ser Subsistente mismo no le faltará nada en el orden del ser y, por tanto, no tendrá ninguna limitación en él, independientemente de la existencia o inexistencia de los demás seres. De ahí que Santo Tomás de Aquino diga que "debido a que el ser divino es subsistente (…) se le llama infinito" dado que "se distingue de todas las otras cosas, quedando todas ellas descartadas de Él, así como una blancura subsistente, por el hecho de no existir en algo, se distinguiría de toda otra blancura existente en un sujeto"[258].

La segunda forma de responder al "argumento" es considerando la *inmanencia* divina. Y es que si bien "Dios está sobre todo por la excelencia de su naturaleza" (*trascendencia*), "sin embargo, también está en todas las cosas como causa de su ser" (*inmanencia*)[259]. Ahora bien, es justamente de acuerdo con este aspecto que se ve más claramente que el principio de Identidad no excluye la infinitud de Dios como pretende Peikoff pues, aun cuando se distingue de los demás seres, todo lo que estos seres tienen del ser lo tienen únicamente en virtud del ser que Él les da. De ahí que Santo

---

[257] Cfr. Leonard Peikoff, "La Filosofía del Objetivismo", conferencia nº 2, 1976.
[258] Santo Tomás de Aquino, *Suma Teológica*, Ia, q. 7, art. 1, sol. 3.
[259] Santo Tomás de Aquino, *Suma Teológica*, Ia, q. 8, art. 1, sol. 1.

Tomás de Aquino diga que "nada hay que no tenga en sí a Dios"[260], con lo cual se hace evidente que, aun cuando lo consideremos en su relación con los demás seres distintos de Él, no hay motivo para decir que es finito en razón del ser.

Queda, pues, refutado el "argumento".

9. No puede haber un ser Omnipotente

Argumento: *Dios, si existe, ha de ser Omnipotente, es decir, ha de poder hacer cualquier cosa. Pero ello es imposible porque implicaría que Dios debería poder, en virtud de su Omnipotencia misma, no ser Omnipotente, lo cual obviamente es absurdo y contradictorio. Por tanto, no puede ser Omnipotente. Luego, Dios no existe.*

Refutación: He aquí la famosa *paradoja de la Omnipotencia*. La forma más conocida de ilustrarla es por medio del también famoso ejemplo de la piedra: "¿Podría Dios crear una piedra tan grande que ni Él mismo pudiera levantarla? Si puede hacerlo, entonces la roca inamovible limitaría los poderes de Dios. Pero si no puede, entonces ya no sería omnipotente". Sea cual fuere la opción que se elija siempre quedará en jaque la Omnipotencia divina y, junto con ella, la existencia misma de Dios.

¿Cómo responder a este argumento? Simple: definiendo correctamente el concepto de Omnipotencia. Omnipotencia, en la correcta definición teísta, *no significa* "poder hacer cualquier cosa" sino más bien, como habíamos dicho en otra parte, "posesión plena y total del poder".

Pero, ¿cuál es la diferencia entre estas definiciones? Que la Omnipotencia entendida como "la capacidad para hacer cualquier cosa" implicaría que Dios podría realizar acciones contrarias al verdadero poder y, por tanto, a la Omnipotencia misma (como, por ejemplo, crear una roca que ni Él mismo pueda levantar); mientras que la Omnipotencia *correctamente entendida* como "la posesión plena y total del poder" implicaría que Dios, justamente en virtud de su Omnipotencia, *solo* podría realizar acciones coherentes con el verdadero poder. De ahí que no pueda pecar, ni cansarse, ni enfermarse, ni mentir, pues todo ello, en lugar de ser una manifestación del verdadero poder, es en realidad una negación de él.

---

[260] Santo Tomás de Aquino, *Suma Teológica,* Ia, q. 8, art. 1, sol. 3.

San Agustín había expresado muy claramente lo precedente cuando escribía que: "Dios no puede morir o equivocarse. Cierto que no lo puede, pero si lo pudiera su poder sería, naturalmente, más reducido. Así que muy bien está que llamemos Omnipotente a quien no puede morir ni equivocarse. La omnipotencia se muestra en hacer lo que se quiere, no en sufrir lo que no se quiere. Si esto tuviera lugar, jamás sería Omnipotente. De ahí que algunas cosas no le son posibles, *precisamente por ser Omnipotente*"[261].

En este sentido hay también que señalar que "no es propio de la omnipotencia divina hacer lo que es contradictorio"[262] ya que, como decía el famoso apologista cristiano C. S. Lewis, "Omnipotencia significa poder para hacer todo lo que es intrínsecamente posible, no lo que es intrínsecamente imposible. A Dios se le pueden atribuir milagros, pero no absurdos; *esto no limita su poder*. Si usted elige decir 'Dios puede dar libre albedrío a una criatura y negárselo a la vez', ha logrado decir *nada* acerca de Dios. Las combinaciones de palabras sin sentido, no adquieren súbitamente sentido al anteponerles las palabras 'Dios puede'. Que con Dios *todo* es posible continúa siendo verdadero; las imposibilidades intrínsecas no son otra cosa que *inexistencias*. No es más posible para Dios, que para la más débil de sus criaturas, el llevar a efecto dos alternativas que se excluyen mutuamente; no porque su poder encuentre obstáculos, sino porque el disparate sigue siendo disparate aun cuando nos refiramos a Dios"[263].

Por tanto, hay que decir que *todo* el "argumento" de la Omnipotencia se constituye como una *falacia de blanco móvil* ya que parte de un concepto de Omnipotencia que no es el teísta. En consecuencia, la pretendida *paradoja de la Omnipotencia* (con todo y el ejemplo de la roca) no es más que una *falacia de falso dilema* originada por el error anterior. Y es que, como ya es costumbre con los intentos ateos por refutar la existencia de Dios, una falacia lleva a la otra y *se hunden cada vez más en una espiral de falacias…*

Queda, pues, refutado el "argumento".

---

[261] San Agustín, *La Ciudad de Dios,* Lib. V, cap. X.
[262] Santo Tomás de Aquino, *Suma Teológica*, I, q. 25, art. 4, rpta.
[263] C. S. Lewis, *El Problema del Dolor,* Magdalen College, Oxford, 1940, pp. 9-10.

10. No puede haber un ser Omnisciente y Libre

Argumento: *Dios, si existe, debe constituirse como un ser Omnisciente y Libre. Pero ello es imposible ya que un ser Omnisciente debe saber de antemano incluso qué decisiones tomará en el futuro y, en cambio, un ser Libre debe tener siempre abierta la posibilidad de tomar decisiones distintas. Por tanto, no puede haber un ser Omnisciente y Libre. Luego, Dios no existe.*

Refutación: Este "argumento" para demostrar la inexistencia de Dios puede encontrarse en el pensador austríaco Ludwig von Mises quien nos dice: "¿Es acaso compatible la omnipotencia con la omnisciencia? La omnisciencia implica que todos los futuros sucesos han de producirse de modo inexorablemente preestablecido. No es lógicamente concebible que un ser Omnisciente sea, al mismo tiempo, Omnipotente. Su incapacidad para variar ese predeterminado curso de los acontecimientos argüiría en contra de la aludida Omnipotencia"[264].

Para responder a este "argumento" basta con decir que carece totalmente de validez porque comete una *falacia de blanco móvil* al definir artificiosamente los dos términos esenciales de la "demostración", a saber: los atributos divinos de Omnisciencia y Libertad.

Comencemos por el primero. Es evidente que el "argumento" comete una *falacia de blanco móvil* con el concepto de Omnisciencia porque al decir que "un ser Omnisciente debe saber *de antemano* incluso qué decisiones *tomará en el futuro*" está claramente asumiendo que en el conocimiento divino hay sucesión lo cual es todo lo contrario de lo que afirma el teísmo.

En efecto, ya Santo Tomás de Aquino había dicho con mucha claridad que Dios, en su *eternidad*, "ve las cosas simultánea y no sucesivamente"[265]; y a su vez, San Agustín había dicho que Dios "no va conociendo las cosas una por una, como si su ciencia fuese pasando de unas a otras, sino que las conoce todas a la vez"[266]. Por tanto, tenemos que Dios, siendo Eterno y Acto Puro, no conoce las cosas que va a hacer *antes* de hacerlas porque Él simplemente Es y, por tanto, no puede hablarse de un "antes" o un "después" ni en su ser ni en su conocer.

---

[264] Ludwig von Mises, *La Acción Humana*, Unión Editorial, Madrid, 1980, p. 119.
[265] Santo Tomás de Aquino, *Suma Teológica*, I, q. 14, art. 7, rpta.
[266] San Agustín, *De Trinitate*, Lib. XV.

Pasemos ahora a analizar el concepto de Libertad divina. Como el lector perspicaz ya se habrá podido dar cuenta, aquí el gran problema del "argumento" consiste en que se queda únicamente con la definición de *libertad en potencia*, es decir, como *posibilidad* de elección entre distintas alternativas, y no toma en cuenta para nada la noción de *libertad en acto*, es decir, como realización plena de lo determinado por la voluntad de un sujeto. Aclaremos esta distinción por medio de un ejemplo. Supongamos un joven termina con su enamorada y tiene la posibilidad de estar con cualquiera de un grupo de cinco muchachas. He ahí su *libertad en potencia*. Ahora imaginemos que *realmente decide* estar con una de ellas. Ello implica que tiene que renunciar a las otras cuatro. ¿Significa eso que deja de ser libre? No, solo implica que está pasando de su *libertad en potencia* a su *libertad en acto*. Tal vez sus amigos le digan que ya no es "libre" porque no puede coquetear con otras chicas pero, hablando en sentido estricto, él sigue siendo tan o más libre que antes pues al *realmente* decidirse a estar con una de las chicas *está realizando aquello que autónomamente había determinado su voluntad*, que es justamente lo propio de la libertad.

Ahora bien, ¿cuál de estos dos conceptos de libertad corresponde a Dios? Obviamente el de libertad en acto. ¿Por qué? Porque Dios, al constituirse como Acto Puro, no depende de posibilidades externas a Él para ejercer su Libertad sino que más bien ésta surge como consecuencia de la Perfección y Poder de su Voluntad que, en lugar de depender de alternativas, crea ella misma sus alternativas. "La Voluntad de Dios es causa de los seres", escribe Santo Tomás de Aquino[267].

Por tanto, al definir a un ser libre como aquel que "siempre debe tener abierta la posibilidad de tomar decisiones distintas" el "argumento" no solo está cometiendo una *falacia de blanco móvil* al tomar una definición de la Libertad divina que no es la del teísmo, sino que también comete una *falacia de petición de principio* ya que su definición de libertad elimina *a priori* la posibilidad de que exista un ser cuya libertad se dé en Acto Puro (Dios) y, por tanto, está presuponiendo desde sus premisas la conclusión a alcanzar.

Queda, pues, refutado el "argumento".

---

[267] Santo Tomás de Aquino, *Suma Teológica*, Ia, q. 19, art. 4, rpta.

CAPÍTULO 2
EL ARGUMENTO DEL MAL

"Solo existe un argumento verdaderamente fuerte contra la creencia Dios: el de la existencia del mal", decía el filósofo y teólogo norteamericano Alvin Platinga. En efecto, todos nosotros en algún momento de nuestras vidas frente a la innegable evidencia de la injusticia y el sufrimiento que observamos -y experimentamos- en el mundo, nos hemos preguntado cómo es posible que exista un Dios Amoroso y Bueno que permita todo eso. Pues bien, el objeto del presente capítulo es justamente resolver dicha importante y crucial cuestión. Sin más preámbulos, manos a la obra...

Enunciación

La formulación más fuerte y persuasiva de la inexistencia de Dios a partir de la evidencia del mal se estructura lógicamente más o menos como sigue:

1. Un Dios omnisciente sabe que el mal sucederá.
2. Un Dios bondadoso no desearía que el mal exista.
3. Un Dios omnipotente podría evitar dicho mal.
4. El mal existe.
5. Luego, una de las tres primeras premisas tiene que ser falsa.
6. Pero no puede haber un Dios que no sea Omnisciente, Bondadoso y Omnipotente.
7. Luego, Dios no existe.

Quien conozca de historia de la filosofía ya se habrá dado cuenta de que lo precedente se trata de una formalización de la famosa *paradoja de Epicuro*:

"¿Es que Dios quiere prevenir el mal, pero no es capaz? Entonces no es omnipotente.
¿Es capaz, pero no desea hacerlo? Entonces es malévolo.
¿Es capaz y desea hacerlo? ¿De dónde surge entonces el mal?
¿Es que no es capaz ni desea hacerlo? ¿Entonces por qué llamarlo Dios?"[268].

---

[268] Citado por: John Hospers, *An Introduction to Philosophical Analysis*, Ed. Routledge, 1990, p. 310.

Refutación

Para resolver del todo el llamado *problema del mal* que nos presenta el argumento debemos abordarlo desde tres perspectivas, a saber: la ontológica, la moral y la existencial.

El problema del mal ontológico

Como es sabido, la Ontología es la rama de la Filosofía que se ocupa del ser. Por tanto, cuando hablamos del "problema del mal ontológico" nos estamos preguntando si el mal existe en sí mismo, es decir, si es que tiene *consistencia* y *realidad ontológica*.

Pues bien, lo primero que debemos hacer aquí es partir de una definición ontológica del mal. ¿Qué es, entonces, el mal? Siguiendo a Santo Tomás de Aquino podemos decir que "el mal es la ausencia del bien que debe poseerse", es decir, la ausencia del ser o -para expresarlo en términos más aristotélicos- "la privación de la forma"[269]. Por consiguiente, no existe en sí mismo. No tiene *consistencia* ni *realidad ontológica*. En consecuencia, su "existencia" no puede ser atribuida a Dios del mismo modo en que se le atribuye la existencia de un planeta o una piedra. No es un "algo" con ser propio que ha sido positivamente creado por Dios. Más bien se trata de la privación o deficiencia del bien y, por ende, "de ningún modo tiene causa, a no ser de manera indirecta o accidental"[270].

¿Cómo que la causa del mal es solo accidental? Del siguiente modo: Dios, que solo puede actuar de acuerdo con su naturaleza que es la Bondad misma, crea a todos los seres esencialmente buenos; pero como en algunos de ellos se da una deficiencia de este bien por causa de su imperfección o elección voluntaria (como veremos con más detalle luego) decimos que se da el mal. De esta forma, el mal es mejor definido como "algo que *ocurre*" que como "algo que *es*" y, por tanto, su "existencia" no puede ser directamente atribuida al Dador del ser.

Ilustremos lo anterior con una anécdota:

---

[269] Santo Tomás de Aquino, *Suma Teológica,* Ia, q. 49, art. 1, rpta.
[270] Santo Tomás de Aquino, *Suma Teológica,* Ibíd.

Un profesor de universidad retó a sus estudiantes con esta pregunta: - ¿Creó Dios todo lo que existe?
Un alumno respondió: -Sí.
El profesor dijo. -Si Dios creó todo, entonces creó el mal y como nuestras obras nos definen, entonces Dios es malo. ¿Ven ustedes? Otra vez les he demostrado que la fe es un mito.
Otro alumno preguntó: -Profesor, ¿usted cree que existe el frío?
- ¿Qué pregunta es esa? -dijo el profesor- por supuesto que existe el frío. ¿Acaso nunca lo has sentido?
Los otros estudiantes se reían de la pregunta. Pero el estudiante continuó: - En realidad, señor, el frío no existe. Según las leyes de la física, lo que llamamos frío es en realidad la ausencia de calor. El frío no existe. Hemos creado la palabra para describir una situación en la que hay poco calor.
Luego preguntó: - Profesor, ¿existe la oscuridad?
El maestro se quedó callado, pero el alumno continuó: - Usted debe saber que la oscuridad tampoco existe. Llamamos oscuridad a la ausencia de luz. Podemos utilizar el prisma de Newton para descomponer el rayo de luz en muchos colores y estudiar sus propiedades. Pero no se puede hacer nada semejante con la oscuridad.
El alumno concluyó: - Con el mal ocurre del mismo modo: no existe en sí mismo sino que es la ausencia de bien. Igual que con el frío y la oscuridad, el mal es una palabra creada para describir la ausencia de Dios, la ausencia del amor. Dios no creó el mal. El hombre puede apartarse de Dios. Entonces su comportamiento es malo porque carece de amor. *El mal es la ausencia de la presencia de Dios.*

En conclusión, como hemos dicho, el mal considerado en sí mismo no tiene consistencia ni realidad ontológica. Y tampoco pueden haber seres malos en sí mismos. Todos los seres, al ser creados por Dios, son buenos *por naturaleza*. El mal que *se da* -y no propiamente *existe*- en ellos es, por tanto, *accidental*. De ahí que Santo Tomás de Aquino diga que "ningún ser es llamado malo por participación (en el ser), sino *por privación de la participación*. Por lo tanto, no es necesario que se llegue a algo que sea malo en esencia"[271]. Así, desde un punto de vista ontológico, *no hay gente mala* sino solamente gente que *hace* cosas malas. Por tanto, resulta del todo patente que el mal no existe en sí mismo. En consecuencia, hablando desde un punto de vista ontológico, la premisa 4 ("el mal existe") es simplemente falsa. Luego, no se prueba la conclusión del argumento.

---

[271] Santo Tomás de Aquino, *Suma Teológica,* Ia, q. 49, art. 3, sol. 4.

El problema del mal moral

Pasemos ahora a examinar el "problema del mal moral". Como su mismo nombre indica este nos plantea la cuestión de cómo es posible que exista un Dios amoroso y bueno que permite que existan personas moralmente malas que causan daño y sufrimiento a otros.

Aquí resulta una estrategia interesante la de trasladar el problema hacia el ateo. Si al ateo le parecen mal ciertas cosas del mundo (asesinatos, robos, violaciones, etc.) podemos preguntarle cómo es que, *desde su cosmovisión*, fundamenta que esas cosas están *realmente* mal. Así, el ateo queda enfrentado a un terrible problema: el fundamentar la existencia de valores (o antivalores) morales *objetivos* en la ausencia de Dios. La cuestión es en verdad difícil pues, como decía Dostoievsky, "si Dios no existe, todo está permitido"[272].

Ahora bien, dado este contexto, el ateo solo tiene cuatro formas básicas de fundamentar los valores morales: 1) *subjetivamente*, en base a las normas morales que determinan para sí mismos los sujetos; 2) *sociológicamente*, en base a las normas establecidas en las diferentes sociedades para su coexistencia y supervivencia; 3) *evolutivamente*, como un producto de la evolución biológica; y 4) *utilitaristamente*, en base de su conveniencia para conseguir el placer o evitar el dolor.

¿Nos da alguna de estas cuatro opciones una fundamentación *objetiva* de los valores morales y, en consecuencia, del mal moral? Creemos que no. Para demostrarlo analizaremos cada una de las opciones:

1) *Fundamentación subjetiva*: Es evidente que la subjetividad individual no puede constituirse de ningún modo como la base *objetiva* de los morales porque si así fuera lo que le parece bien a un sujeto podría parecerle mal a otro y no habría ninguna forma de decir quién está en lo correcto y quien está en lo incorrecto. De este modo, si el ateo asume esa premisa podemos decirle, siguiendo su mismo razonamiento, que todo lo que él llama mal moral -como los robos, asesinatos y violaciones- en *nuestra moral* está tremendamente bien y, por tanto, en vez acusar a Dios por todas esas cosas deberíamos agradecerle por ellas. Dios sería malo según *sus* valores

---

[272] Fedor Dostoievsky, *Los Hermanos Karamázov*, Ed. Cátedra, Barcelona, 2000, pp. 941-942.

morales, y bueno según los nuestros. Absurdo a todas luces... pero el ateo no tendría cómo refutarnos (a menos que abandone su ateísmo)[273].

2) *Fundamentación sociológica*: Tampoco lo establecido por la sociedad nos da una base *objetiva* para los valores morales ya que bien puede suceder que lo que una sociedad piensa que está bien otra lo califique de malo sin que haya ninguna instancia objetiva que nos pueda decir cuál de las dos está en lo correcto o, al menos, cuál de las dos se acerca más a lo correcto. Así, si el ateo asume esta premisa, y luego acusa a Dios por permitir cosas tales como el holocausto judío a manos de los nazis podemos decirle que eso será malo para su tipo de sociedad pero no para la de los nazis de esa época y, por tanto, no tiene ningún derecho de acusar *objetivamente* a Dios por permitir eso, a la vez que tendrá que aceptar que los nazis están en todo su derecho de creer -como fue que creyeron- que estaban "sirviendo a Dios" con ello. En caso de que nos diga que su sociedad es "más moral" que la de los nazis -dejando de lado el hecho de que estaría cayendo en una *falacia de petición de principio* pues estaría apelando a aquello que quiere demostrar en la demostración misma- podemos responderle que no, que su sociedad simplemente tiene valores morales *diferentes* a los de la sociedad nazi pero de ningún modo es "más buena" pues no hay un estándar absoluto hacia el cual acercarse.

---

[273] Puede ilustrarse este punto con una anécdota verídica del gran apologista católico Peter Kreeft. Cuenta Kreeft que un día, durante una de sus clases de ética, un alumno le dijo que la moral era algo relativo y que él como profesor no tenía derecho a "imponerle sus valores". "Bien -contestó Kreeft-, voy a aplicar a la clase tus valores y no los míos. Tú dices que no hay valores absolutos, y que los valores morales son subjetivos y relativos. Como resulta que mis ideas personales son un tanto singulares en algunos aspectos, a partir de este momento voy a aplicar esta: todas las alumnas quedan suspendidas". El alumno se quedó sorprendido y protestó diciendo que aquello no era justo. Kreeft le argumentó: "¿Qué significa para ti ser justo? Porque si la justicia es solo 'mi' valor o 'tu' valor, entonces no hay ninguna autoridad común a nosotros dos. Yo no tengo derecho a imponerte mi sentido de la justicia, pero tú tampoco puedes imponerme el tuyo... Por tanto, solo si hay un valor universal llamado justicia, que prevalezca sobre nosotros, puedes apelar a él para juzgar injusto que yo suspenda a todas las alumnas. Pero si no existieran valores absolutos y objetivos fuera de nosotros, solo podrías decir que tus valores subjetivos son diferentes de los míos, y nada más. Sin embargo —continuó Kreeft—, no dices que no te gusta lo que yo hago, sino que es injusto. O sea, que, cuando desciendes a la práctica, sí crees en los valores absolutos".

3) *Fundamentación evolutiva*: Menos todavía puede el proceso de evolución biológica constituirse como el fundamento *objetivo* de los valores morales. Lo *amoral* no puede producir lo *moral*. Hay un desfase ontológico insalvable. Si se nos dice que la moral existe porque permite la evolución de la especie, podemos simple y llanamente responder que dicha moral no es de ningún modo *objetiva* sino solamente *conveniente* pues ¿qué *valor objetivo* puede tener la "moral" establecida por unos primates súper-desarrollados para su supervivencia? O, lo que es más, ¿qué *valor objetivo* puede tener la supervivencia de dichos primates? Es más, habrían casos en que ciertas normas morales no serían convenientes para la evolución de un determinado individuo de la especie y, por tanto, tendría que romperlas. No hay mejor ejemplo de ello que las personas que escalan puestos en la sociedad pasando por encima de otros. ¿Sería eso *objetivamente* malo? Si quiere ser fiel a sus premisas naturalistas, el ateo tendría que decirnos que más bien se trata de algo *moralmente bueno* porque va en consonancia con el progreso humano en el marco de la "selección natural" darwiniana. Pero la implacable voz de la conciencia nos dice que eso no es así…

4) *Fundamentación utilitarista*: Tampoco los criterios utilitaristas pueden constituirse como una base *objetiva* para los valores morales. Si es bueno lo que nos causa placer y malo lo que nos causa dolor, podríamos decirle al ateo (hipotéticamente, claro está) que los que más felices nos haría sería causar dolor a otros. Él podría respondernos que ello es moralmente malo porque al actuar así estaríamos disminuyendo la "felicidad total" de la sociedad. Pero simplemente podríamos replicar que eso no nos interesa: ¿Qué nos importa la sociedad?, ¿qué nos importan los demás?, ¿tienen acaso algún valor moral *objetivo*? ¡No! Como decía Nietzsche "Dios ha muerto" y, en consecuencia, "ya no hay un arriba ni un abajo", es decir, no hay ninguna escala objetiva de valores que debamos seguir[274]. El ateo todavía podría aducir que de todas maneras no debemos dañar a otros porque si lo hacemos seremos castigados por la ley y ello hará disminuir nuestra felicidad. A eso podemos responder (nuevamente de modo hipotético) que somos unos sádicos que disfrutamos causando dolor a los demás pero que también somos unos masoquistas a los que les gusta sentir dolor. Por tanto, el ser atrapados y castigados aumentaría nuestro nivel de felicidad, con lo cual también, desde un punto de vista utilitarista, ¡se trataría de una acción *moralmente buena*! Pero nuestra experiencia moral más primaria nos dice que ello no es así…

---

[274] Cfr. Friedrich Nietzsche, *La Gaya Ciencia*, 1882, nº 125.

Vemos, entonces, que el ateo no puede fundamentar coherentemente la existencia del mal moral desde su cosmovisión. No obstante, como correctamente ha señalado el pensador ateo Jeffrey Jay Lowder, el argumento del mal "reta la coherencia *interna* de la cosmovisión teísta"[275]. Entonces, tenemos de todos modos que abordar el problema del mal desde una perspectiva creyente.

Para enfocar bien esto comencemos por imaginarnos que Dios efectivamente escucha nuestro pedido de eliminar la maldad del mundo y en su infinito Poder y Bondad comienza a intervenir a cada momento para evitar el mal moral. ¿Qué sucedería entonces? Algo muy simpático y sencillo: que todos nosotros dejaríamos inmediatamente de existir. En efecto, dado que la maldad moral reside primariamente en la voluntad de los sujetos tendríamos que Dios, si en verdad quisiera eliminar del todo el mal moral, no tendría más opción que quitarnos la libertad ya que para lograr dicho fin no bastaría con eliminar las *malas acciones* sino también -y sobre todo- las *malas intenciones*. Pero, dado que al ser *personas* nos constituimos como seres *esencialmente* libres, Dios tendría que hacer que fuésemos "seres libres - no libres" con lo cual dejaríamos de existir pues, como dice Aristóteles, "lo contradictorio no puede ser".

El filósofo C. S. Lewis nos explica esto de modo magistral: "Podemos, a lo mejor, imaginarnos un mundo en que Dios a cada instante corrigiera los resultados del abuso de libre albedrío por parte de sus criaturas, de manera que una viga de madera se volviera suave como el pasto al ser usada como arma, y que el aire rehusara obedecerme si yo intentara propagar ondas sonoras portadoras de mentiras o insultos. Pero, en un mundo así, las acciones erróneas serían imposibles y, por lo tanto, la libertad de la voluntad sería nula. Es más, si el principio se llevara a su conclusión lógica, los malos pensamientos serían imposibles, porque la materia cerebral que usamos al pensar, se negaría a cumplir su función al intentar nosotros dar forma a esos pensamientos"[276].

---

[275] Jeffrey Jay Lowder, "Naturalismo vs. Teísmo: ¿A dónde apunta la evidencia?", debate contra Phil Fernandes, Universidad de Carolina del Norte, 26 de septiembre de 1999, segunda refutación.
[276] C. S. Lewis, *El Problema del Dolor*, Magdalen College, Oxford, 1940, p. 12.

Entonces, ¿tiene Dios razones morales suficientes para permitir el mal moral? Claro que sí. Un ser máximamente bondadoso deseará un mayor bien para sus criaturas y la *capacidad de amar* se constituye como el mayor bien posible porque es el que más asemeja a la criatura a Dios y le permite conocerle. Pues bien, dado que -como decía Lewis- "Dios nos ha hecho el intolerable cumplido de amarnos en el sentido más profundo, más trágico y más inexorable"[277], Él ha querido para nosotros, las únicas criaturas racionales de la tierra, que tengamos *el grandísimo don de poder amar*. Pero ello requiere libertad. El amor es ante todo un *acto de la voluntad* y, por ende, no puede derivarse mecánicamente hacia su objeto, sino que más bien tiene que desearlo y elegirlo *libremente*. Por consiguiente, uno *no puede* ser obligado a amar. Pero en ese caso existe la *posibilidad* de que elija no amar y actúe en consecuencia, dándose entonces lo que hemos llamado "mal moral". Ése es el precio que ha tenido que pagar un Dios infinitamente Amoroso y Bueno para que sus criaturas puedan realmente amar. Por tanto, frente a este misterio insondable del amor, no repugna ni a la razón ni a la lógica que un Dios Omnisciente, Omnipotente y Bueno permita la existencia del mal moral.

Tal vez una pequeña historia pueda ayudarnos a entender mejor esto:

Un barbero le decía a su cliente mientras le recortaba el pelo:
- Fíjese caballero que yo no creo que Dios exista, como usted dice.
- Pero, ¿por qué dice eso? -pregunta el cliente.
- Pues es muy fácil, basta con salir a la calle para darse cuenta de que Dios no existe. O… dígame, ¿acaso si Dios existiera habrían tantos asesinos, ladrones y violadores? Yo no puedo pensar que exista un Dios que permita todas esas cosas.
El cliente se quedó pensando un momento, pero no quiso responder para evitar la discusión. Cuando el barbero terminó su trabajo y, recién abandonada la barbería, vio en la calle a un hombre con la barba y el cabello largo que se veía muy desarreglado. Entonces entró de nuevo a la barbería y le dijo al barbero.
- ¿Sabe una cosa? ¡Los barberos no existen!
- ¿Cómo que no existen? -preguntó el barbero- Si aquí estoy yo y soy barbero.

---

[277] C. S. Lewis, *El Problema del Dolor,* op. cit., p. 16.

- ¡No! –dijo el cliente– no existen, porque si existieran barberos no habría personas con el pelo y la barba tan larga como la de ese hombre que va por la calle.
- Ah, los barberos sí existen, lo que pasa es que esas personas no vienen hacia mí.
- ¡Exacto! –dijo el cliente– Lo mismo ocurre con Dios. Las personas no van a Dios y por eso hacen cosas malas y dañan a otros.

Vemos, pues, que la causa del "mal moral" no está en Dios sino más bien en las criaturas racionales que *libremente* eligen actuar fuera del orden establecido por Dios. *Esa es la única forma en que puede darse el bien moral y, por tanto, la felicidad plena de las criaturas*. Por tanto, no resulta implausible pensar que Dios tiene razones morales suficientes para permitir la existencia del "mal moral". Luego, no se prueba la conclusión del argumento.

El problema del mal existencial

Finalmente, el último aspecto que tenemos que tratar para resolver del todo el argumento es el referido al "problema del mal existencial". ¿Qué es el "mal existencial"? Nada más y nada menos que el *sufrimiento*, tanto físico como espiritual.

Pues bien, ¿tiene Dios razones morales suficientes para permitir el "mal existencial", es decir, el sufrimiento? Siguiendo a San Agustín, quien decía que "Dios no permitiría el mal si no fuese lo suficientemente Sabio y Bueno como para del mismo mal sacar el bien"[278], creemos que sí. Y esto por las siguientes razones:

1) *Porque el sufrimiento puede servir para perfeccionar moralmente a la criatura de tal modo que alcance su fin último*: De acuerdo con el teísmo el fin último del hombre es ser plenamente feliz en unión con Dios. Pero dado que Dios es por esencia Perfecto y Bueno y que toda unión real entre dos seres se da únicamente en términos de sus esencias, será *absolutamente necesario* que el hombre sea perfeccionado moralmente para que pueda alcanzar su unión plena con Dios. ¿La implicancia de ello? Que Dios bien puede utilizar el sufrimiento para perfeccionar moralmente a la criatura de tal modo que pueda alcanzar su fin último: la felicidad eterna en unión con Él.

---

[278] Citado por: Santo Tomás de Aquino, *Suma Teológica*, Ia, q. 2, art. 3, sol. 1.

¿Por qué Dios se preocupa por ello? Porque -como explica Lewis- nosotros, sus criaturas, "somos, y no en forma metafórica sino de modo muy real, una obra de arte divino; algo que Dios está realizando y, por lo tanto, algo con lo cual no estará satisfecho hasta que alcance una característica determinada. Nuevamente nos encontramos con aquello que he llamado el 'intolerable cumplido'. Puede ser que un artista no se tome mayor trabajo al hacer un bosquejo a la rápida para entretener a un niño; puede que lo dé por terminado, a pesar de no estar exactamente como pretendía que fuera. Pero, con la gran obra de su vida se tomará molestias interminables y, sin lugar a dudas, causaría molestias interminables a su cuadro, si este fuera sensible. Uno puede imaginarse a un cuadro sensible después que ha sido borrado, raspado y recomenzado por décima vez, deseando ser solo un pequeño bosquejo que se termina en un minuto. Es natural que nosotros deseemos que Dios hubiese proyectado para nosotros un destino menos glorioso y menos arduo; *pero, en tal caso, no estaríamos deseando más amor, sino menos*"[279].

¿Querían a un Dios amoroso? ¡Pues ahí lo tienen! Él no es como un abuelito bonachón y senil que organiza el mundo para que sus nietos "la pasen bien", más bien es como un Padre realmente preocupado porque su hijo sea una persona de bien. Él no quiere que nos divirtamos por un momento y ya. Él quiere que seamos eternamente felices en el amor, que realicemos nuestras esencias, y para eso necesita perfeccionarnos… aun cuando ello implique sufrimiento.

Para seguir con nuestra costumbre, ilustremos este último punto por medio de una historia:

> Érase un bloque de mármol cuyo mayor deseo era que todo el mundo admirara su belleza. Pero nadie parecía prestarle atención.
> - ¡Oh, pobre de mí, nadie se fija en mi belleza!– se lamentaba.
> Un día un hombre se acercó directamente hacia él. "Al fin alguien me apreciará" pensó para sus adentros el bloque de mármol. Entonces el hombre sacó un cincel y comenzó a picarlo…
> - ¡No! ¡Malvado! ¡Me estás mutilando! ¡Estás destrozando mi vida… ahora ya nadie me querrá! –se quejaba el bloque de mármol. Pero el hombre no le hacía caso y seguía trabajando.

---

[279] C. S. Lewis, *El Problema del Dolor*, Magdalen College, Oxford, 1940, p. 16.

Ese hombre era el famosísimo escultor italiano Miguel Ángel Buonarroti y ese mármol es el que ahora todos conocemos como el *David*, la más gloriosa de sus esculturas.

Complementemos esta historia con una anécdota del mismo Miguel Ángel. Cuando le preguntaron cómo es que hacía esculturas tan bellas, él simplemente respondió: "Las esculturas ya están en el bloque de mármol, yo solo saco lo que sobra". ¿Por qué no pensar, entonces, que gran parte del sufrimiento que hemos experimentado en nuestras vidas no ha sido más que los amorosos cincelazos que nos ha dado Dios para quitarnos todo aquello que nos "sobra" para ser *realmente* felices (como el odio, el miedo o el egoísmo)?

2) *Porque el sufrimiento puede servir para persuadir a ciertas criaturas de que se están alejando de su fin último*: Para explicar este punto basta y sobra con la genial explicación de Lewis.

Él comienza planteando la cuestión en los términos siguientes: "Todos hemos notado qué difícil es volver nuestros pensamientos a Dios cuando todo está bien. 'Tenemos todo lo que queremos' es un dicho terrible cuando 'todo' no incluye a Dios. (…) *Consideramos a Dios de la misma manera que un aviador considera a su paracaídas: está allí para las emergencias, pero espera que nunca tendrá que usarlo*. Ahora bien, Dios que nos ha hecho, sabe lo que somos y que nuestra felicidad está en Él. Sin embargo, no la buscaremos en Él, mientras nos deje otro recurso donde podamos buscarla. Mientras aquello que llamamos 'nuestra propia vida' se mantenga agradable, no se la entregaremos a Él. *¿Qué puede entonces hacer Dios en beneficio nuestro, sino hacer 'nuestra propia vida' menos agradable para nosotros y quitar las posibles fuentes de falsa felicidad?* Es justamente aquí, donde la Providencia divina parece en un principio ser más cruel, que la humildad divina, la condescendencia del Altísimo, merece mayor alabanza. Nos sentimos perplejos al ver caer la desgracia sobre personas buenas, inofensivas y valiosas; sobre madres de familia capaces y trabajadoras, o sobre pequeños comerciantes esmerados y ahorrativos; sobre aquellos que han trabajado tan dura y honestamente por su modesta dosis de felicidad, y ahora parecen empezar a gozarla con todo derecho"[280].

---

[280] C. S. Lewis, *El Problema del Dolor*, op. cit., p. 40.

¿Pero cómo puede Dios atreverse a destruir la "felicidad" de estas sencillas personas? Continuemos con Lewis: "Permítame implorar al lector que intente creer, aunque tan solo sea por un momento, que Dios, que fue quien creó a estas personas meritorias, puede realmente tener razón al pensar que su modesta prosperidad y la alegría de sus niños no son suficientes para que sean bienaventurados; que todo esto debe desprenderse de ellos al final, y que si acaso no han aprendido a conocerlo a Él, serán desdichados. Y, por lo tanto, los complica advirtiéndoles anticipadamente de una deficiencia que algún día deberán descubrir. La vida para ellos mismos y para sus familias se interpone entre ellos y el reconocimiento de sus necesidades; Dios hace esa vida menos dulce para ellos. *Yo llamo a esto humildad divina, porque muy poca cosa es arriar ante Dios nuestra bandera cuando el barco se está hundiendo bajo nuestros pies; muy poca cosa acudir a Él como último recurso, para ofrecer 'lo nuestro' cuando ya no vale la pena tenerlo. Si Dios fuera orgulloso, difícilmente nos aceptaría en tales términos; pero Él no es orgulloso, se humilla para conquistar, Él nos acepta a pesar de que hemos mostrado que preferimos todo lo demás antes que a Él, y que acudimos a Él porque no hay ahora 'nada mejor' que tener. (…) Difícilmente puede ser halagador para Dios, el que lo elijamos como una alternativa al infierno; sin embargo, Él acepta incluso esto.* La ilusión de la criatura de ser autosuficiente debe, por su propio bien, ser destrozada; y Dios la destroza mediante problemas o miedo a los problemas en la tierra, mediante el crudo temor a las llamas eternas, 'sin pensar en la disminución de su gloria'. Aquellos a quienes les gustaría que el Dios de la Sagrada Escritura fuera más puramente ético, no saben lo que piden. *Si Dios fuera kantiano, si no nos aceptara hasta que fuéramos a Él por los motivos más puros y mejores, ¿quién podría salvarse? Y esta ilusión de autosuficiencia puede encontrarse del modo más fuerte en algunas personas muy honestas, bondadosas y templadas y, por lo tanto, sobre aquellas personas debe caer la desgracia*"[281].

Resumiendo, podemos decir que otra razón que tiene Dios para permitir el sufrimiento es que es tan Sabio y Bueno que puede utilizar el *mal existencial* para persuadir a la criatura que está incurriendo en el *mal moral* para que cambie su conducta y así pueda alcanzar su *bien ontológico*. De ahí que Lewis diga que el dolor "es el megáfono de Dios para despertar a un mundo sordo"[282].

---

[281] C. S. Lewis, *Ibídem*.
[282] C. S. Lewis, *Ibíd*., p. 39.

3) *Porque solo si existe el sufrimiento son posibles ciertas acciones morales*: Otra importante razón por la que Dios permite el sufrimiento es porque solo si este existe son posibles ciertas acciones morales tales como la solidaridad ("Se ha quemado la casa del vecino, hay que hacer una colecta para ayudarle"), el perdón ("Me sentí muy dolido por tu traición, pero te perdono"), la compasión ("Juan ha intentado suicidarse, ahora hay que mostrarle más amor que nunca") o la valentía ("Tengo miedo, pero lo venceré para poder ayudar a esas personas").

Es en ese sentido que Lewis dice que "incluso si el dolor mismo no tuviera valor espiritual alguno, aun así, si el temor y la compasión lo tuvieran, el dolor tendría que existir para que hubiese algo a lo cual temer y de lo cual compadecerse. Que ese temor y esa compasión nos ayudan en nuestro retorno a la obediencia y a la caridad, es algo que no se puede dudar"[283].

Y es que, como decía San Agustín, "el Dios que te creó sin ti no te salvará sin ti"[284]. Dios no va a resolver las injusticias y miserias del mundo con un solo milagro: *Él quiere nuestra participación*. El lector que está pensando que a continuación viene otra historia no se equivoca:

> Cierta noche de invierno iba un hombre adinerado en dirección a una fiesta. En el camino vio a una niña que vendía flores bajo la lluvia. Se le veía muy enferma y hambrienta. "Pobre niña -dijo para sus adentros- ojalá Dios le ayude". Pero como no quería "deprimirse" ni sentirse responsable, dejó inmediatamente de pensar en eso y siguió su camino hacia la fiesta.
> A la mañana siguiente, cuando volvía a su casa, se encontró con la misma niña. Pero esta vez yacía muerta al lado de la calle, no se sabe si de hambre o de frío.
> - ¡Maldito seas Dios! ¿¡Qué has hecho Tú por esta niña!? -reclamó el hombre.
> - Te hice a ti -respondió Dios.

Vemos, pues, que existen muy buenas razones morales para que Dios permita y hasta utilice el sufrimiento de tal modo que las personas puedan alcanzar su fin último y ser perfeccionadas moralmente.

---

[283] C. S. Lewis, *Ibíd.*, p. 44.
[284] San Agustín, *Sermones*, s. 169, cap. 11, n. 13.

Resumiendo: Para resolver el *problema del mal* lo hemos abordado desde 3 perspectivas: la ontológica, la moral y la existencial. Primero, desde la *perspectiva ontológica* hemos probado que, considerado en sí mismo, el mal simplemente no existe. Luego, desde la *perspectiva moral* hemos probado que Dios tiene razones morales suficientes para permitir el mal en orden de que existan criaturas racionales y libres que puedan amar. Finalmente, desde la *perspectiva existencial* hemos probado que también ahí Dios tiene razones morales suficientes para permitir y hasta utilizar el sufrimiento en orden de que sus criaturas racionales puedan alcanzar su fin último y perfeccionarse moralmente. En ninguno de estos casos ha sido necesario negar la Omnisciencia, la Omnipotencia o la Bondad de Dios.

Queda, pues, refutado el argumento.

EPÍLOGO

¡Dios existe!: esa es la conclusión de este libro. Y, como se prometió desde el prefacio, se llega a esta conclusión no de un modo fideísta o emocional sino de uno *eminentemente racional*. Hemos establecido un sólido marco filosófico (primera parte), desarrollado contundentes demostraciones de la existencia de Dios absolviendo las principales objeciones (segunda parte) y refutado directamente los principales argumentos ateos (tercera parte). Los argumentos están allí y hay que interactuar con ellos. *No hay vías fáciles, hay que razonar*. Se puede recurrir a los *ad hominem* y atacar al autor o al "frailecito" Tomás de Aquino (quien, por cierto, lejos de ser un "monjecito simplón e ignorante" es innegablemente -más a allá de si se está de acuerdo con él o no- uno de los *mayores portentos en toda la historia de la filosofía* y un *verdadero gigante* intelectual como puede inferirse directamente de su biografía incluida en el "Apéndice"), *pero ello no disminuirá en nada la fuerza de los argumentos*. Ya si algún ateo o agnóstico dogmático quiere recurrir a la "política del avestruz" y hacer "oídos sordos" de los argumentos limitándose a repetir clichés anti-teístas ya refutados, es problema suyo...

"Ok, has demostrado que Dios existe. ¿Pero de qué sirve y/o qué implicancias puede tener ello?", podría decir alguno. Y se trata de una pregunta perfectamente pertinente. Para responderla de modo interesante y aleccionador seguiremos la vía siguiente: ver las implicancias del ateísmo en el marco de la filosofía contemporánea y mostrar cómo el teísmo, *ya establecido racionalmente*, se constituye como la perfecta respuesta a las encrucijadas que de ello han devenido. Como veremos, lo que dentro del esquema ateo termina siendo un "callejón sin salida" llega a tener su salida desde el teísmo.

Pues bien, para este análisis no hay mejor punto de partida que las palabras del filósofo francés Jean Paul Sartre quien en su famosa conferencia *El Existencialismo es un Humanismo* (1946) decía: "El existencialismo ateo que yo defiendo es más coherente. (...) Dios no existe, *y de esto hay que sacar hasta las últimas consecuencias*". Y, en efecto, Sartre sí fue un pensador extremadamente coherente: sacó hasta las últimas consecuencias lógicas y existenciales de la premisa (falsa) de que Dios no existe. Así, en la visión de Sartre, "el hombre comienza por no ser nada", "no hay esencia humana porque no hay Dios para concebirla" y, por tanto, "la vida, *a priori*, no tiene sentido". A partir de ahí Sartre busca construir un existencialismo "optimista" postulando que es el hombre el que, *a posteriori,* se da su propia esencia y sentido desde su *libertad.*

Sin embargo, es precisamente ahí donde se rompe la coherencia de Sartre. Por un lado, si el ateísmo fuera cierto y el hombre no fuere más que un sub-producto del movimiento *determinístico* y "eterno" de la materia, ¿cómo sustentar el *libre albedrío*? Y, por otro lado, aun cuando se pudiera resolver el problema del *sustento ontológico de la libertad,* si no hay ya una *escala objetiva de valores,* ¿cómo probamos que el sentido construido *a posteriori* por cada uno no es más que una *ilusión subjetiva*?, ¿por qué una opción de vida tendría que ser *objetivamente* mejor que *cualquier* otra posible si todo es una construcción *subjetiva* de los individuos? Son estas, pues, las grandes debilidades del pensamiento de Sartre y fue justamente ahí donde, con una postura no teísta más coherente a este respecto, lo objetaron pensadores posteriores tales como Michel Foucault, Levi Strauss y los estructuralistas franceses. A pesar de que Nietzsche había dicho que "Dios ha muerto", Sartre quería seguir diciendo que el hombre estaba vivo; no obstante, vino Foucault a aguarle la fiesta con su planteamiento de que "el hombre ha muerto". No hay sujeto, no hay libertad, no hay sentido, no hay trascendencia, solo somos productos de los condicionamientos del poder el cual ni siquiera es un *sujeto* sino solamente una *estructura*: esa es la filosofía más coherente con el ateísmo que plantea Foucault. De este modo, el pretendido *existencialismo humanista* fue rápidamente desplazado por el *antihumanismo estructuralista* y, con un poco más de énfasis en la deconstrucción epistémica y el relativismo moral, llegamos a la actual época de la filosofía: la *postmodernidad*. Todo es relativo, todo da igual, no hay absolutos ni fundamentos últimos: ese es el tipo de filosofía en que hemos devenido.

Ahora pensemos ahora en el caso inverso. Pensemos que el teísmo es cierto y que, por tanto, debemos sacarle todas las consecuencias lógicas y existenciales a la premisa de que Dios sí existe. ¿Qué obtenemos? Pues lo inverso a lo que decía Sartre: que el hombre es creado con un *propósito,* que tiene una *esencia* que realizar porque existe un Dios que se la dio y, por tanto, hay un sentido *objetivo* de la existencia en la realización plena de esa esencia. ¿Y qué hay con respecto a los puntos de quiebre de la filosofía de Sartre? Que el teísmo no se quiebra ahí: el *libre albedrío* puede ser ontológicamente sustentado porque hay una instancia espiritual y existe también una *escala objetiva de valores* conforme a los cuales vivir. Puede aceptarse incluso que el hombre esté sumamente condicionado por el poder como postulan Foucault y los estructuralistas, pero ya no es necesario decir que "el hombre ha muerto" pues hay una instancia en la que el hombre puede *trascender* la mera "estructura de poder" e incluso desde la cual puede sacar fuerzas para oponerse genuinamente a esta si es que ahoga su *propósito* o se va en contra de la *escala objetiva de valores*. De este modo, el *humanismo teísta* puede vencer al *existencialismo ateo* y al *estructuralismo antihumanista* pudiendo con ello dar una auténtica respuesta a los problemas de la *postmodernidad*. Más todavía: si el teísmo es cierto el hombre ya no es meramente una mota de polvo en medio del devenir "eterno" y "ciego" de la materia sino que se constituye como un ser con *propósito* y *capacidad de trascendencia*. Así que el teísmo, que ya hemos demostrado, sí tiene *implicaciones existenciales muy profundas*. Quien se lo tome en serio no puede seguir viviendo igual luego de haberlo aceptado verdaderamente pues no se trata de una mera *curiosidad teórica* sino que tiene claras *implicancias prácticas*. Es más, "¿qué puede significar para nuestra existencia el que pueda existir un Ser Subsistente que nos sostiene, una Causa Primera que nos generó, un Ser Espiritual que nuestro espíritu nos dio y un Diseñador Cósmico que nuestra existencia deseó?, ¿podríamos seguir viviendo igual?, ¿no habría la *posibilidad* de que allí esté la base de la plenitud ontológica y la auténtica felicidad?"[285].

---

[285] Dante A. Urbina, *Dios, ¿Existe o No Existe?: El Gran Debate*, Ed. Misión 2000, USA, 2014, pp. 131-132.

APÉNDICE
SIETE FILÓSOFOS: SU ENCUENTRO CON DIOS

1. San Agustín

Escéptico, lujurioso, soberbio… así era Agustín -luego San Agustín- antes de encontrar a Dios… o mejor dicho, antes de que Dios lo encontrara a él.

Aurelio Agustín nació el 13 de noviembre del 354 en Tagaste, al norte de África. Su padre, Patricio, no era nada religioso. En cambio su madre Mónica (hoy Santa Mónica) era todo un ejemplo de piedad. Madre amorosa y abnegada, le enseñó desde pequeño a su hijo los principios básicos de la religión cristiana. "Todavía siendo niño había yo oído hablar de la Vida Eterna que nos tienes prometida por tu Hijo nuestro Señor, cuya humildad descendió hasta nuestra soberbia", escribía Agustín en su bellísimo libro autobiográfico *Confesiones*[286].

Sin embargo, apenas llegado a la adolescencia se alejó del camino del Cristianismo y comenzó a llevar una vida desordenada y mundana. "En el decimosexto año de mi vida (…) se formó en mi cabeza un matorral de concupiscencias que nadie podía arrancar"[287]. Impulsado por los malos amigos fue cayendo en cada vez más y más pecados (en especial de impureza): "Iba desbocado, con una ceguera tal, que no podía soportar que me superaran en malas acciones aquellos compañeros que se jactaban de sus fechorías tanto más cuanto peores eran"[288]. Su madre sufría terriblemente al ver todo esto y trató de corregir a su hijo, pero este se alejaba cada vez de ella. Años más tarde Agustín se llamará a sí mismo "el hijo de las lágrimas de mi madre". "Mi madre (…) lloró por mí más de lo que suelen todas las madres llorar los funerales corpóreos de sus hijos. Ella lloraba por mi muerte espiritual"[289].

Dotado de una extraordinaria inteligencia, Agustín se interesará especialmente por la literatura clásica griega. A su vez, poseedor de una gran elocuencia, se destacará en las ramas de la poesía y la retórica. Los

---

[286] San Agustín, *Confesiones*, Lib. I, cap. XI.
[287] San Agustín, *Confesiones*, Lib. II, cap. III, n. 2.
[288] San Agustín, *Confesiones*, Lib. II, cap. III, n. 3.
[289] Cfr. San Agustín, *Confesiones*, Lib. III, cap. X, n. 1.

halagos y fama no tardaron en llegar así como su soberbia no tardó en crecer.

A los diecinueve años leyó el *Hortensius* de Cicerón. Tal fue el impacto de esta obra en el espíritu de Agustín que hizo que decidiera dedicarse de lleno a la filosofía. Lamentablemente ello (en un inicio) terminó alejándolo más de Dios. "Tú, Dios mío, me habías dado un entendimiento vivaz y agudo para discutir; pero siendo dones tuyos no los usaba yo para tu alabanza. Por eso mis conocimientos me resultaban más que útiles, perniciosos"[290].

En su incansable y apasionada búsqueda de la verdad, Agustín pasa de una escuela filosófica a otra sin encontrar una respuesta satisfactoria a sus inquietudes. Finalmente abraza el maniqueísmo creyendo que en este sistema encontraría un modelo según el cual podría orientar su vida. Varios años siguió esta doctrina, pero (principalmente por causa de sus estudios de filosofía) comenzó a tener dudas. No pudiendo responder a sus dudas, los maniqueos le dijeron que esperara al obispo Fausto, quien las resolvería todas sin problemas. Así, escribe, "durante esos nueve años bien corridos en que con inmenso deseo de verdad pero con ánimo vagabundo escuché a los maniqueos, estuve esperando la llegada del dicho Fausto. Porque los otros maniqueos con que dada la ocasión me encontraba y no eran capaces de responder a mis objeciones, me prometían siempre que cuando él llegara, con su sola conversación les daría el mate a mis objeciones y aun a otras más serias que yo pudiera tener". Sin embargo, llegado Fausto, todo fue una gran decepción: "Cuando Fausto por fin llegó me encontré con un hombre muy agradable y de fácil palabra; pero decía lo que todos los demás solo que con mayor elegancia. (…) Los que tanto me lo habían ponderado no tenían buen criterio: les parecía sabio y prudente solo porque tenía el arte del buen decir"[291].

¿Aceptaría entonces Agustín la verdad? No. "No hay verdad" se dijo en su corazón y se volvió escéptico. "Entonces, dudando de todo (…) y fluctuando entre nubes de incertidumbre decidí que mientras durara mi dubitación, no podía seguir ya de cierto con los maniqueos. Pero también a los filósofos me negaba yo a confiarles la salud de mi alma"[292].

---

[290] San Agustín, *Confesiones*, Lib. IV, cap. XVI, n. 3.
[291] San Agustín, *Confesiones*, Lib. V, cap. VI, n. 1.
[292] San Agustín, *Confesiones*, Lib. V, cap. XIV, n. 2.

Mas "no podía perderse el hijo de tantas lágrimas"[293]. Y Dios no iba a dejarlo solo... Lo envió hasta un ángel: Ambrosio (ahora San Ambrosio), obispo de Milán. ¿El anzuelo? Pues su pasión por la retórica (sí, señores, Dios sabe nuestros gustos). Ambrosio era uno de los mejores oradores de todo el orbe. Agustín comenzó entonces a asistir a sus prédicas... sin sospechar nada acerca de la trampa que le tenía preparada Dios a su escepticismo... "Me quedaba todavía una frívola desesperación al pensar que el camino hacia Ti está cerrado al hombre; y en esta disposición de ánimo no me preocupaba por aprender lo que él (Ambrosio) decía y solo me fijaba en el modo cómo lo decía. Y sin embargo, llegaban a mi alma, envueltas en las bellas palabras que apreciaba las grandes verdades que despreciaba, y no podía yo disociarlas. Y mientras abría mi corazón para apreciar lo bien que enseñaba las cosas, me iba percatando muy poco a poco de cuán verdaderas eran las cosas que enseñaba. Gradualmente fui derivando a pensar que tales cosas eran aceptables. Respecto a la fe católica pensaba antes que no era posible defenderla de las objeciones de los maniqueos; pero entonces creía que podía aceptarse sin imprudencia, máxime cuando tras haber oído las explicaciones de Ambrosio una vez y otra y muchas más, me encontraba con que él resolvía satisfactoriamente algunos enigmas del Antiguo Testamento entendidos por mí hasta entonces de una manera estrictamente literal que había matado mi espíritu"[294].

Sin embargo, Agustín no se entregaba del todo a la fe. "Por miedo a precipitarme en algún yerro, suspendía yo mi asentimiento, sin darme cuenta de que tal suspensión me estaba matando"[295]. Pero ese no era el único motivo (y ni siquiera el principal). Agustín todavía seguía hundido "en la ciénaga de los placeres carnales"[296] y sabía muy bien que si se hacía creyente no solo tendría que cambiar su modo de pensar sino también su modo de vivir. Pero Dios no se iba a rendir. Ya encontraría la forma de atraerlo.

Fue justamente en aquella época que estalló la crisis decisiva previa a la conversión de Agustín. Habiendo sido un día visitado en su casa por un

---

[293] Cfr. San Agustín, *Confesiones*, Lib. III, cap. XI, n. 2.
[294] San Agustín, *Confesiones*, Lib. V, cap. XIV, n. 1.
[295] San Agustín, *Confesiones*, Lib. VI, cap. IV, n. 2.
[296] San Agustín, *Confesiones*, Lib. VI, cap. XVI, n. 1.

cristiano llamado Ponticiano, este le contó la historia del monje egipcio Antonio, quien había abandonado el mundo para consagrarse a Dios. Tremendamente consternado al darse cuenta de cómo contrastaba esto con su modo de vida se reprochó muy duramente su tibieza y cobardía diciendo a su compañero Alipio: "¿Por qué tenemos que aguantar todo esto? ¿Te das cuenta cabal de lo que hemos oído? ¡Mira cómo los indoctos se levantan y arrebatan el reino de los cielos mientras nosotros, llenos de saber pero sin corazón, nos estamos revolcando en la carne y en la sangre! ¿No queremos seguirlos nada más porque nos han tomado la delantera? ¿Y no es mayor vergüenza si ni siquiera intentamos seguirlos?".

No pudiendo más con el peso que llevaba dentro de sí mismo se retiró al jardín y tendido bajo una higuera se echó a llorar. Allí se llevó a cabo en su alma la lucha final entre el pecado y la gracia: "Así iba yo, enfermo y atormentado y haciéndome acusaciones más acerbas que nunca y volviéndome y revolviéndome en mi cautiverio mientras no acababa de romperse el lazo que aún me retenía, delgado ya pero todavía persistente. Y entre tanto tú, Señor, con severa misericordia seguías haciendo presión en lo más hondo de mi alma"[297]. Pero no podía decidirse. "¿Cuándo, cuándo acabaré de decidirme? ¿Lo voy a dejar siempre para mañana? ¿Por qué no dar fin ahora mismo a la torpeza de mi vida?", se increpaba. Y fue ahí donde vino el golpe final de la gracia: "Mientras tanto se oyó una voz, de niño o niña, que desde la casa vecina repetía cantando: *Toma y lee, toma y lee*. Al punto mudó mi ánimo y comencé a preguntarme con fija atención si había oído alguna vez cantar a los niños una letrilla semejante. (…) Volví entonces apresuradamente al lugar en que estaba sentado Alipio, pues allí había dejado el libro del apóstol. Lo tomé, lo abrí y leí en silencio el capítulo en que habían caído mis ojos. Decía: 'No andéis en comilonas ni borracheras; no en las recámaras y en la impudicia, ni en contiendas y envidias; sino revestíos de nuestro Señor Jesucristo y no os dejéis llevar por las concupiscencias de la carne' (Romanos 13: 13-14). No quise leer más, ni era necesario. Porque al terminar de leer la última sentencia una luz segurísima penetró en mi corazón disipando de golpe las tinieblas de mi dubitación"[298].

Así fue como Dios lo atrapó. Agustín fue bautizado como el 23 de abril del 387, a los treinta y tres años, por el santo obispo Ambrosio. Las lágrimas de

---

[297] San Agustín, *Confesiones*, Lib. VIII, cap. XI, n. 1.
[298] San Agustín, *Confesiones*, Lib. VIII, cap. XI, n. 1.

su madre habían triunfado. El 391 fue consagrado sacerdote y el 395, obispo. Considerado el más grande de los Padres de la Iglesia escribió infinidad de libros apologéticos y polémicos entre los que destacan *De Trinitate, De Vera Religione, De Civitate Dei, De Doctrina Christiana, De Gratia et Libero Arbitrio, Contra Académicos, Contra Juliano,* entre otros.

"Nos creaste para Ti, Señor, y nuestro corazón estará siempre inquieto hasta que no descanse en Ti". Estas palabras con que se inician las *Confesiones*[299] resumen perfectamente el itinerario de San Agustín. Buscó la felicidad en la riqueza, los placeres y los honores… pero no la encontró. Su corazón había sido hecho para Dios y a Él volvería.

---

[299] San Agustín, *Confesiones*, Lib. I, cap. I, n. 1.

2. Santo Tomás de Aquino

Santo Tomás de Aquino es mundialmente reconocido como el más grande teólogo de todos los tiempos. Doctor en Teología, maestro en la Universidad de París y autor de cientos de libros -entre los que se encuentran monumentos apologéticos e intelectuales tan portentosos como la Suma Teológica o la Suma Contra Gentiles-, Santo Tomás siempre quiso permanecer como un pequeño fraile que sirviera y amara a Dios en pobreza, humildad y castidad.

Tomás de Aquino nació en Italia a fines de 1224 o inicios de 1225. Hijo del conde Landelino de Aquino y de Teodora de Teate, fue el menor de los doce hijos del matrimonio. Tranquilo y callado, cuando a la edad de 5 años sus padres lo enviaron a la Abadía de Montecasino, lo primero que hizo fue preguntarle al abad de modo explosivo e inesperado "¿Qué es Dios?". La respuesta no ha quedado registrada pero es más que seguro que ese niñito preguntón siguió buscando respuestas por sí mismo. Quería conocer más profundamente a Dios para amarle más.

Un buen día, a la edad de 18 años, Tomás se apareció en el castillo de su padre y muy tranquilamente anunció que se había convertido en uno de los frailes mendicantes de la nueva Orden fundada por Santo Domingo de Guzmán. Una verdadera bomba para la familia. "Fue como si el hijo mayor de un gran terrateniente apareciese de pronto por su casa y le anunciase a la familia muy suelto de cuerpo que acababa de casarse con una gitana; o como si el heredero de un duque tory afirmase que mañana se unirá a la Marcha del Hambre organizada por supuestos comunistas"[300]. Y no era para menos. Toda la familia esperaba que se convirtiera en el gran Abad de Montecasino y no en un "pobre fraile mendigo".

Pero Tomás quería ser fraile. No abate, ni monje, ni prior... solo quería ser fraile. "Es como si Napoleón hubiera insistido en seguir siendo un simple soldado durante toda su vida", escribiría Chesterton[301]. Consciente de que la oposición de su familia no cejaría, huyó presuroso hacia Roma con otros frailes. Pero es atrapado (secuestrado) por tres de sus hermanos en Aquapendente.

---

[300] G. K. Chesterton, *Santo Tomás de Aquino*, Ed. Espasa-Calpe, Buenos Aires, 1959, cap. 2.
[301] G. K. Chesterton, *Santo Tomás de Aquino*, op. cit., cap. 2.

Encerrado en la fortaleza familiar de Rocaseca, sus hermanos deciden tenderle una trampa al buen Tomás para que abandone su propósito de ser fraile dominico. Introdujeron en su habitación a una cortesana notoriamente sensual y pintarrajeada con la idea de sorprenderlo con una súbita tentación o, al menos, involucrarlo en un escándalo. "Por primera y última vez, Tomás de Aquino estuvo realmente fuera de sí capeando una tormenta fuera de esa torre de intelectualidad y contemplación en la que normalmente vivía. (…) Saltó de su silla, tomó un tizón del fuego y se paró blandiéndolo como una espada llameante. Por supuesto, la mujer pegó un grito y huyó, que era todo lo que él quería"[302]. Inmediatamente cierra la puerta y hace una cruz en la pared con el tizón negro que tenía y se postra pidiendo a Dios que le libre de toda impureza. A partir de aquel momento, se siente seguro y lleno de paz. En el sueño que tuvo esa noche, dos ángeles iluminan su cuarto y le ciñen fuertemente el cinturón que se le entrega en prenda perfecta y vitalicia de castidad. Nunca más sintió tentaciones contra la pureza.

Logrando escapar de su cautiverio (dícese que gracias a la ayuda de sus hermanas) Tomás toma el hábito dominico en 1244. Luego, en el año 1248, se traslada a Colonia (Alemania) para seguir estudios con uno de los más grandes sabios de la época: San Alberto Magno.

Sus compañeros, al verlo robusto y siempre silencioso, lo apodaron "el buey mudo Sicilia". En una ocasión le tocó repetir la lección que San Alberto había explicado con una larga serie de complicados argumentos. Lo hizo con tal acierto que repitió todos los argumentos y, además, los esclareció con nuevas luces, ante el asombro de todos, lo que hizo pronunciar a fray Alberto la siguiente profecía: "Fray Tomás, no parece usted un estudiante que contesta, sino un maestro que define. Vosotros llamáis a este el buey mudo; *pero yo os aseguro que este buey dará tales mugidos con su ciencia, que resonarán en el mundo entero*".

Alumno y maestro eran plenamente conscientes de que uno de los más grandes problemas de la época era la ruptura entre fe y razón y del hecho de que la mayor parte de las herejías surgían de las interpretaciones teológicas -precedidas de comentarios de autores árabes o judíos- de la antigua filosofía griega, en especial la de Aristóteles. Por ello acometieron la *titánica* tarea de "bautizar a Aristóteles", es decir, de armonizar la

---

[302] G. K. Chesterton, *Santo Tomás de Aquino,* cap. 2.

filosofía aristotélica con la doctrina cristiana. A este respecto Tomás de Aquino superó ampliamente a su maestro, creando la más perfecta síntesis entre fe y razón hasta ahora conocida. Muestra de ello fueron sus dos famosas "sumas": la *Suma Teológica* -cuya elaboración le fue encargada por el papa Urbano IV en 1263 con el fin de "cristianizar" la filosofía pagana, corrigiéndola y depurándola para que pudiera servir eficazmente a la teología- y la *Suma Contra Gentiles* -en la que explica y fundamenta las verdades esenciales de la fe cristiana únicamente por medio de la razón y sin apelar a la Escritura o la Tradición, ya que estas serían inmediatamente rechazadas por los paganos *que eran justamente a quienes interesaba convertir*.

Pronto el alumno se convirtió en maestro. Ya en 1252 dictaba cátedra en la Universidad de París. En 1259 es llamado por el papa Alejandro IV para servir como consejero y profesor en la curia papal. Luego, en 1269, y en contra de los usos de la época (un profesor no podía enseñar más de una vez en París), retomó su cátedra en la Universidad de París por petición explícita del Papa, que estaba preocupado por el avance e influencia de la herejía averroísta entre profesores y estudiantes. Y es que Santo Tomás de Aquino, como buen filósofo y teólogo que era, fue el soldado más avezado del que disponía la Iglesia en su "Cruzada" contra las herejías.

Y justamente esto nos lleva a una de las características más interesantes de la filosofía tomista: *su carácter combativo*. En efecto, el "buey mudo de Sicilia" era todo un guerrero intelectual. Cual Napoleón en la ópera, Santo Tomás pensaba en su estrategia de guerra y en las armas que usaría hasta en los momentos más "inconvenientes". Así, cuando en 1270 fue invitado por el rey Luis IX de Francia (luego San Luis) para una cena, al llegar al majestuoso palacio, cuando alguien exclamó "¡Qué estupendo debe ser poseer todo esto!", Tomás murmuró: "Yo preferiría tener el manuscrito de San Crisóstomo que no consigo". Luego, durante la cena, mientras todos comían, bebían y conversaban, Tomás permanecía absorto. De repente, y para sorpresa de todos los presentes, dio un golpe en la mesa y gritó: "¡Y *eso* refutará a los maniqueos!". Complacido el rey ordenó a su secretario que anotara todo lo que el fraile dijera[303].

Esa anécdota nos lleva a apreciar en su justa dimensión divina y humana esta otra. Estando un día recogido en oración en la capilla de San Nicolás

---

[303] Cfr. G. K. Chesterton, *Santo Tomás de Aquino*, Ed. Espasa-Calpe, Buenos Aires, 1959, 2010, cap. 4.

de Nápoles, oyó la voz de Jesús que le decía desde el Crucifijo: *"Has escrito muy bien de Mí, Tomás. ¿Qué recompensa quieres de Mí por tu trabajo?"*. Santo Tomás de seguro podría haber pedido muchas cosas... no ciertamente mujeres, honores o riquezas, *pero sí cosas en las cuales pensar: la refutación a los maniqueos, el manuscrito de Crisóstomo que no conseguía, la respuesta a los averroístas, las obras perdidas de Aristóteles...* Pero en lugar de eso, con la inocencia (y *santa* insolencia) de un niño dijo: *"¡Te elijo a Ti!"*[304].

En el mismo lugar, en la fiesta del santo titular de la capilla, San Nicolás, el día 6 de diciembre del año 1273, mientras celebraba la Santa Misa, Santo Tomás tuvo una visión. A partir de aquel día no volvió a escribir ni a enseñar, dejando inconclusa su obra cumbre: la *Suma Teológica*. Interrogado sobre el motivo de ello por su secretario y amigo fray Reginaldo, Santo Tomás respondió: *"No puedo escribir más. Todo lo que he escrito es paja comparado con lo que vi"*. El episodio es significativo porque Tomás de Aquino es reconocido como ¡el teólogo más grande la historia!

En 1274, cuando Tomás tenía casi 50 años, el papa Gregorio X, contento por la reciente victoria sobre los sofistas árabes, le envió un mensaje pidiéndole asistir a un Concilio que se llevaría a cabo en la ciudad francesa de Lyon y en el cual se tratarían cuestiones controvertidas. Obediente como siempre, fray Tomás se puso inmediatamente en camino, pero no llegó a su destino. Durante el trayecto cayó gravemente enfermo. Fue llevado al monasterio de Fossanuova y su extraño fin le llegó a grandes zancadas. Sabiendo que estaba cercana su muerte, hizo confesión general con su fiel amigo fray Reginaldo de Piperno, quien sin poder controlar las lágrimas salió corriendo y exclamó: "Dios mío... Los pecados de un niño de cinco años... En toda su vida, solo unos pecadillos".

Santo Tomás de Aquino murió el 7 de marzo de 1274. Ese mismo día, en el instante mismo de su muerte, su antiguo maestro, San Alberto Magno, ve en su convento a fray Tomás entrar al cielo y lo anuncia lloroso: *"¡Ha muerto fray Tomás, flor del mundo y luz de la Iglesia!"*.

Pero en realidad Tomás no ha muerto. Su doctrina aún sigue floreciendo e iluminando. *Este pequeño libro no hubiera sido posible sin él.* Gracias fray Tomás por tu amor y dedicación. *Santo Tomás, el más santo entre los sabios y el más sabio entre los santos.*

---

[304] Cfr. G. K. Chesterton, *Santo Tomás de Aquino*, op. cit., cap. 5.

3. Ludwig Wittgenstein

Ludwig Wittgenstein es ampliamente conocido como el padre del positivismo lógico, movimiento filosófico de acuerdo con el cual solo las proposiciones referidas a lo que podemos ver y tocar tienen sentido, mientras que todas las demás -especialmente las referidas a la metafísica y la teología- carecen de sentido. Sin embargo -y al contrario de lo que muchos creen- Wittgenstein jamás se adhirió a este movimiento y, lo que es más, siempre mantuvo su fe en Dios...

Ludwig Wittgenstein nació en Viena (Austria) el 26 de abril de 1889. Último de ocho hijos, nació en cuna de oro. Su padre, Karl Wittgenstein, era uno de los hombres más ricos del mundo. Por otra parte, su madre, Leopoldine Kalmus, nació de padre judío y madre católica, y era tía Friedrich von Hayek, quien ganaría el premio Nobel de Economía en 1974.

Pese a la conversión al protestantismo de sus abuelos paternos, los hijos de los Wittgenstein fueron bautizados y educados en la fe católica. Pero no solo fueron educados en la fe sino que también recibieron una de las instrucciones intelectuales y artísticas más envidiadas de toda Austria. Sus padres eran aficionados a la música y todos sus hijos tuvieron dotes intelectuales y artísticos (incluso el hermano mayor de Ludwig, Paul Wittgenstein, se convirtió en un pianista de fama mundial). Lamentablemente no todo era color de rosa. Tres de los cuatro hermanos varones de Ludwig se suicidaron.

28 de julio de 1914: Austria le declara la guerra a Serbia. Ha estallado la Primera Guerra Mundial. Y Wittgenstein es llamado al frente de batalla. Sin pensarlo dos veces abandona la Universidad de Cambridge (donde gozaba de una beca) y acude inmediatamente. Él no tiene miedo. Quiere estar cerca de la muerte. Tal vez con ello encuentre el sentido de la vida. "¿Qué sé sobre Dios y la finalidad de la vida?" escribía en su *Diario filosófico* el 11 de junio de 1916[305]. Pero el ansia mística venía desde antes. La lectura del *Pequeño Evangelio* de León Tolstoi lo había tocado en lo más profundo de su ser. El 2 de septiembre de 1914 escribía en su *Diario*: "Ayer comencé a leer los comentarios de Tolstoi a los Evangelios. Un obra magnífica. (...) Las palabras de Tolstoi acuden a mi mente una y otra vez: el hombre es impotente en la carne pero es libre por el espíritu. ¡Ojalá esté en mí el espíritu...! ¡Que Dios me dé fuerza! Amén. Amén. Amén".

---

[305] Ludwig Wittgenstein, *Diario Filosófico*, Ed. Ariel, Barcelona, 1982.

Estas palabras nos revelan hondamente el sentir de Wittgenstein. Él tenía tendencias homosexuales. Durante su vida tuvo varios momentos de excesiva promiscuidad. Pero nunca se rindió: siempre intentó vivir la castidad. De ahí que buscara la soledad e incluso meditara la posibilidad de ser religioso: quería alejarse del contacto sexual indebido. Pero no era fácil. Mas no se hundió en la desesperación. El problema del pecado lo llevó a preguntarse por el problema de la ética, el cual lo llevó a preguntarse por el sentido de la vida, lo cual lo llevó… a Dios. El 8 de julio de 1916 escribiría en su *Diario Filosófico*: "Bueno y malo dependen, de algún modo del sentido de la vida. Podemos llamar Dios al sentido de la vida, esto es, al sentido del mundo. Y conectar con ella la comparación de Dios con un padre. *Pensar en el sentido de la vida es orar. Creer en Dios quiere decir comprender el sentido de la vida. Creer en Dios quiere decir ver que con los hechos del mundo no basta. Creer en Dios quiere decir ver que la vida tiene un sentido. Sea como fuere, de alguna manera y en cualquier caso somos dependientes, y aquello de lo que dependemos podemos llamarlo Dios".*

Y fue justamente esta perspectiva la que lo llevó en 1918 a escribir la única obra que publicaría en vida: el *Tractatus Logico-Philosophicus*. Como dirá en el prólogo, el objeto de esta obra será "dar una respuesta final a los problemas de la filosofía" trazando los "límites del lenguaje". Y es precisamente más allá de estos límites que se encuentra *lo místico*, es decir, aquello frente a lo cual "no se puede hablar" y, por tanto "hay que callar"[306].

He ahí el verdadero sentido del *Tractatus*: no que lo *místico* sea vano y que, por tanto, el lenguaje no deba tratarlo; sino que frente a lo *místico* el lenguaje se vuelve vano, ya que no puede expresarlo. Wittgenstein en ningún momento afirma que las expresiones éticas y religiosas son en sí mismas absurdas sino más bien que -como deja muy en claro en su famosa *Conferencia sobre Ética*- su esencia consiste en trascender los límites del lenguaje[307]. *Todo lo contrario a la actitud de los positivistas lógicos.*

Esta no es para nada una interpretación forzada. Es la interpretación del mismo Wittgenstein. Así, por ejemplo, tenemos que en una carta que

---

[306] Ludwig Wittgenstein, *Tractatus Logico-Philosophicus*, 1921, prop. 7.
[307] Cfr. Ludwig Wittgenstein, *Conferencia Sobre Ética*, Ed. Paidós, Barcelona, 1997, p. 43.

escribe hacia 1919 a su amigo Ludwig von Ficker, dice que el sentido último de su *Tractatus Logico-Philosophicus* es ético; y a continuación añade: "Mi obra se compone de dos partes: de la que aquí aparece, y de todo aquello que no he escrito. Y precisamente esta segunda parte es *la más importante*. Mi libro, en efecto, delimita por dentro lo ético, por así decirlo; y estoy convencido de que, estrictamente, solo puede delimitarse así. (...) Le aconsejaría ahora leer el prólogo y el final, puesto que son ellos los que expresan con mayor inmediatez el sentido". Es claro, pues, que los positivistas lógicos -y con ellos todos los filósofos postmodernos- no han entendido bien a Wittgenstein.

Volvamos con su vida. En 1919, acabada la Guerra, y luego de mucho meditarlo, decide asumir un "modo de vida cristiano", simbolizado en su libre aceptación de los votos de pobreza y castidad. De este modo, renuncia a los lujos y a la carne para dedicarse a vivir una vida "grata a Dios", que "es lo único que necesita el hombre". Clara muestra de ello es su decisión de renunciar a la parte de la fortuna familiar que le había heredado su padre, haciéndole prometer a sus hermanos que nunca se la devolverían.

Luego de eso se retiró al pequeño pueblo de Trattenbach en Austria para encontrar paz y soledad. Su plan era ser profesor de escuela. Feliz y realizado en un primer momento, un año después de instalarse escribe a su mentor de Cambridge, Bertrand Russell, que se encontraba "terriblemente deprimido y cansado de vivir" pues estaba "rodeado, como siempre, de odio y bajeza".

El motivo de este radical cambio de actitud fueron las dificultades que encontró en sus relaciones con los adultos. Un maestro celoso le inventó chismes. Acusado de golpear sádicamente a sus alumnos será sometido a examen psiquiátrico para determinar su idoneidad para seguir enseñando. Absuelto, renunció a la enseñanza en adelante.

Así, luego de 15 años, regresó a Cambridge en 1929. Ese mismo año conoció al que se convertiría en aquel tiempo en el mejor de sus compañeros: el economista italiano Piero Sraffa. Durante ese primer año solían encontrarse una vez por semana. Las conversaciones giraron primero en torno a temas de lógica y filosofía y luego, hacia 1934, se deslizaron a la política y a temas más mundanos. Pero la amistad, al menos por el lado de Sraffa, se fue enfriando. En mayo de 1946 le comunicó a

Wittgenstein que ya no quería más discusiones con él. Ya sea por el volumen de trabajo que mantenía Sraffa por aquel entonces (entre otras cosas, la monumental publicación de las *Obras Completas de David Ricardo*), o simplemente porque las conversaciones con Wittgenstein le debieron empezar a parecer superfluas, el acontecimiento fue un duro golpe para Wittgenstein. Este último le rogó diciéndole "Hablaremos de cualquier cosa", a lo que Sraffa respondió: "Sí, pero a *tu* manera"[308]. La relación entonces se rompió, y no volvió jamás a reanudarse.

Pero la Providencia no lo dejó solo. Le regaló un nuevo amigo que lo acompañaría hasta el final de sus días: el buen Oets Kolk Bouwsma. Wittgenstein y Bouwsma se conocieron en la Universidad de Cornell durante el verano de 1949. Ya desde esa primera etapa los dos filósofos comenzaron a pasear juntos y a conversar. En un segundo momento los encuentros tuvieron lugar en el Smith College de Northampton (Massachussets), donde se había tenido que desplazar Bouwsma para hacer una sustitución, y hasta donde se desplazó Wittgenstein para ver a su amigo. Por último, ambos coincidieron en Oxford durante el curso 1950-1951, donde retomaron la costumbre de pasear juntos hablando de filosofía. Lamentablemente ese último año Wittgenstein fue diagnosticado de cáncer de próstata y tuvo que abandonar la Universidad. Pero su amigo no lo dejó solo y varias veces lo acompañó en el hospital[309].

No es ninguna exageración decir que Wittgenstein, incluso desde su angustia y soledad, fue un hombre para Dios. Clara muestra es que, cuando recibió una carta de un viejo amigo de Austria, que era sacerdote, quien le expresaba su deseo de que su trabajo marchara bien "si Dios quiere", respondió: "Eso es todo lo que deseo; *si Dios quiere*. Bach escribió en la primera página de su *Orgelbuchlein*, 'para la mayor gloria del Señor, y que mi prójimo pueda beneficiarse de esta obra'. Eso es lo que me hubiera gustado decir acerca de mi trabajo".

Ludwig Wittgenstein murió el 29 de abril de 1951, teniendo lo que, a ojos de Bouwsma, era "un aspecto extraordinariamente dulce y manso". Bautizado católico murió católico recibiendo los auxilios de la Iglesia. Sus últimas palabras fueron: "Diles que mi vida fue maravillosa".

---

[308] R. Monk, *Ludwig Wittgenstein: El Deber de un Genio*, Ed. Anagrama, 1997, p. 443.
[309] Véase: Oets Kolk Bouwsma, *Últimas Conversaciones*, Ed. Sígueme, Salamanca, 2004.

4. Albert Camus

Premio Nobel de Literatura, agnóstico, existencialista... Albert Camus siempre luchó por alcanzar la fe. Y bien se puede decir que fue un hombre de fe pues solo alguien con verdadera fe podría luchar tan incansablemente por obtenerla...

Albert Camus nació en Mondovi (Argelia), el 7 de noviembre de 1913. El padre de Camus era un agricultor, que murió al año siguiente de nacer él. Se cría por lo tanto con su madre. Aunque era analfabeta y prácticamente sorda, ella trabajaba hasta la extenuación para mantener a sus dos hijos.

Camus no tuvo en su niñez una educación religiosa. "La religión no ocupaba lugar en la familia", diría en su obra póstuma, *El Primer Hombre* (1994). La madre nunca hablaba de Dios. "Esa palabra -continúa- jamás la he oído pronunciar durante mi infancia, y a mí mismo me traía sin cuidado". Para él, "se era católico como se es francés, y ello obliga a un cierto número de ritos, a decir verdad, exactamente cuatro: el bautismo, la primera comunión, el matrimonio y los últimos sacramentos". Y "entre esas ceremonias, forzosamente muy espaciadas, uno se ocupaba de otras cosas, y ante todo, de sobrevivir". De ahí que años más tarde, en una conocida conferencia dada a los dominicos en 1947, Camus diga: *"No es que afirme que la verdad cristiana es ilusoria, sino que ni siquiera he podido ingresar en ella"*.

Pero Camus era un buscador. Como sus admirados Agustín y Pascal, tenía un corazón inquieto que no se contentaba con respuestas fáciles a las cuestiones fundamentales de la vida humana, pero que estaba abierto al milagro de la gracia. Desilusionado y exhausto tras el divorcio con su mujer -con la que se había casado a los 21 años, sin que fuera realmente correspondido por ella- y el abandono del Partido Comunista -en el que había constatado la incoherencia entre el ideal y la práctica política-, Camus espera encontrar un sentido para su vida.

De este modo, la cuestión del sentido se convirtió en la cuestión de Camus, a tal punto que lo lleva en 1942 a afirmar: "No hay más que un problema filosófico verdaderamente serio: el suicidio. La cuestión de si vale o no la pena vivir es la pregunta fundamental de la filosofía"[310]. No le faltaba cierta razón. Camus era un pensador respetable, no un agnóstico que

---

[310] Albert Camus, *El Mito de Sísifo*, Ed. Versos Libres, La Habana, 2005, p. 5.

trivializara el problema del sentido de la vida. Reconocía honradamente que la filosofía del absurdo y el sinsentido era impracticable, e incluso inimaginable. De ahí que en su famoso artículo "La Crisis del Hombre", escriba: "Si no se cree en nada, si nada tiene sentido y si en ninguna parte se puede descubrir valor alguno, entonces todo está permitido y nada tiene importancia. Entonces no hay nada bueno ni malo, y Hitler no tenía razón ni sinrazón. Lo mismo da arrastrar al horno crematorio a millones de inocentes que consagrarse al cuidado de enfermos. A los muertos se les puede hacer honores o se les puede tratar como basura. Todo tiene entonces el mismo valor".

Evidentemente la actitud de Camus era muy distinta a la de su compañero Sartre. Camus era ante todo humilde: anhelaba valores, sentido; en suma, buscaba a Dios. En cambio, Sartre era ante todo soberbio: quería él mismo crear valores y sentido; en suma, quería ser Dios. El agnosticismo de Camus era una premisa provisional; el ateísmo de Sartre era una premisa dogmática[311].

En efecto, Camus nunca fue ateo. "A menudo leo que soy ateo", dice Camus. "Oigo hablar de mi ateísmo, pero esas palabras no me dicen nada, no tienen sentido para mí", escribe en 1954.

Es más, cuando Camus publicó *La Caída* en 1956, muchos pensaron que el famoso filósofo existencialista estaba a punto de convertirse al Cristianismo e incluso se le vio aparecer varias veces en una iglesia protestante, en el edificio neo-gótico que había desde la Primera Guerra

---

[311] Aunque a Sartre también le llegó su hora. Él, que en su famosísima conferencia el *Existencialismo es un humanismo* (1946) había dicho que "no hay esencia humana, porque no hay Dios para concebirla", pocos días antes de su muerte -acaecida en París el 15 de abril de 1980- dijo en un diálogo con un marxista: "No me percibo a mí mismo como producto del azar, como una mota de polvo en el universo, sino como alguien que ha sido esperado, preparado, prefigurado. En resumen, como un ser que solo un Creador pudo colocar aquí; y esta idea de una mano creadora hace referencia a Dios". Estas palabras fueron recogidas en *Le Nouvel Observateur*. Simone de Beauvoir, la compañera de Sartre, quedó alucinada. "Todos mis amigos -declaró-, todos los sartreanos, todo el equipo editorial me apoyan en mi consternación". Y no era para menos. El máximo representante del humanismo existencialista, aquel que había dicho "el existencialismo ateo que yo defiendo es el más coherente", ahora creía en Dios (Cfr. Norman Geisler, *The Intellectuals Speak Out About God*, Chicago, 1984).

Mundial en pleno Quai d'Orsay. Fue ahí donde conoció al pastor metodista Howard Mumma, y es justamente gracias a Mumma que hoy conocemos que nuestro incansable buscador de sentido finalmente lo halló. Cuarenta años después de la muerte de Camus, el pastor nos revela varias de las conversaciones personales que mantuvo con él en París en su libro titulado *El Existencialista Hastiado: Conversaciones con Albert Camus*[312]. En lo que sigue de esta "biografía" nos basaremos en dicho libro.

Cuando Camus conoce al pastor Mumma, dice: "Durante mucho tiempo creí que el universo mismo era fuente de sentido, pero ahora he perdido toda confianza en su racionalidad. Mientras que siempre confié en el universo y en la humanidad en abstracto, la experiencia hizo que, en la práctica, empezara a perder fe en su sentido. Me he equivocado de una forma espantosa. Soy un hombre desilusionado y exhausto. He perdido la fe, he perdido la esperanza. ¿Es algo extraordinario que yo a mi edad, esté buscando algo en lo que creer? *Es imposible vivir una vida sin sentido*".

El problema al que se enfrenta Camus una y otra vez en las conversaciones con el pastor, es la existencia del mal. Le era imposible reconciliar la idea de un Dios bueno y todopoderoso con la realidad del mal en el mundo. "Si hay un Dios, ¿por qué permite que tantos inocentes se retuerzan en agonía?", le pregunta el filósofo. El pastor no le responde, pero simpatiza con su frustración y le confiesa su propia incapacidad para explicar el mundo.

A pesar de no haber podido responder sus preguntas, Camus continuó yendo a la iglesia. Se sentaba al final con gafas de sol. Y a veces se iba antes de terminar el culto, sin saludar a la salida. Mumma empezó a preguntarse si le estaba evitando, hasta que un día volvió a aparecer con el coche delante de la iglesia. Le llevó a un pequeño restaurante de Montmartre. Al acabar la comida, sacó del bolsillo unos papeles con las notas que había tomado de los sermones. Uno a uno, empezó a preguntarle por las cosas que había dicho y la literalidad del relato bíblico.

Es ahí donde la mayor parte de los protestantes se sienten incómodos con el libro de Mumma. El pastor -que tenía una educación liberal, habiéndose familiarizado en la Universidad de Yale con la filosofía contemporánea- no

---

[312] Howard Mumma, *El Existencialista Hastiado: Conversaciones con Albert Camus*, Ed. Vozdepapel, Madrid, 2005.

cree en la historicidad estricta del relato bíblico del paraíso. Ve la historia de Adán y Eva como una parábola sobre el origen de la conciencia. Su visión de la Escritura es claramente neo-ortodoxa. La Biblia, dice, es "la Palabra", pero "no las palabras de Dios". Dado ello, no es extraño que en cierta ocasión Camus se mostrara interesado por el bautismo. Según el pastor, el escritor le dijo un día: "Estoy dispuesto, lo quiero". Parece que la intención del filósofo era un bautismo privado. Sin embargo, Mumma le dice que si está de verdad dispuesto a confirmar su fe, vuelva a la iglesia el verano siguiente, cuando haya estudiado un poco más y esté más preparado.

Cuando Mumma se propone regresar a Estados Unidos, Camus le pregunta si le puede llevar al aeropuerto. El pastor le propone que mejor se encuentren allí. Ya en el aeropuerto Camus le abraza y le mira detenidamente, antes de decirle: "Amigo mío, gracias… ¡voy a seguir luchando por alcanzar la fe!". Esas fueron las últimas palabras de Camus a Mumma.

Unos meses después, el 4 de enero de 1960, Camus está fuera de París con un billete de tren en el bolsillo cuando su amigo, el editor Michel Gallimard, le ofrece volver con él en el coche. Aunque era un auto deportivo, Gallimard no iba demasiado rápido. La carretera que pasa por el pueblo de Villeblevin, cerca de Sens, es ancha y recta. El suelo no estaba mojado esa noche, pero el coche sin embargo se desvía, estrellándose contra un árbol, tras golpear otro. Gallimard queda herido, muriendo pocos días después. Camus sin embargo fallece inmediatamente. Tenía 46 años.

¿Qué habrá pasado con Camus entonces? Es imposible saberlo con certeza. Pero creemos que hay muy buenas razones para pensar que se salvó. Él mismo escribía en *La Peste* (1947): "Dios hace hoy en día a sus criaturas el don de ponerlas en una desgracia tal que les sea necesario encontrar y asumir la virtud más grande, la de decidir entre Todo o Nada"[313]. Y él se decidió por el Todo, no solo en el último momento, sino durante toda su vida, como el Sísifo de su obra nunca dejó de empujar la roca de la fe, no importa cuántas veces se le cayera. Por tanto, como él mismo decía, "hay que imaginarse a Sísifo feliz"[314]. Que Dios lo tenga en su gloria.

---

[313] Albert Camus, *La Peste*, Ed. Sudamericana, España, 1995, p. 155.
[314] Albert Camus, *El Mito de Sísifo*, Ed. Versos Libres, La Habana, 2005, p. 61.

5. Jacques Maritain

Maritain fue un joven filósofo ateo que buscaba incansablemente el sentido de la existencia. Después de mucho luchar lo halló en la fe. Pero esta le parecía incompatible con la razón. Hasta que leyó a Santo Tomás de Aquino...

Jacques Maritain nació en París el 18 de noviembre de 1882, en el seno de una familia protestante. Pero ya desde su juventud fue abandonando la práctica religiosa hasta convertirse en ateo. En el año 1900, mientras estudiaba Filosofía en la Sorbona, conoce a la que se convertiría en la mujer de su vida: Raïssa Oumançoff. Ella pertenece a una familia judía que había huido del antisemitismo de la Rusia zarista. Al igual que Jacques, no era creyente. Ambos se encontraban terriblemente angustiados por la falta de sentido en sus vidas. "Jacques había pensado que en el largo plazo valía la pena luchar por los pobres" y "esa generosidad suya le había fortalecido, pero incluso en esa circunstancia se hallaba tan desesperado como yo", escribía Raïssa[315].

Pronto nace entre Jacques y Raïssa una gran amistad, y luego un amor extraordinario del que surgirá un precioso matrimonio. Juntos en su búsqueda de la Verdad, comienzan a frecuentar la librería del extraordinario escritor católico francés Charles Péguy quien, percibiendo la inquietud intelectual y espiritual de los muchachos, los conduce al *Collège de France* para escuchar las cátedras de uno de los más grandes filósofos franceses de la época: Henry Bergson. "Su palabra elocuente y precisa nos tenía absortos, la distracción era imposible", escribe Raïssa[316]. Refutando los prejuicios antimetafísicos de sus colegas positivistas y explicando racional y consistentemente los conceptos de "alma" y "Dios", Bergson logra que los Maritain no desistan de su búsqueda de la Verdad.

Mas no fue el filósofo Henry Bergson sino el escritor León Bloy quien introduce a los Maritain a la fe, acompañándolos en su itinerario intelectual y espiritual hasta que el 11 de junio de 1906, Jacques, Raïssa y su hermana Vera se convierten definitivamente al Catolicismo, recibiendo el bautismo en la iglesia de San Juan Evangelista en Montmartre.

---

[315] Raïssa Maritain, "Les Grandes Amitiés" (1941), en: Jacques et Raïssa Maritain, *Oeuvres complétes*, Ed. Universitaires Fribourg, París, vol. 14, p. 692.
[316] Raïssa Maritain, "Les Grandes Amitiés" (1941), en: Jacques et Raïssa Maritain, *Oeuvres complétes*, op. cit., p. 699.

A partir de esta conversión Jacques cree durante un tiempo que el hecho de ser una persona religiosa era incompatible con el desarrollo de un pensamiento filosófico propio. Llegó a creer que razón y fe eran dos caminos irreconciliables y que se tenía que elegir entre uno u otro. Ello lo llevó a su vez a dudar seriamente de si debía seguir o no con sus estudios de filosofía, razón por la cual se distrajo en otras ocupaciones, como la de ser redactor.

Pero Dios no iba a perderse la oportunidad de tener a un gran filósofo en su bando. Entonces utilizó el "arma filosófica" más poderosa que tenía: Santo Tomás de Aquino. Y es que para que Jacques retorne de lleno a la filosofía se requería de una nueva conversión: *una conversión intelectual*. Así, en 1910, gracias al padre dominico Humbert Clérissac, siendo precedido por su esposa Raïssa, Jacques descubre la *Suma Teológica*. Sorprendido por la *razón*, se opera en Jacques la "segunda conversión", la conversión intelectual. Comprende que fe y razón no se contradicen sino más bien se complementan y retoma su confianza en que la razón puede aprehender la realidad y llegar a la verdad. De este modo, retorna a la filosofía y ya para 1913 está dictando cátedra en el Instituto Católico de París.

Esta doble conversión, espiritual e intelectual, causó un profundo cambio en Maritain, una especie de *conversión antropológica*, que le confirió una nueva visión sobre el mundo y las cosas. *Desde aquel momento se convence de que su misión consiste en una suerte de apostolado intelectual: la de confrontar la Filosofía del Ser con las demás corrientes de la metafísica, epistemología, ética, psicología y filosofía política contemporáneas*. De este modo, el *neotomismo* de Maritain "no quiere retornar al Medioevo" sino más "purificar el pensamiento moderno, e integrar todo verdadero descubrimiento después de Santo Tomás"[317].

A partir de allí Maritain comenzará a tener una *visión espiritual* de *todo lo secular*. Clara muestra de ello es su ruptura con Charles Maurras, fundador y principal ideólogo de la *Action Française*, movimiento político de tendencia fascista, nacionalista y antidemocrática. Se trató de una ruptura purificadora. Al primado maquiavélico de la política en Maurras, Maritain

---

[317] Jacques Maritain, *Le Docteur Angélique* (1929), en: Jacques et Raïssa Maritain, *Oeuvres complétes*, Ed. Universitaires Fribourg, París, vol. 4, p. 25.

le opuso su obra *Primacía de lo Espiritual* (1927). De este modo, rechazará el pragmatismo en que había caído la "democracia-cristiana" europea, a la vez que no se adherirá a ningún partido o grupo político afín a sus ideas.

Pero ello de ningún modo significó que se desinteresara de la política. Fue un *intelectual comprometido* a carta cabal, especialmente preocupado por los más pobres. Pronunció la conferencia inaugural del Congreso de las Confederaciones Internacionales de los Sindicatos Cristianos de París en 1937 y mantuvo una relación duradera con el *Catholic Worker,* movimiento fundado por Dorothy Day, la famosa "radical piadosa" a la que el papa Juan Pablo II declaró "Sierva de Dios" en 1996[318].

En el año 1936, Maritain publica la que se convertirá en su *opus magnum*: *Humanismo Integral*. La tesis central de Maritain en esta obra es que la cristiandad "sacra" ha sido (o *debe ser*) superada porque hemos ingresado en una época histórica en la cual se puede (y *se debe*) realizar una cristiandad "profana", que reconozca el pluralismo religioso, cultural y político, y a la vez, con cierto *heroísmo*, luche porque los valores cristianos conserven su primordial papel para construir una sociedad *personalista* en la que primen la *verdad* y el *amor*. De este modo, "el adquirir conciencia del oficio temporal del cristiano reclama un estilo nuevo de santidad, que se puede caracterizar, ante todo, como la santidad y santificación de la vida *profana*"[319].

Y es justamente en ese sentido que Maritain influye -y de manera *decisiva*- en el "aggiornamento" del Concilio Vaticano II (1962-1965). Así, por ejemplo, pueden encontrarse huellas de su pensamiento político y filosófico en la Constitución Conciliar *Gadium et Spes*, en el documento *Nostra Aetate* y, sobre todo, en la Declaración sobre la libertad religiosa *Dignitatis Humanae*. En cuanto a esta última hay una bellísima y muy interesante anécdota. Al día siguiente de proclamada la Declaración, el papa Pablo VI entrega a Maritain, arrodillado en la escalera de San Pedro, el *Mensaje a los Hombres de Pensamiento y de Ciencia* y le dice: "*La Iglesia le agradece por el trabajo de toda su vida*".

---

[318] Quien quiera saber más sobre Dorothy Day -cosa que *realmente vale la pena*- puede ver la hermosa película sobre su vida *La Fuerza de un Ángel* (1996).
[319] Jacques Maritain, *Humanismo Integral*, Ed. Carlos Lohlé, Buenos Aires, 1966, p. 97.

Después de la muerte de Raïssa en el año 1961, Maritain se retira a los 80 años a Tolosa, acogido entre los Pequeños Hermanos de Jesús. El filósofo se sentía atraído profundamente por la espiritualidad de esta familia religiosa, cuyos miembros no se retiran en conventos, sino que viven plenamente inmersos en el mundo, compartiendo con los pobres de las zonas más abandonadas del planeta y realizando con su "contemplación en la calle" aquel *humanismo integral* del que tanto había hablado Maritain. Pero no se piense que estos hermanitos no practicaban la oración. Todo lo contrario. A la vez que estaban con la gente también vivían profundamente ligados a la soledad, tomando como modelo la vida oculta de Jesús de Nazareth. En este sentido, tampoco debe olvidarse la profunda influencia de las corrientes místicas en la vida y en la obra de Maritain, quien admiraba de sobremanera a San Juan de la Cruz y tenía una tiernísima devoción por la Virgen de La Salette. Y eso por no mencionar los libros *De la Vie d'Oraison* (1922) y *Liturgie et Contemplation* (1959) que escribió junto a su esposa.

Jacques Maritain murió el 28 de abril de 1973 en Tolouse (Francia). Actualmente la Iglesia Católica se encuentra estudiando su vida y la de su esposa Raïssa *para proclamarlos como matrimonio santo.*

Terminamos esta "biografía" con unas palabras que Maritain dijo sobre sí mismo a los 72 años de edad: "¿Quién soy? ¿Un profesor? No lo creo: enseño por necesidad. ¿Un escritor? Tal vez. ¿Un filósofo? Lo espero. Pero también una especie de romántico de la justicia pronto a imaginarse, después de cada combate, que ella y la verdad triunfarán entre los hombres. Y también quizás, una especie de zahorí con la cabeza pegada a la tierra para escuchar el ruido de las fuentes ocultas y de las germinaciones invisibles. Y también, y como todo cristiano, a pesar y en medio de miserias y fallos, y de todas las gracias traicionadas de las que tomo conciencia en la tarde de mi vida, un mendigo del cielo disfrazado de hombre del mundo, una especie de agente secreto del Rey de Reyes en los territorios del príncipe de este mundo, que decide arriesgarse como el gato de Kipling, que caminaba solo"[320].

Gracias Dios por regalarnos a Jacques y a Raïssa. Dios quiso que se conocieran. Dios quiso que se amaran. Dios quiso que se convirtieran...

---

[320] Citado por: Juan Manuel Burgos, *Introducción al Personalismo,* Ed. Palabra, Madrid, 2012, p. 60.

6. Clive Staples Lewis

Tal vez pocos lo sepan o perciban, pero la famosísima serie de libros infantiles "Las Crónicas de Narnia" tiene en realidad un trasfondo cristiano: representa la fantástica lucha entre el bien y el mal, en medio de la cual el creador de Narnia -el león Aslan- se inmola para salvar al mundo. Sin embargo, unos años antes Lewis ni siquiera era creyente... hasta que fue sorprendido por la Alegría.

Clive Staples Lewis (más conocido como C. S. Lewis) nació el 29 de noviembre de 1898 en Belfast (Irlanda). Hijo de un notario y de la hija de un pastor protestante, Lewis fue el menor de dos hermanos. Su niñez estuvo rodeada por cuartos vacíos, áticos explorados en solitario, largos pasillos, bellos jardines, y sobretodo libros, muchos libros.

Sin embargo, como él mismo cuenta en su obra autobiográfica *Sorprendido por la Alegría* (1955), en aquella época sucedió un hecho que marcó su vida: la muerte de su madre. A partir de allí comenzó a ver al mundo como un lugar frío y desolado. "Si me piden que crea que esto es obra de un espíritu benévolo y omnipotente, mi respuesta es que toda la evidencia apunta en el sentido contrario"[321]. Ya desde entonces, "antes de leer a Lucrecio, sentía la fuerza de su argumento: Si Dios hubiera creado el mundo no sería un mundo tan débil e imperfecto como lo vemos"[322].

Unos pocos años después Lewis fue a concluir sus estudios preuniversitarios con "el Viejo Knock", el señor Kirk. Lewis, influenciado por lo que le había dicho su padre, esperaba encontrar a un hombre supersentimental. Se encontró con todo lo contrario: "Si alguna vez ha existido un hombre que fuera casi un ente puramente lógico, ese hombre fue Kirk. (...) Tomaba la observación más intrascendente como un emplazamiento a la discusión. (...) No se ahorraba una refutación lógica ni siquiera en atención al sexo ni a la edad. Le asombraba que hubiera quien no deseara que le aclarasen algo o le corrigiesen"[323]. Aunque al comienzo fue difícil, las conversaciones con Kirk ayudaron tremendamente a Lewis a desarrollar aquella dialéctica irónica y sutil y aquella lógica apabullante que tanto utilizaría luego en sus libros apologéticos. "Al final, a menos que me sobreestime, me convertí en un 'sparring' nada despreciable. Fue un

---

[321] C. S. Lewis, *El Problema del Dolor*, Magdalen College, Oxford, 1940, p. 4.
[322] C. S. Lewis, *Sorprendido por la Alegría*, Ed. Rayo, 2006, pp. 87-88.
[323] C. S. Lewis, *Sorprendido por la Alegría*, op. cit., pp. 168, 170.

gran día aquél en que el hombre que durante tanto tiempo había peleado para demostrar mi imprecisión, me acabó advirtiendo de los peligros de tener una sutileza excesiva"[324].

En 1917, durante la primera Guerra Mundial, participa como soldado del frente francés. Al tiempo cae enfermo y es enviado al hospital Le Tréport, donde permanecerá "tres deliciosas semanas". "Fue allí donde leí por primera vez un ensayo de Chesterton. Nunca había oído hablar de él ni sabía qué pretendía; ni puedo entender demasiado bien por qué me conquistó tan inmediatamente. Se podría esperar que mi pesimismo, mi ateísmo y mi horror hacia el sentimentalismo hubieran hecho que fuera el autor con el que menos congeniase. Puede ser que la Providencia, o alguna 'causa segunda' de algún tipo extraño, dirige nuestros gustos previos cuando decide unir dos mentes"[325]. Chesterton sería decisivo en la conversión de Lewis. Como ya habíamos dicho "Dios sabe nuestros gustos"…

No obstante, Lewis seguía siendo ateo. Al acabar la guerra regresa a la Universidad de Oxford para estudiar filosofía y literatura inglesa. Durante esa época lee a innumerables autores. Sin embargo, sus preferidos no compartían su visión del mundo: "Todos los libros empezaban a volverse en mi contra. De hecho, debía haber estado tan ciego como un murciélago para no haber visto mucho antes la ridícula contradicción entre mis teorías de la vida y mis verdaderas experiencias como lector. George MacDonald había hecho por mí más que ningún escritor, pero era una pena que estuviese tan obsesionado por el Cristianismo. Era bueno a pesar de eso. Chesterton tenía más sentido común que todos los escritores modernos juntos; prescindiendo, por supuesto, de su Cristianismo. Johnson era uno de los pocos autores en los que me daba la impresión de que se podía confiar totalmente, pero curiosamente tenía la misma chifladura. (…) Por otro lado, con los escritores que no tenían la enfermedad de la religión y con los que, teóricamente, mi afinidad tenía que haber sido total (Shaw, Wells, Mill, Gibbon, Voltaire), esta parecía un poco pequeña (…). No era que no me gustaran. Todos ellos eran entretenidos, pero nada más. Parecían poco profundos, demasiado simples. El dramatismo y la densidad de la vida no aparecían en sus obras"[326].

---

[324] C. S. Lewis, *Ibídem*, p. 170.
[325] C. S. Lewis, *Ibíd.*, pp. 229-230.
[326] C. S. Lewis, *Ibíd.*, pp. 255-256.

Culminados sus estudios con excelentes calificaciones se incorpora inmediatamente al grupo de profesores y ya desde 1925 comienza a enseñar filosofía y literatura en Oxford. Allí conoce a un nuevo amigo que jugaría un papel importantísimo en su conversión al Cristianismo: el famoso escritor J. R. Tolkien[327]. Católico y filólogo, Tolkien derriba dos viejos prejuicios de Lewis: "Al entrar por primera vez en el mundo me había advertido (implícitamente) que no confiase nunca en un papista, y al entrar por primera vez en la Facultad (explícitamente), que no confiara nunca en un filólogo. Tolkien era ambas cosas"[328].

En dichas condiciones el ateísmo de Lewis tenía los días contados. En el capítulo XIV -titulado "Jaque mate"- de su ya varias veces citada obra autobiográfica *Sorprendido por la Alegría*, comparando la situación previa a su conversión con el ajedrez escribe: "Mis piezas estaban en las posiciones menos ventajosas de todo el tablero. Pronto ni siquiera pude alimentar la ilusión de que yo llevaba la iniciativa. Mi Adversario empezó a hacer sus últimos movimientos"[329]. Y así fue.

Lo primero que hizo Dios fue derribar la torre de la filosofía idealista hegeliana que todavía tenía Lewis. "Enseñaba filosofía (sospecho que muy mal) a la vez que literatura inglesa y mi aguado hegelianismo no era útil a la hora de enfrentarme a la tutoría. Un profesor debe aclarar las cosas. Ahora, no podía explicar el Absoluto. ¿Te refieres a nadie-sabe-qué, o te refieres a una mente sobrehumana y, por tanto (también podemos admitirlo), a una persona?"[330].

Luego de eso Dios lo puso en jaque con una de sus mejores piezas cuando se trata de lógicos (como era el caso de Lewis): Chesterton. "Después leí el *Everlasting Man* de Chesterton, y por primera vez vi toda la concepción cristiana de la historia expuesta de una forma que parecía tener sentido.

---

[327] Tolkien era profundamente católico y ello también se evidenció en sus obras. Cualquiera que haya leído la trilogía *El Señor de los Anillos* podrá fácilmente identificar el paralelo: Frodo representa a Jesús; el anillo de poder, a los pecados del mundo; el Monte del Destino, al Calvario; su amigo Sam, al apóstol Pedro (o al cristiano –seguidor de Cristo- en general); la criatura Gollum, a Judas Iscariote; etc.
[328] C. S. Lewis, *Ibíd.*, p. 259.
[329] C. S. Lewis, *Ibíd.*
[330] C. S. Lewis, *Ibíd.*, p. 266.

(...) Recordarás que ya pensaba que Chesterton era el hombre vivo más sensato que había, 'dejando a un lado su Cristianismo'. Ahora creía, estoy totalmente convencido (aunque no lo decía: las palabras habrían revelado el absurdo), *que el Cristianismo mismo era muy sensato, 'dejando de lado su Cristianismo'*"[331].

No se acababa de recuperar Lewis cuando Dios derribó aquel firme alfil que se encontraba a su costado: "No hacía mucho que había terminado el *Everlasting Man* cuando me ocurrió algo mucho peor. A principios de 1926, el más convencido de todos los ateos que conocía se sentó en mi habitación al otro lado de la chimenea *y comentó que las pruebas de la historicidad de los Evangelios eran sorprendentemente buenas*. 'Es extraño', continuó, 'esas majaderías de Frazer sobre el Dios que muere. Extraño. Casi parece como si realmente hubiera sucedido alguna vez'. Para comprender el fuerte impacto que me supuso tendrías que conocer a aquel hombre (que nunca ha demostrado ningún interés por el Cristianismo). Si él, el cínico de los cínicos, *el más duro de los duros*, no estaba a salvo, ¿a dónde podría volverme yo? ¿Es que no había escapatoria?"[332].

Finalmente, Dios cercó a Lewis con todas sus piezas y le dio el mate: "La zorra había sido expulsada del bosque hegeliano y corría por campo abierto 'con todo el dolor del mundo', sucia y cansada, con los sabuesos pisándole los talones. Y casi todo el mundo pertenecía a la jauría: Platón, Dante, MacDonald, Herbert, Barfield, Tolkien, Dyson, la Alegría. Todo el mundo y todas las cosas se habían unido en mi contra"[333].

Entonces el Rey del otro lado del tablero, el Rey del universo, *se quitó su disfraz filosófico y se convirtió en presencia viva*. No estaba dispuesto a discutir. Simplemente se paró en frente de él y "se limitó a decir: 'Yo soy el Señor', 'Soy el que Es', 'Yo Soy'"[334].

Lewis no tuvo más opción que aceptar su derrota: la Alegría había ganado: "Debes imaginarme solo, en aquella habitación del Magdalen (...). Hacia la festividad de la Trinidad de 1929 cedí, admití que Dios era Dios y, de

---

[331] C. S. Lewis, *Ibíd.*, p. 267.
[332] C. S. Lewis, *Ibíd*.
[333] C. S. Lewis, *Ibíd*, pp. 268-269.
[334] C. S. Lewis, *Ibíd*, p. 271.

rodillas, recé. (…) La dureza de Dios es más agradable que la amabilidad de los hombres, y su coacción es nuestra liberación"[335].

La Alegría llegó a la vida del aburrido profesor de Oxford y se convirtió en uno de los apologistas más importantes del siglo XX. Entre sus principales obras apologéticas destacan *El Problema del Dolor* (1940), *Cartas del Diablo a su Sobrino* (1942) y *Mero Cristianismo* (1952). Murió en 1963. Actualmente, desde la eternidad sigue dedicándose junto al sutil y elegante Chesterton a dar "jaque mate" a los ateos. Y corren rumores de que ya han ganado a varios…

---

[335] C. S. Lewis, *Ibíd*, p. 273.

7. William Lane Craig

Doctor en Filosofía, Doctor en Teología, escritor, conferencista... William Lane Craig es el apologista cristiano más influyente de nuestro tiempo. Actualmente viaja por todo el mundo debatiendo con ateos... y haciendo creyentes.

William Lane Craig nació en Peoria (Estados Unidos) el 23 de agosto de 1949. Como él mismo cuenta era un adolescente "relativamente marginado y con cierto conocimiento del Cristianismo", pero cuando tenía 16 años su vida dio un vuelco total: oyó el mensaje del Evangelio y decidió entregar su vida a Cristo. A partir de allí experimentó un gran "renacimiento espiritual" y, ansioso por servir a su Señor, siguió estudios de grado en el Wheaton College de Illinois e inmediatamente buscó un doctorado. Así siguió sus estudios de postgrado en la Trinity Evangelical Divinity School (1974-1975), la Universidad de Birmingham (1977) y la Universidad de Munich (1984), obteniendo los grados de Doctor en Filosofía y Doctor en Teología. Luego de eso, y con una familia recién formada junto a su amadísima esposa Jan, se muda a la Universidad Católica de Louvain (Bélgica) en 1987 para seguir investigando y estudiando hasta que en 1994 vuelve a Estados Unidos para desempeñarse como profesor de Investigación Filosófica en la Escuela de Teología de Talbot (California).

Y es justamente ahí donde se inicia el periodo más interesante de la vida de Craig. Siendo ya internacionalmente reconocido como uno de los mejores apologistas cristianos del mundo, comienza a recibir continuamente invitaciones de importantes universidades e instituciones para debatir sus puntos de vista con intelectuales no creyentes. Así, sostiene debates con pensadores y filósofos de la talla de Peter Atkins[336], Quentin Smith[337], Bart Ehrman[338], John Shook[339], Christopher Hitchens[340], Lawrence Krauss[341],

---

[336] "¿Dios existe?", Carter Presidential Center, 3 de abril de 1998.
[337] "¿Dios existe?", Universidad de Harvard, abril del 2003.
[338] "¿Existe evidencia histórica de la resurrección de Jesús?", Colegio de la Santa Cruz, 28 de marzo del 2006.
[339] "¿Existe Dios?", Universidad de British Columbia, enero del 2008.
[340] "La existencia de Dios", Universidad de Biola, 4 de abril del 2009.
[341] "¿Existe evidencia de Dios?", Universidad Estatal de Carolina del Norte, 30 de marzo del 2011.

Sam Harris[342], Stephen Law[343], Peter Milican[344], Alexander Rosenberg[345] y Sean Carroll[346], entre otros. Toda una eminencia. Craig es un verdadero amo del debate. De razón que hasta Richard Dawkins, el más famoso de los ateos militantes de la actualidad, le tema y hasta ahora no quiera debatir con él.

Pero Craig no solo es un gran intelectual sino también un gran cristiano que siempre muestra su amor por Dios. Así, por ejemplo, en su debate contra Christopher Hitchens, cuando este lo retó a nombrar una sola acción moral que un no creyente no pudiera realizar, Craig le respondió: *"Amar a Dios. Esta, que es la mayor y más importante acción moral que una persona puede realizar, no puede ser realizada por un no creyente"*[347]. Esa respuesta no solo sacudiría de pies a cabeza a un no creyente que puede no estar realizando la acción moral más importante de todas sino también (y muy probablemente *sobre todo*) al creyente insensato que, conociendo a Dios, *no lo ama con todo su corazón*.

Pero tal vez la mejor forma en que Craig muestra su amor a Dios es por medio de la *predicación apologética*, gracias a la cual ha llevado a varias personas hacia la fe. Citemos en extenso su testimonio:

> *"No ha sido mi experiencia el que la apologética sea ineficaz en la evangelización. Continuamente estoy emocionado de ver a la gente entregar sus vidas a Cristo, a través de presentaciones apologéticamente orientadas del Evangelio.* Después de una plática a favor de la existencia de Dios o evidencia a favor de la resurrección de Jesús o una defensa del particularismo cristiano, a veces termino con una oración para que entreguen su vida a Cristo, y las tarjetas de comentarios indican aquellos que han registrado tal entrega. Apenas esta primavera pasada, di un tour de conferencias en las universidades de Illinois, y estábamos entusiasmados de encontrar que casi cada vez que di esa presentación, los estudiantes tomaban decisiones

---

[342] "¿Es el fundamento de la moral natural o sobrenatural?", Universidad de Notre Dame, 7 de abril del 2011.
[343] "¿Existe Dios?", Westminster Central Hall, 17 de octubre del 2011.
[344] "¿Existe Dios?", Universidad de Birmingham, 26 de octubre del 2011.
[345] "¿Es razonable la fe en Dios?", Universidad de Purdue, 1 de febrero del 2013.
[346] "Dios y cosmología", Greer Heard Forum, 21 de febrero del 2014.
[347] William Lane Craig, "La existencia de Dios", debate contra Christopher Hitchens, Universidad de Biola, 4 de abril del 2009, segunda refutación.

para Cristo. *¡Hasta he visto estudiantes venir a Cristo solo al oír una defensa del argumento cosmológico kalam!*

(…) Uno de los casos más emocionantes fue el de Eva Dresher, una física polaca que conocimos en Alemania poco después de que terminé mi doctorado en filosofía. Conforme Jan y yo hablábamos con Eva, llegó a mencionar que la física había destruido su creencia en Dios y que la vida ya no tenía significado para ella. 'Cuando veo al universo todo lo que veo es obscuridad', decía, 'y cuando me veo a mí misma, todo lo que veo es obscuridad interior' (¡cuán triste declaración del predicamento moderno!). Bueno, en ese momento Jan le ofreció: '¡Oh, deberías leer la disertación doctoral de Bill! Usa la física para probar que Dios existe'. Así que le prestamos mi disertación del argumento cosmológico para que la leyera. En los siguientes días ella se mostró progresivamente más entusiasmada. Cuando llegó a la sección de astronomía y astrofísica, ella estaba muy contenta. '¡Conozco a los científicos que estás citando!' exclamó asombrada. En el momento que llegó al final su fe había sido restaurada. Ella dijo: 'Gracias por ayudarme a creer que Dios existe'.

Le contestamos: '¿Te gustaría conocerle de una manera personal?' Entonces hicimos una cita para volver a verla esa misma tarde en un restaurante. Mientras, de memoria, preparamos nuestro propio folleto de Las Cuatro Leyes Espirituales. Después de la cena abrimos el folleto y empezamos: 'Así como hay leyes físicas que gobiernan nuestro universo físico, así también existen leyes espirituales que gobiernan nuestra relación con Dios…'.

'¡Leyes físicas! ¡Leyes espirituales!' exclamó. '¡Esto es justo lo que necesito!' Cuando llegamos a los círculos al final que representan dos vidas y le preguntamos qué círculo representaba su vida, puso su mano sobre los círculos y dijo: '¡Esto es muy personal!, no puedo contestar ahora'. Así que le animamos a que se llevara el folleto a casa y le entregara su vida a Cristo.

Cuando la vimos el día siguiente, su rostro se veía radiante de gozo. Nos dijo cómo se había ido a casa y en la privacidad de su cuarto hizo la oración para recibir a Cristo. Luego, tiró en la taza del baño todo el vino y los tranquilizadores que había estado consumiendo. *Era una persona verdaderamente transformada.* Le dimos una Biblia Good News y le explicamos la importancia de mantener una vida devocional con Dios. Nuestros caminos se apartaron por varios meses. Pero cuando la vimos otra vez, todavía estaba entusiasmada con su fe, y nos dijo que sus posesiones más preciadas eran su Biblia y su folleto hecho a mano de Las Cuatro Leyes Espirituales. Fue una de las ilustraciones más vívidas que he visto de cómo *el Espíritu Santo puede usar los argumentos y la evidencia para atraer a la gente a un conocimiento de Dios que salva.*

(…) Ha sido emocionante, también, escuchar historias de cómo la gente ha llegado a Cristo por leer algo que he escrito. Por ejemplo, cuando estaba dando conferencias en Moscú hace unos años, conocí a un hombre de Minsk en Belorusia. Me dijo que poco después de la caída del comunismo había escuchado a alguien leer en ruso por la radio de Minsk mi libro *La Existencia de Dios y el Principio del Universo*. Al final de la transmisión se había convencido que Dios existe y rindió su vida a Cristo. Me dijo que hoy en día está sirviendo al Señor como anciano en una iglesia bautista en Minsk. ¡Alabado sea Dios! Previamente, este año en la Universidad A&M de Texas, conocí a una mujer que asistía a mis conferencias. Me dijo con lágrimas en los ojos que por 27 años se había alejado de Dios y se sentía desesperanzada. Curioseando en una librería Border se topó con mi libro *Por Favor ¿Quiere Ponerse de Pie el Auténtico Jesús?*, el cual contiene mi debate con John Dominic Crossan, copresidente del radical Seminario de Jesús, y compró una copia. Dijo que al leerlo, fue como si la luz simplemente viniera y le entregó su vida a Cristo. Cuando le pregunté qué hacía, me dijo que era una psicóloga que trabaja en una cárcel de mujeres en Texas. *Solo piensen en la influencia cristiana que puede tener en un ambiente tan desesperado.*

Si me permiten, una última historia. Los últimos años, he tenido el privilegio de estar involucrado en debates con apologistas islámicos en varios campus universitarios en Canadá y en los Estados Unidos. Este verano, temprano un sábado por la mañana, recibí una llamada telefónica. La voz del otro lado de la línea dijo: '¡Hola! ¡Soy Sayd al-Islam llamando desde Omán!'. Pensé: '¡Oh, no! Me encontraron'. Continuó explicando que había secretamente perdido su fe musulmán y se había vuelto ateo. Pero *al leer varias obras apologéticas cristianas,* las cuales estuvo ordenando por Amazon.com, *había llegado a creer en Dios* y estaba al borde de hacer un compromiso con Cristo. Estaba impresionado con la evidencia de la resurrección de Jesús, y me había llamado porque todavía tenía algunas preguntas que necesitaba resolver. Hablamos por una hora, y percibí que en su corazón él ya había creído en Cristo; pero quería ser cuidadoso y asegurarse de que tenía la evidencia en su lugar, antes de que tomara ese paso conscientemente. Me explicó: 'Usted entiende que no puedo decirle mi verdadero nombre. En mi país debo llevar una doble vida, de otra manera me matarían'. Oré con él para que Dios le siguiera guiando a la verdad, y nos despedimos. *¿Pueden imaginarse cuán agradecido está mi corazón con Dios por usar estos libros -¡y por el Internet!-, en* *la vida de este hombre?* Historias como esas podrían multiplicarse, y claro está, nunca escuchamos la mayoría de ellas.

Así que, *aquellos que dicen que la apologética no es efectiva con los incrédulos deben estar hablando de su limitada experiencia. Cuando la apologética se presenta persuasivamente y se combina de una forma sensible con el Evangelio y un testimonio personal, el Espíritu de Dios concede usarla para traer a ciertas personas a Sí mismo. ¿La apologética es necesaria en esos casos? ¿Esas personas habrían aceptado a Cristo de cualquier forma, aun sin escuchar los argumentos? Creo que nos queda decir '¡Solo Dios sabe!'"*[348].

Dios asista con su gracia al Dr. Craig para que siga conquistando almas por medio de la predicación apologética y también suscite más apologistas en los presentes tiempos postmodernos. Solo debemos rezar y tener fe en que lo hará... *Quién sabe y tal vez el próximo "Craig" esté leyendo estas líneas.*

---

[348] William Lane Craig, "La Apologética Cristiana: ¿Quién la Necesita?", California Christian Apologetics Conference, September 2007.

ACERCA DEL AUTOR

Dante A. Urbina es un conferencista, catedrático y asesor-consultor empresarial e institucional especializado en temas de Economía, Filosofía y Teología. Ha participado como ponente en importantes eventos académicos (conferencias, debates, conversatorios, etc.) relacionados con el tema de la presente obra y cuyos videos constan en su canal de YouTube.

Conéctate conmigo en línea:
Facebook: http://www.facebook.com/danteaurbina.oficial
YouTube: http://www.youtube.com/channel/UCCwVIDA-8wV4D_GpYNVecrg
Página Web: http://www.danteaurbina.com

AGRADECIMIENTOS

A mi padre Dante Javier Urbina Vargas por la revisión conceptual de esta obra y a mi tío paterno Milton Gabriel por la revisión gramatical de la misma.

POSTDATA

En este libro se ha establecido racionalmente que *Dios existe*. Pero, ¿se ha revelado Él a través de alguna religión particular? *Esa también trascendental cuestión, cuya respuesta aquí ya se vislumbra, se abordará ampliamente con la misma pertinencia y solidez en un siguiente libro…*

Made in the USA
Columbia, SC
14 July 2020